Adolphe Dreyspring

The German Verb-Drill

The Mechanism of the Colloquial and Written Language

Adolphe Dreyspring

The German Verb-Drill
The Mechanism of the Colloquial and Written Language

ISBN/EAN: 9783743394100

Printed in Europe, USA, Canada, Australia, Japan

Cover: Foto ©Paul-Georg Meister /pixelio.de

More available books at **www.hansebooks.com**

THE
GERMAN VERB-DRILL,

PRESENTING THE MECHANISM OF THE

COLLOQUIAL AND WRITTEN LANGUAGE;

ADAPTED TO

SCHOOLS OR HOME INSTRUCTION.

BY

ADOLPHE DREYSPRING,

AUTHOR OF THE "CUMULATIVE METHOD."

Repetitio mater studiorum.

NEW YORK:
D. APPLETON & CO.,
1, 3 & 5 BOND STREET.
1885.

CONTENTS.

	PAGE
Introduction...	vii
Suggestions to Teachers..	xiv
Weak Conjugation, Active Voice................................	17
Analysis. Present Tense, First and Second Persons, Singular.........	17
Themes for Drill. Simple Verbs................................	17
Analysis. Imperfect, First and Second Persons, Singular..............	18
Analysis. Future, First and Second Persons, Singular................	18
Analysis. Conditional, First and Second Persons, Singular............	19
Analysis. Present Tense, Third Person, Singular.....................	19
Analysis. Imperfect, Third Person, Singular........................	20
Analysis. Perfect, Third Person, Singular..........................	20
Analysis. Future, Third Person, Plural............................	20
Analysis. Conditional, Third Person, Plural........................	20
Analysis. Present, First and Third Persons, Plural..................	21
Analysis. Imperfect, First and Third Persons, Plural................	21
Analysis. Perfect, First and Third Persons, Plural..................	21
Analysis. Future, First and Third Persons, Plural...................	21
Analysis. Conditional, First Person, Plural........................	22
Analysis. Present, Second Person, Plural..........................	24
Analysis. Imperfect, Second Person, Plural........................	24
Analysis. Perfect, Second Person, Plural..........................	24
Analysis. Future, Second Person, Plural...........................	24
Analysis. Conditional, Second Person, Plural.......................	24
Verbs with Adjuncts in the Accusative............................	26
Verbs followed by Prepositions governing the Dative. The Prepositions used adverbially by prefixing them with ba, bar.................	31
Verbs with Adjuncts in the Dative................................	32

CONTENTS.

	PAGE
Johnny's Letter to his Uncle: Containing all the Words thus far introduced..	39
Comparison of Adjectives..	41
Verbs with Personal Pronouns in the Accusative.....................	45
The Accusatives of all Personal Pronouns...........................	45
Dependent Clauses introduced by—	
weil..	46
sobald..	47
wenn..	48
Nannette's Lament: Reproducing all the Words thus far introduced..	51
Analysis. Haben..	54
Analysis. Sein...	58
Analysis. Werden...	62
Verbs which do not take ge- in the Past Participle.................	66
Verbs with Adjuncts in the Genitive................................	66
Dependent Clauses introduced by—	
denn (ich weiß, es ist . . .)...............................	67
wenn (ich wüßte, ob es . . .)..............................	71
da (ich nicht weiß, ob es . . .)...........................	72
Separable Verbs..	74
Nominatives of all Personal Pronouns...............................	74
Intransitive Verbs governing the Dative............................	79
The Datives of all Personal Pronouns...............................	79
Hugo the Coachman: Reproducing all the Words thus far introduced..	82
Reflexive Verbs. (Casualty.).......................................	87
Reflexive Verbs, continued. (Time.)................................	90
Reflexive Verbs, continued. (Quantity and Comparison.).............	92
Reflexive Verbs, continued. (Adverbs of Time.).....................	94
Dependent Clauses introduced by wenn, als, nachdem.................	96
Impersonal Verbs...	99
Als daß..	100
Passive Voice, with the Personal Pronouns in the Dative............	100
Verbs with Relative Pronouns.......................................	112
Strong Conjugation. I. Class.......................................	116
Verbs with Subordinative Conjunctions..............................	117
Jungfer Hannah: Reproducing all the Words thus far introduced......	123

CONTENTS.

	PAGE
Strong Conjugation, continued. II. Class	129
Verbs with Subordinative Conjunctions, continued	130
Strong Conjugation, continued. III. Class	140
Verbs with Prepositions governing the Dative and Accusative	142
Verbs with Prepositions governing the Dative only	144
Käthchen's Briefe an Gretchen (again a Reproduction of all the Words)	150
Strong Conjugation, continued. IV. Class	167
Verbs with Prepositions governing the Accusative only	168
Strong Conjugation, continued. V. Class	175
Verbs with Prepositions governing the Genitive	176
Strong Conjugation, continued. VI. Class	185
Irregular Verbs	194
Relative Conjunctions (Use of)	195
Verbs requiring the Reflexive Pronoun in the Dative	200
Transitive Verbs with the Genitive	205
Reflexive Verbs with the Genitive	207
Transitives with the Dative and Accusative	209
Impersonal Verbs	212
Verbs occasionally Impersonal	213
Verbs apparently Impersonal, with Personal Pronoun in the Dative and Accusative	214
Use of the Infinitive	215
The Infinitive with zu	220
The Infinitive with zu after Prepositions	221
Use of Participles	222
Adjectives governing the Genitive	224
Adjectives governing the Dative	225
Abridgment	226
Jacob Kümmel to his Mother: A Reproduction (of all Words introduced, beginning from page 167)	229
Tables of Reference	246
Declension of Nouns: 1. Strong; 2. Weak; 3. Mixed	246
Declension of Adjectives without the Article	247
Declension of Adjectives preceded by the Indefinite Article	247
Possessive Pronouns	247
Absolute Possessive Pronouns without the Article	248
Absolute Possessive Pronouns with the Article	248

CONTENTS.

	PAGE
Declension of the Demonstrative Pronouns: biefer, berjenige, folcher, ber	249
Declension of Relative Pronouns: welcher, ber, wer	250
Declension of Correlative Pronouns: berjenige, welcher; ebenberfelbe, welcher	250
Declension of was für ein with a noun	251
Indefinite Pronouns: man, Jebermann, etwas ꝛc.	251
Declension of Jemand and Niemand	251
Indefinite Pronouns and Indefinite Numerals	252
Declension of Personal Pronouns	253
Degrees of Comparison, Superiority	253
Degrees of Comparison, Equality, Inferiority, Superlative	254
Irregular and Defective Comparison	254
Numerals: Cardinal Numbers, as: 1. Iteratives; 2. Multiplicatives; 3. Variatives	255
Numerals: Ordinal Numbers, as: 1. Fractionals; 2. Dimidiatives; 3. Distinctives	256
Vocabulary	257

INTRODUCTION.

Of all offices which characterize words and render them functionally distinct from one another, none is more complex, more important and more useful in ministering to the power and intelligibility of speech than that of the verb. Like the adjective, the attributive verb qualifies the subject; but besides this it adds affirmation, time, manner, number and person. It animates a word-complex—gives action—gives wings to human utterance; its absence would suspend coherence; and its total loss would irreparably wreck speech as a medium of intelligence, consigning the residue to a helpless, lifeless verbiage.

In their totality the parts of speech form a perfect union, one becoming the complement of the other, but considering *ex necessitate rei* critically their relative power for conveying intelligence we must award the palm to the verb. Let us suppose a traveler in a foreign country, forcibly restricted in his intercourse with its people to the use of but two of the classes of words into which language is divided. If he has his wits about him, he will make his choice of the verb and the pronoun. Armed with these, he can (in the active) lodge, eat, drink, sleep, admire, dance, sing, love, hate, punish, knock, cheat, kill, bury, or (in the passive) he may be lodged, eaten, admired, loved, hated, punished, knocked, cheated, killed, and buried (all very rational); whereas with the second choice, the adjective and the noun, his speech would assume the eccentricity of interjections, and uttering: "rough journey! bad dinner! horrid bed! greedy driver! expensive country! foolish people! sick! disgusted! home, sweet home!" though interlarded with all the emphasis and gestures of veracity, it would not save him from the lock-up, and might render a diplomatic intervention of the foreign office imperative.

Be it understood that our task is not to give a traditional reproduction of the verb, undraped, meaningless, the recital of whose divisions is only comparable to the juvenile horror of the multiplication table, in which the unpitied sufferer cannot give the simplest multiple of a number without returning to the beginning of a section. We do not propose any such ignominious, uncharitable infliction. A rational appreciation of its value assures it higher recognition. Our verb shall appear in all the éclat that can be imparted by a *premier rôle* and a full attendance of all the *dramatis personae* comprised in a reputable grammar in good standing. In its acting it shall assume the semblance of reality, for every one of its I's, you's, he's, she's, etc., shall be vivified by a pair of gleeful eyes that shall assist throughout its varied performances.

Colloquial language is made up of aggregations of words—word-groupings—word-complexes—according to the lesser or greater power of the mind, and not of segregated terms that must go through a process of editing, to conform to the thought, before they are ready for the tongue to utter. Hence it must be apparent to any one studying a foreign idiom that, when a language is presented in word-casts analogous to those he uses in the vernacular, all readily malleable into the grammatical requirements imposed by either I, you, he, we, they, according to the exgencies of person, time, place, and extension, a daily practice in flexion of such word-casts with all the impressiveness of actual conversation must be of very great advantage to the student.

Max Müller and other writers on mental operations tell us that we cannot think without the thought taking form in words. This, in itself, if true, suggests how irrationally we proceed to bring about the necessary coalescence of word and object in our mind by seeking to effect it through a compendium of rules and laws and a train of reasoning liberated thereby. This road is exceedingly devious and doubtful, and following it we shall never reach the goal of speaking a foreign tongue.

We possess a language fully only when the force and meaning

of a word or an array of words are simultaneous with their sight and utterance; otherwise language is neither a comfort nor a pleasure. Many carry a chronic habit of dissecting from their classics to the living languages; and accoutred as if for a geological tramp, they probe with hammer and pick for subject, predicate, and accessories, and are supremely happy when they obtain a faint glimpse of their meaning, and astonished and delighted at their own cunning, they *sotto voce* vote themselves crownlets of martyrdom, tacitly accepting, and self-complacently bowing to a title of linguistic proficiency. They thus periodically wreck a generous fit of mental activity, and never get on any further. They resemble, in their spasmodic efforts, a diver who, under great difficulties, can search and grope about under water, but cannot stand it very long. The luxury of speaking a foreign tongue and reading it at sight, is unknown to them. One possessing dark vaults full of rare natural curiosities which he can view only by the intermittent flashes of lucifer matches, would not be in a worse plight for gaining knowledge than they, with their dim light, standing at the threshold of untold literary treasures.

In fact they are unwitting victims of analysis and synthesis let loose upon them; and when these have done their work, there is nothing left but doubt, muddle, and confusion. Instance the following perpetrated by one of these: „Guten Morgen," and as his mental tide was in, he ventured clear off his base by adding: „ich habe erhalten diesen Morgen einen hochfliegenden Hals" (I have received this morning a highflying neck). Perceiving the surprise and mystification produced by this extraordinary assemblage of words, he falteringly explained that he wanted to say: "I have got a sore throat this morning" (Ich habe heute morgen Halsweh). Sore = weh; to soar = hochfliegen!! The victim looked aghast, and the tide went out. ... The Englishman's French: "*ne laissez pas sortir le feu*," which he pronounced foo (*fou!*) and which led to a ridiculous mistake, and that of another who had "*le grand esprit de terrasser le garçon*" (the great intelligence to knock down the waiter), are blunders of the same kind, barring the mixed English of the above highflyer. We commend him to page 56 of the Verb-drill with injunctions to practice the themes there given every day for a few minutes; by so doing, he will soon escape the uncertainties of sentence-building. There is no need of any perennial tugging at the rudiments of this branch of knowledge. The Verb-drill will accomplish for the pupil all that an enthusiast could desire, and help him in the shortest time out of shoals into deep, untroubled water, at the least outlay of time and application.

The verb in the Verb-drill, as already hinted, holds throughout regal sway, and the rest of the tribe dance attendance at its court. It opens the procession first unattended; then graciously condescending it escorts a lonely accusative; then it joins a stately dative duly attended by a preposition, besides showing opportunely stray caprices for a genitive; further on, it increases its train by adjectives, determinatives, adverbs and conjunctions while rioting among prepositions and the oblique cases. From having been active it retires, later on, into a state of passivity, and bows submissively to the aggressions of the throng. Before closing, it resumes its activity and prestige, and after having been in turn weak, strong, irregular, separable and inseparable, transitive and intransitive, neuter, personal and impersonal, reflexive, active and passive, indicative, subjunctive, optative, imperative and infinitive, it closes its career in a multifarious agency, with the strongest presumptive claim that an earnest devotion to it will alone open to the true seeker the portals to its shrine, and initiate him into the mysteries of spoken and written language.

The Verb-drill has been well tested in classes, and from the abiding interest and delight it awakens it might be likened to a parlor game. Those who have witnessed eyes fairly dancing when "Verb-drill" is announced will grant the comparison. It always affords both rest and diversion, and ten to fifteen minutes taken from the regular routine work and devoted to its practice, will act not only as a welcome relief, but will, in its efficiency as an agent for rapid and correct speaking, lead to most surprising results. To give a general idea of its operation a few of its minor themes are here presented. At the beginning our model-drills stand thus:

I.

Teacher.	Pupil.
Ich spiele jetzt; was thue ich?	Sie spielen jetzt.
Ich spielte gestern; was that ich gestern?	Sie spielten gestern.
Ich werde morgen spielen; was werde ich morgen thun?	Sie werden morgen spielen.

II.—With an Object.

Ich spiele jetzt Piano; was thue ich?	Sie spielen jetzt Piano.
Ich spielte gestern Piano; was that ich gestern?	Sie spielten gestern Piano.
Ich werde morgen Piano spielen; was werde ich morgen thun?	Sie werden morgen Piano spielen.
Ich würde Piano spielen, wenn ich könnte; was würde ich thun?	Sie würden Piano spielen, wenn Sie könnten.

III.—With Possessive Pronoun and Noun.

Ich kehre jetzt mein Zimmer; was thue ich jetzt?	Sie kehren jetzt Ihr Zimmer.
Ich kehrte gestern mein Zimmer; was that ich gestern?	Sie kehrten gestern Ihr Zimmer.
Ich werde morgen mein Zimmer kehren; was werde ich morgen thun?	Sie werden morgen Ihr Zimmer kehren.
Ich würde mein Zimmer kehren, wenn ich müßte; was würde ich thun?	Sie würden Ihr Zimmer kehren, wenn Sie müßten.

Respecting the foregoing, Robert will now take the lead, and the teacher asks Charles: „Was thut Robert?" and the response will fall into the third person: „Er spielt jetzt, ꝛc."; then

Robert joins Charles, and they change the above themes into the first person plural: „Wir spielen jetzt Piano;" and to the question: „Was thun sie?" by the teacher, the responses by a third party will be: „Sie spielen jetzt Piano, ꝛc." After this we return to the beginning once more, and make interrogative inversions, such as: „Spielen Sie Piano?" „Spielten Sie, oder haben Sie gestern Piano gespielt?" „Werden Sie morgen Piano spielen?" „Würden Sie Piano spielen, wenn Sie könnten? ꝛc." receiving to each a direct answer. Thus we proceed in a well defined plan to more and more complex themes involving compound sentences, as: „Ich schlafe des Nachts gewöhnlich nie vor elf Uhr ein, wenn ich den Tag über arbeite." „Meine kranke Mutter hat Niemand um sich, daher halte ich mich nicht lange auf." „Ich halte Denjenigen für einen Dummkopf, der mehr gibt, als er hat." „Von der Anhöhe, die wir jenseit des Waldes sehen, genieße ich oft den reizendsten Anblick über die Landschaft ꝛc."

Thus by a constant recurrence of the inflectional apparatus, as exhibited by the verb in its various phases of time and mode, and by supplying the student with a great variety of thoughts, as embodied in the themes (the constituents of which necessarily are expressed in their grammatical relations), the student's ear cannot but be impressed by these verbal modifications, and their purport must come to him instantaneously. So the grammatical forms coming before him uniformly consistent, and falling in rapid succession upon his ear, it must soon acquire a habit and fine discrimination of what is proper and right in the language.

The claims of the verb in language training has been indisputably established by a series of remarkable results achieved in a special practice devoted to it. With this practice the acquisition of its use was prompt, and, being constantly attended by the other parts of speech, a feeling or sense (Sprachgefühl) for correct construction was speedily created.

The field being apparently new and untrodden, it was believed that a comprehensive guide encompassing the system might not be unwelcome to the public and the fraternity. In view of this, material accumulating from several years' practical use in the class-room has been collated and arranged, and the result is the present volume which, limited to a special field, makes no pretension to absolutism with hostile intent of supplanting other systems, but is offered merely as an addendum or supplement to any approved book in the language of which it treats, and is ready, side by side with such, to assume, in all deference, a hitherto neglected branch of work, in which its merits, real and lasting, may assure it a reliable companionship.

It is hoped, therefore, that its pages may find a fair examination, a correct interpretation, and a thoroughly exhaustive trial.

SUGGESTIONS TO TEACHERS.

As already stated in the preceding, the Verb-drill should assume the form of actual discourse, and should be specially guarded from lapsing into a mere recitation or droning of tenses. The id)'s and Sie's, id)'s and er's, wir's and Ihr's, wir's and sie's, should always go in pairs successively around the class in such a manner that all pupils are afforded an equal opportunity to practice in turn the several persons in the dialogue.

Before beginning, the inflectional apparatus of the verb, as shown by the heavy type in each sectional analysis, should be pointed out, or, in a class-room, illustrated on the blackboard. It should be shown that the infinitive ends in ‑en; the first person singular, present tense (weak conjugation) in ‑e; the second person plural (polite address) in ‑en, like the infinitive. After all the themes are exhausted on these id)'s and Sie's of the present tense, proceed to the imperfect, pointing out the changes, which here consist in simply prefixing those endings just learned by a **t**, as: first person, id) —‑te, second person, Sie —‑ten, and along with these also the perfect, showing the analogy of id) hab‑e, Sie hab‑en, with the endings of the present and the changes incurred by the past participle in taking a **t** in place of the infinitive ending ‑en, and before it the augment ge‑—. Having thus proceeded from tense to tense, through each of which all the given themes shall have passed, return to the beginning and pass them once more, but serially through the several tenses, constituting the scope of our conjugation, as shown in the model-drill 13.

Whenever practicable, do not fail, in these exercises, to engage both the eyes and ears of your pupils. The accompaniment of an appropriate pantomime, expressive of the action and meaning of the verb, will greatly aid in fixing it in the memory.

In order to impress the force of the ending-changes in the tense-divisions, the adverbs of time, jetzt, gestern, morgen have been added at once. So, when saying (ich spiele) jetzt, emphasize it with a suitable hand-motion indicative of *now;* for gestern, pointing backward over your shoulder would afford, perhaps, the best gesture expressive of *yesterday*, and a hand-wave forward to a vague distance the best for morgen, *to-morrow.*

These drills are for both oral and sight practice; however, a decided preference should be given to the oral, and especially when a certain facility of articulation has been reached. Yet there will be found themes through the book, for instance, those in the third person or those which are too complex, which, from their nature, are not suitable for oral responses, and may, therefore, be inflected with aid of sight. Of course, when pupils are called upon to lead, they will invariably use the book to announce the themes. As these themes will have to be often repeated, to prevent monotony and staleness in these exercises, it were well that new ones of the same class should be supplied.

To retain zeal and interest for the drills, twelve to fifteen minutes, and no more, should be allotted to them at every lesson. By proceeding thus persistently, it will not be long before the pupil, conscious of an accretive volubility, will, like a fledgeling, unurged, try his wings, and begin to twitter to his own delight and that of his teacher.

It was impossible in the development of the plan always to have themes that would yield readily to a general flexion, and at the same time retain a clear and logical meaning in passing through all the tenses. This difficulty especially followed the admission of subordinate conjunctions introducing clauses, adding thereby to the unwieldiness of the themes. Such, then, as, from this reason, become obscured in any stage of their progress, should not be proceeded with.

In respect to the second person singular Du, the familiar address of the German, it was, on mature reflection, concluded not to add it to the polite address Sie, as rather embarrassing and unnecessarily crowding the difficulties to overcome. It was, therefore, purposely neglected. From a strictly utilitarian standpoint, the American student can easily forego this address. Should he desire to acquire it, he will do well to defer it until he has fully mastered the polite form. The ending distinguishing the familiar form, being ſt, and the radical vowel of the verb changing whenever the third person singular does, he should have no difficulty in making the themes available for its practice. Moreover, from page 116, *this* second person is given of all verbs of the strong conjugation.

Again, owing to a multiplicity of details to be considered in proceeding onward, an evenly ascending scale of difficulties in the themes could not always be maintained; hence the student will frequently encounter some that, for the time being, may be too abrupt for him. Such, he will do well to pass until a time later when, from easier stages, he may reach their level.

Always mindful of our axiom *repetitio mater studiorum*, we have, in order to bring from time to time before the student the entire vocabulary at certain stages, disintegrated the themes therein contained, and reunited the individual words succinctly into a solid paragraph. The aim was a coherent composition; but we are obliged to admit that we have only partially succeeded, and are sorry to have been compelled to move within the unlettered sphere of a Johnny, a servant girl, or a manservant; however, with each accession of words, coherence and logical sequence will improve. Those having made the attempt to write a composition from any given column of words out of a dictionary will conceive the difficulty involved, and will readily make allowance for paragraphs that appear rhapsodical and wanting in continuity; but if rhetoric is defective, Grammar shall have its due.

In conclusion, the author would say to those who have so warmly welcomed, in word and deed, his first attempt, "*The Cumulative Method*," which has already reached a fourth edition within but little more than a twelvemonth, that he feels under many obligations to them. He can only venture the hope that this, his second effort, may merit the like reception.

VERB-DRILL.

WEAK CONJUGATION.—ACTIVE VOICE.

Analysis.

Infinitive: (spiel)=**en**,* to play.
Present Tense, 1st person sing.: ich (spiel)=**e**, I play, or I am playing.
Present Tense, 2d person: Sie (spiel)=**en**, you play, or you are playing.
Adverb of Time: jetzt, now.

Themes for Drill.†

1. tanzen, to dance
2. weinen, to weep
3. husten,‡ to cough
4. ruhen, to rest
5. hüpfen, to leap, to hop
6. kehren, to sweep
7. kochen, to cook
8. zeichnen,‡ to draw
9. rauchen, to smoke
10. wachen, to be awake
11. gähnen, to yawn
12. seufzen, to sigh
13. knieen, to kneel
14. klopfen, to knock
15. nähen, to sew
16. malen, to paint
17. rechnen,‡ to cipher
18. arbeiten,‡ to work
19. zanken, to scold
20. speisen, to dine

---

* The German Infinitive usually ends in en, but verbs whose roots terminate in el and er end in n, as: bügel-n, plauder-n.

† The themes given here as well as elsewhere are to be used in the drills following until new ones are introduced.

‡ Whenever the final letter of the verbal root conflicts with the distinct utterance of the inflection-endings, then an e is inserted, as: er hustet, ich hustete, gehustet ; er zeichnet, ich zeichnete, gezeichnet ; er rechnet, ich rechnete, gerechnet ; er arbeitet, ich arbeitete, gearbeitet, instead of : er hust-t, ich hust-te, gehust-t; er zeichn-t, ich rechn-te, gearbeit-t.

21. trommeln,* to drum
22. plaudern,* to chat
23. bügeln,* to iron
24. lachen, to laugh

25. träumen, to dream
26. hobeln,* to plane
27. flüstern,* to whisper
28. suchen, to seek, look for

Model-Drill 1.

Teacher to Pupil. Ich spiele jetzt;† was thue ich? (What do I = what am I doing?)

Pupil. Sie spielen jetzt.

Analysis.

IMPERFECT, 1st person sing.: ich (spiel)=**te**, I played, or I did play.

IMPERFECT, 2d person: Sie (spiel)=**ten**, you played, or you did play.

PERFECT, 1st person: ich hab=**e ge**=(spiel)=**t**, I have played.

PERFECT, 2d person: Sie hab=**en ge**=(spiel)=**t**, you have played.

ADVERB OF TIME: gestern, yesterday.

Model-Drill 2.

T. Ich spielte gestern, oder (or) ich habe gestern gespielt; was that ich gestern? (What did I = what did I do yesterday?)

P. Sie spielten gestern, oder Sie haben gestern gespielt.

Analysis.

FUTURE, 1st person sing.: ich werd=**e** (spiel)=**en**, I shall play, or I am going to play.

FUTURE, 2d person: Sie werd=**en** (spiel)=**en**, you shall play, or you are going to play.

ADVERB: wieder, again. *ADVERBS OF TIME:* heute, to-day; morgen, to-morrow.

---

* Verbs whose roots end in **el** or **er** take only an **n** for their infinitive. To avoid an accumulation of **e's** in the first person singular, present tense, the **e** of the root-ending **el** is dropped, as: ich trommle, bügle, hoble, instead of: ich trommele, bügele, hobele.

† Jetzt, gestern, morgen may be omitted at first trials, but should be taken up as soon as the student has become familiar with the verb-changes.

Model-Drill 3.

T. Ich werde heute wieder spielen; was werde ich heute wieder thun? (What am I going to do again to-day?)
P. Sie werden heute wieder spielen.

Analysis.

CONDITIONAL, *1st person sing.*: ich würd=**e** (spiel)=**en**, (bügel)=**n**, (plauder)=**n**, I would play, iron, chat,
  wenn ich (spiel)=**en*** könn=**te**, if I could (play)
  wenn ich (bügel)=**n** müß=**te**, if I (must) were obliged to (iron)
  wenn ich (plauder)=**n** dürf=**te**, if I (dared) were permitted to (chat)
  wenn ich —=**en** woll=**te**, if I wanted to —
  wenn ich —=**en** soll=**te**, if I should —
  wenn ich —=**en** möch=**te**, if I cared to —

CONDITIONAL, *2d person:* Sie würd=**en** (spiel)=**en**, (bügel)=**n**, (plauder)=**n**, you would play, iron, chat,
  wenn Sie (spiel)=**en** könn=**ten**, if you could (play)
  wenn Sie (bügel)=**n** müß=**ten**, if you were obliged to (iron)
  wenn Sie (plauder)=**n** dürf=**ten**, if you were permitted to (chat)
  wenn Sie —=**en** woll=**ten**, if you wanted to —
  wenn Sie —=**en** soll=**ten**, if you should —
  wenn Sie —=**en** möch=**ten**, if you cared to —

Model-Drill 4.

T. Ich würde jetzt spielen, wenn ich (spielen) dürfte; was würde ich thun? (What would I do?)
P. Sie würden jetzt spielen, wenn Sie (spielen) dürften.

Analysis.

PRESENT TENSE, *3d person sing.*: er (tanz)=**t**, he dances, or he is dancing.

---

* As in English, concise German here omits the verb; but to show its relative position to the modal auxiliaries, the ellipsis has been supplied. The student will do well to acquaint himself fully with the redundant form, when he should adopt the shorter.

Model-Drill 5.

Robert* (one of the pupils to the teacher). Ich tanze jetzt.
Teacher (addressing class, either singly or in concert, pointing to speaker, asks). Was thut er? (What does he = what is he doing?)
One pupil (or class). Er tanzt jetzt.

Analysis.

IMPERFECT, *3d person sing.*: er (tanz)=te, he danced, he was dancing.
PERFECT, *3d person*: er ha=t ge=(tanz)=t, he has danced.

Model-Drill 6.

Rob. Ich tanzte gestern morgen, oder ich habe gestern morgen getanzt.
T. Was that er gestern morgen? (What was he doing yesterday morning?)
Class. Er tanzte gestern morgen, oder er hat gestern morgen getanzt.

Analysis.

FUTURE, *3d person sing.*: er wird (tanz)=en, he shall, or will dance, is going to dance.

Model-Drill 7.

Rob. Ich werde morgen wieder tanzen.
T. Was wird Robert morgen wieder thun?
Class. Er wird morgen wieder tanzen.

Analysis.

CONDITIONAL, *3d person sing.*: er würd=e (tanz)=en, he would dance
   wenn er —=en könn=te, if he could —
   wenn er —=en müß=te, if he were obliged to —
   wenn er —=en dürf=te, if he were permitted to —
   wenn er —=en woll=te, if he wanted to —
   wenn er —=en soll=te, if he should —
   wenn er —=en möch=te, if he cared to —

---

* In a ladies' class substitute Rosalie for Robert, and the feminine pronoun sie (she) for er (he).

Model-Drill 8.

Rob. Ich würde tanzen, wenn ich (tanzen) könnte.
T. Was würde Robert thun?
Class. Er würde tanzen, wenn er (tanzen) könnte.

Analysis.

PRESENT TENSE, *1st person plur.:* wir (kehr)=**en**, we sweep.
PRESENT TENSE, *3d person plur.:* sie (kehr)=**en**.

Model-Drill 9.

Robert and Charles (*together to teacher*). Wir kehren jetzt.
T. Was thun Robert und Karl jetzt? (What are Robert and Charles doing now?)
Class. Sie kehren jetzt.

Analysis.

IMPERFECT, *1st person plur.:* wir (kehr)=**ten**, we swept.
IMPERFECT, *3d person plur.:* sie (kehr)=**ten**, they swept.
PERFECT, *1st person plur.:* wir hab=**en ge**=(kehr)=**t**, we have swept.
PERFECT, *3d person plur.:* sie hab=**en ge**=(kehr)=**t**, they have swept.

Model-Drill 10.

Rob. and Chas. Wir kehrten gestern morgen, oder wir haben gestern morgen gekehrt.
T. Was thaten Robert und Karl gestern morgen?
Class. Sie kehrten gestern morgen, oder sie haben gestern morgen gekehrt.

Analysis.

FUTURE, *1st person plur.:* wir werd=**en** (kehr)=**en**, we shall sweep, or we are going to sweep.
FUTURE, *3d person plur.:* sie werd=**en** (kehr)=**en**, they shall sweep, or they are going to sweep.

Model-Drill 11.

Rob. and Chas. Wir werden morgen wieder kehren.
T. Was werden Robert und Karl morgen wieder thun?
Class. Sie werden morgen wieder kehren.

Analysis.

CONDITIONAL, *1st person plur.*: wir würd=**en** (kehr)=**en**, we would sweep,

  wenn wir —=**en** könn=**ten**, if we could —
  wenn wir —=**en** müß=**ten**, if we were obliged to —
  wenn wir —=**en** dürf=**ten**, if we were permitted to —
  wenn wir —=**en** woll=**ten**, if we wanted to —
  wenn wir —=**en** soll=**ten**, if we should —
  wenn wir —=**en** möch=**ten**, if we cared to —

CONDITIONAL, *3d person plur.*: sie würd=**en** (kehr)=**en**, they would sweep,

  wenn sie —=**en** könn=**ten**, if they could —
  wenn sie —=**en** müß=**ten**, if they were obliged to —
  wenn sie —=**en** dürf=**ten**, if they were permitted to —
  wenn sie —=**en** woll=**ten**, if they wanted to —
  wenn sie —=**en** soll=**ten**, if they should —
  wenn sie —=**en** möch=**ten**, if they cared to —

Drill 12.

Rob. and Chas. Wir würden kehren, wenn wir müßten.
T. Was würden Robert und Karl thun?
Class. Sie würden kehren, wenn sie müßten.

RECAPITULATION.

ADVERBS OF TIME: sogleich, directly; vorhin, a little while ago; heute morgen, this morning; heute mittag, at noon; heute nachmittag, this afternoon; heute abend, this evening.

Model-Drill 13.*

1. *T.* Ich nähe jetzt; was thue ich?
 Pupil. Sie nähen jetzt.

2. *T.* Ich nähte gestern morgen, oder ich habe gestern morgen genäht; was that ich?
 P. Sie nähten gestern morgen, oder Sie haben gestern morgen genäht.

---

 * Students would be greatly benefited by writing the themes out in accordance with the models.

3. T. Ich werde sogleich wieder nähen; was werde ich thun?
P. Sie werden sogleich wieder nähen.

4. T. Ich würde nähen, wenn ich nähen könnte; was würde ich thun?
P. Sie würden nähen, wenn Sie nähen könnten.

Model-Drill 14.

1. Rob. Ich lache jetzt.
T. Was thut Robert?
Class. Er lacht jetzt.

2. Rob. Ich lachte heute morgen, oder ich habe heute morgen gelacht.
T. Was that Robert heute morgen?
Class. Er lachte heute morgen, oder er hat heute morgen gelacht.

3. Rob. Ich werde sogleich wieder lachen.
T. Was wird Robert sogleich wieder thun?
Class. Er wird sogleich wieder lachen.

4. Rob. Ich würde lachen, wenn ich lachen dürfte.
T. Was würde Robert thun?
Class. Er würde lachen, wenn er lachen dürfte.

Model-Drill 15.

1. Rob. and Chas. Wir zeichnen jetzt.
T. Was thun Robert und Karl (sie) jetzt?
Class. Sie zeichnen jetzt.

2. Rob. and Chas. Wir zeichneten gestern abend, oder wir haben gestern abend gezeichnet.
T. Was thaten sie gestern abend?
Class. Sie zeichneten gestern abend, oder sie haben gestern abend gezeichnet.

3. Rob. and Chas. Wir werden heute nachmittag wieder zeichnen.
T. Was werden sie thun?
Class. Sie werden heute nachmittag wieder zeichnen.

4. Rob. and Chas. Wir würden jetzt wieder zeichnen, wenn wir zeichnen müßten.
T. Was würden Robert und Karl jetzt wieder thun?
Class. Sie würden jetzt wieder zeichnen, wenn sie zeichnen müßten.

Model-Drill 16.

1. *T.* Spielen Sie jetzt, Robert?
   P. Nein, ich spiele jetzt nicht.
2. *T.* Spielten Sie gestern, oder haben Sie gestern gespielt?
   P. Ja, ich spielte gestern mittag, oder ich habe gestern mittag gespielt.
3. *T.* Werden Sie morgen wieder spielen?
   P. Ja, ich werde morgen wieder spielen.
4. *T.* Würden Sie spielen, wenn Sie könnten?
   P. Ja, ich würde spielen, wenn ich könnte.

Model-Drill 17.

1. *Rob. to Chas.* Lachen Sie jetzt?
   Chas. Nein ich lache jetzt nicht.
2. *Rob.* Lachten Sie vorhin, oder haben Sie vorhin gelacht?
   Chas. Ja, ich lachte vorhin, oder ich habe vorhin gelacht.
3. *Rob.* Werden Sie sogleich wieder lachen?
   Chas. Nein, ich werde nicht sogleich wieder lachen.
4. *Rob.* Würden Sie lachen, wenn Sie dürften?
   Chas. Ja, ich würde lachen, wenn ich dürfte.

Analysis.

PRESENT TENSE, *2d person plur.:* ihr (spiel)=t, you play.

IMPERFECT, *2d person plur.:* ihr (spiel)=tet, you played.

PERFECT, *2d person plur.:* ihr hab=t **ge**=(spiel)=t, you have played.

FUTURE, *2d person plur.:* ihr werd=**et** (spiel)=**en**, you shall play, or you are going to play.

CONDITIONAL, *2d person plur.:* ihr würd=**et** (spielen)=**en**, you would play,

   wenn ihr —=**en** könn=**tet**, if you could —
   wenn ihr —=**en** müß=**tet**, if you were obliged to —
   wenn ihr —=**en** dürf=**tet**, if you were permitted to —
   wenn ihr —=**en** woll=**tet**, if you wanted to —
   wenn ihr —=**en** soll=**tet**, if you should —
   wenn ihr —=**en** möch=**tet**, if you cared to —

Model-Drill 18.

1. *T. to Class.* Plaudert ihr jetzt?
   Class. Nein, wir plaudern jetzt nicht.
2. *T.* Plaudertet ihr gestern morgen, oder habt ihr gestern morgen geplaudert?
   Class. Ja, wir plauderten gestern morgen, oder wir haben gestern morgen geplaudert.
3. *T.* Werdet ihr heute nachmittag wieder plaudern?
   Class. Ja, wir werden heute nachmittag wieder plaudern.
4. *T.* Würdet ihr plaudern, wenn ihr solltet?
   Class. Ja, wenn wir sollten, würden wir plaudern.

Model-Drill 19.*

1. *Teacher.* Wer spielt? (Who plays?)
   A. Ich spiele.
2. *T.* Wer spielt noch? (Who else plays?)
   B. Karl spielt.
3. *T.* Wer zeichnete gestern?
   C. Ich zeichnete gestern?
4. *T.* Zeichnete noch Jemand anders? (Did some one else draw?)
   D. Ja, Robert zeichnete auch.
5. *T.* Wer hat heute morgen gerechnet?
   E. Ich habe heute morgen nicht gerechnet.
6. *T.* Wer hat denn gestern gerechnet?
   F. Ich habe gestern gerechnet.
7. *T.* Wer wird morgen lehren?
   G. Ich und Fritz werden morgen lehren.
8. *T.* Wer würde tanzen, wenn er dürfte?
   H. Ich würde tanzen, wenn ich dürfte.
9. *T.* Wer würde arbeiten, wenn er müßte?
   I. Ich würde nicht arbeiten, wenn ich müßte.

---

* Questions on the preceding themes addressed to pupils individually.

10. *T.* Wer würde speisen, wenn er könnte?
    K. Eduard würde speisen, wenn er könnte, aber ich würde speisen, wenn ich möchte.
11. *T.* Wer würde kochen, wenn er sollte?
    L. Ich würde nicht kochen, wenn ich sollte, sondern* (but) wenn ich wollte.
12. *T.* Haben Sie gestern nachmittag geraucht?
    M. Nein, ich habe gestern nachmittag nicht geraucht.
13. *T.* Würde Karl malen, wenn er könnte?
    N. Ja, er würde malen, wenn er könnte.

VERBS WITH THE ACCUSATIVE.

Analysis.

Adjuncts in the accusative are:

MASCULINE.	FEMININE.	NEUTER.
den, the	die	das
diesen, this	diese	dieses
jenen, that	jene	jenes
welchen, which	welche	welches
jeden, every	jede	jedes
einen, a	eine	ein
keinen, not a, none	keine	kein
meinen, my	meine	mein
seinen, his	seine	sein
Ihren, your	Ihre	Ihr
ihren, her	ihre	ihr
unseren, our	unsere	unser
den guten, the good	die gute	das gute
ihn, him	sie, her	es, it

Themes for Drill.

1. Ich kehre den Fußboden (floor).
2. Ich kehre das Zimmer (room).
3. Ich kehre die Küche (kitchen).
4. Ich heize diesen Ofen (I heat this stove).

---

* After a negation, *but* is rendered by sondern.

5. Ich heize dieses Schulzimmer (school-room).
6. Ich kaufe jenen Garten (I buy that garden).
7. Ich kaufe jenes Haus (house).
8. Ich kaufe jene Uhr (watch).
9. Ich achte jeden Menschen (I respect every man = all mankind).
10. Ich achte jede Mutter (every mother).
11. Ich achte jedes Kind (child).
12. Ich suche (I seek = am looking for) einen Griffel (a slate-pencil).
13. Ich suche eine Feder (a pen).
14. Ich suche ein Buch (a book).
15. Ich hole keinen Hut (I fetch no hat, I go for no hat).
16. Ich hole keine Dinte (ink).
17. Ich hole kein Papier (paper).
18. Ich packe unseren kleinen Koffer (I pack our small trunk).
19. Ich fülle meinen großen Koffer (I fill my large trunk).
20. Ich fülle seine kleine Flasche (his small bottle).
21. Ich fülle ihr schönes Glas (her beautiful glass).
22. Ich schäle Ihren guten Apfel (I pare your good apple).
23. Ich schäle ihre heiße Kartoffel (her hot potato).
24. Ich decke unseren langen Tisch (I set our long table).
25. Ich koche eine kräftige Suppe (I cook a nutritious soup).
26. Ich rauche eine starke Cigarre (I smoke a strong cigar).
27. Ich kämme ihr schönes langes Haar (I comb her beautiful long hair).
28. Ich sage die Wahrheit (I say the truth).
29. Ich male ein schönes Portrait (I paint a fine portrait).
30. Ich röste unsern theueren Kaffee (I roast our dear coffee).
31. Ich füttere mein treues Pferd (I feed my faithful horse).

Model-Drill 20.

1. *T.* Ich kehre den Fußboden jetzt; was thue ich?
   P. Sie kehren den Fußboden jetzt.

2. *T.* Ich kehrte vorhin den Fußboden, oder ich habe vorhin den Fußboden gekehrt; was that ich?
   P. Sie kehrten vorhin den Fußboden, oder Sie haben vorhin den Fußboden gekehrt.

3. *T.* Ich werde den Fußboden sogleich wieder kehren; was werde ich thun?
   P. Sie werden den Fußboden sogleich wieder kehren.

4. *T.* Ich würde den Fußboden heute nachmittag kehren, wenn ich ihn (den Fußboden) kehren müßte; was würde ich thun?
P. Sie würden den Fußboden heute nachmittag kehren, wenn Sie ihn (den Fußboden) kehren müßten.

Model-Drill 21.

1. *Rob.* Ich kaufe heute jenes Haus.
T. Was thut Robert heute?
Class. Er kauft heute jenes Haus.

2. *Rob.* Ich kaufte heute morgen jenes Haus, oder ich habe jenes Haus heute morgen gekauft.
T. Was that Robert heute morgen?
Class. Er kaufte heute morgen jenes Haus, oder er hat heute morgen jenes Haus gekauft.

3. *Rob.* Ich werde morgen mittag jenes Haus kaufen.
T. Was wird Robert morgen mittag kaufen?
Class. Er wird morgen mittag jenes Haus kaufen.

4. *Rob.* Ich würde jenes Haus kaufen, wenn ich es (das Haus) kaufen wollte.
T. Welches Haus würde Robert kaufen?
Class. Er würde jenes Haus kaufen, wenn er es (das Haus) kaufen wollte.

Model-Drill 22.

1. *Rob. and Chas.* Wir achten jede Mutter.
T. Wen (whom) achten Robert und Karl?
Class. Sie achten jede Mutter.

2. *Rob. and Chas.* Wir achteten jede Mutter, oder wir haben jede Mutter geachtet.
T. Wen achteten Robert und Karl?
Class. Sie achteten jede Mutter, oder sie haben jede Mutter geachtet.

3. *Rob. and Chas.* Wir werden immer (always) jede Mutter achten.
T. Wen werden Robert und Karl immer achten?
Class. Sie werden immer jede Mutter achten.

4. *Rob. and Chas.* Wir würden jede Mutter achten, wenn wir jede Mutter achten könnten.

T. Was würden ſie thun?
Class. Sie würden jede Mutter achten, wenn ſie jede Mutter achten könnten.

Model-Drill 23.

1. *T.* Ich hole heute keine Dinte; was hole ich heute nicht?
   P. Sie holen heute keine Dinte.

2. *T.* Ich holte geſtern auch keine (also no = neither) Dinte, oder ich habe geſtern auch keine Dinte geholt; was holte ich geſtern nicht?
   P. Sie holten geſtern auch keine Dinte, oder Sie haben geſtern auch keine Dinte geholt.

3. *T.* Ich werde morgen auch keine Dinte holen; was werde ich morgen auch nicht holen?
   P. Sie werden morgen auch keine Dinte holen.

4. *T.* Ich würde keine Dinte holen, wenn ich nicht Dinte holen müßte; was würde ich thun?
   P. Sie würden keine Dinte holen, wenn Sie nicht welche (some) holen müßten.

Model-Drill 24.*

1. *T.* Wer kehrt den Fußboden?
   A. Ich kehre den Fußboden.

2. *T.* Wer hat das Zimmer gekehrt?
   B. Ich habe das Zimmer nicht gekehrt.

3. *T.* Wer wird die Küche kehren?
   C. Fritz wird die Küche kehren.

4. *T.* Robert, haben Sie heute morgen dieſen Ofen geheizt?
   D. Nein, ich habe heute morgen dieſen Ofen nicht geheizt.

5. *T.* Würden Sie dieſes Schulzimmer heizen, wenn Sie müßten?
   E. Ja, wenn ich müßte, würde ich dieſes Schulzimmer heizen.

6. *T.* Würden Sie jenen Garten kaufen, wenn Sie könnten?
   F. Ja, wenn ich könnte, würde ich jenen Garten kaufen.

---

* Questions on the preceding themes.

7. T. Wer wird jenes Haus kaufen?
   G. Ich werde es* kaufen, wenn ich kann.
8. T. Würden Sie auch jene Uhr kaufen?
   H. Ja, ich würde sie auch kaufen.
9. T. Achten Sie jeden Menschen?
   I. Nein, ich achte nicht jeden Menschen.
10. T. Werden Sie nicht jede Mutter achten?
    K. Ja, ich werde jede Mutter achten.
11. T. Und Sie, würden Sie nicht jedes Kind achten?
    L. Ja, ich würde jedes Kind achten.
12. T. Was suchen Sie?
    M. Ich suche einen Griffel.
13. T. Suchen Sie noch etwas (something else)?
    N. Ja, ich suche auch eine Feder.
14. T. Haben Sie sonst nichts (nothing else) gesucht?
    O. Ja, ich habe auch mein Buch gesucht.
15. T. Werden Sie einen Hut holen?
    P. Nein, ich werde keinen Hut holen.
16. T. Würden Sie keine Dinte holen, wenn Sie welche holen sollten?
    Q. Ja, ich würde Dinte holen, wenn ich sollte.
17. T. Holten Sie gestern Papier?
    R. Nein, ich holte gestern kein Papier (oder keines).
18. T. Haben Sie heute morgen Ihren großen Koffer gefüllt?
    S. Ja, ich habe heute morgen meinen großen Koffer gefüllt.
19. T. Werden Sie sogleich Ihre kleine Flasche füllen?
    U. Ich werde Sie nicht sogleich, sondern (but) heute nachmittag füllen.
20. T. Möchten sie nicht (would you not) Ihr schönes Glas füllen, wenn Sie dürften?
    V. Ja, ich möchte es füllen, wenn ich dürfte.

---

* In these answers the preference should be given to the use of the pronoun. The student must have in mind the gender of the antecedent when selecting from either ihn, sie, or es.

21. T. Wer schält meinen guten Apfel?
    W. Ich schäle Ihren guten Apfel.
22. T. Möchten Sie nicht auch meine heiße Kartoffel schälen?
    X. Nein, Ihre heiße Kartoffel möchte ich nicht schälen.
23. T. Was haben Sie heute mittag gedeckt?
    Y. Ich habe heute mittag unseren langen Tisch gedeckt.
24. T. Möchten Sie nicht eine kräftige Suppe kochen?
    Z. Ja, ich möchte welche kochen.
25. T. Sollten Sie eine starke Cigarre rauchen?
    A. Nein, ich sollte keine starke rauchen.
26. T. Kämmen Sie Ihr Haar jeden Morgen?
    B. Ja, ich kämme es jeden Morgen.
27. T. Was würden Sie malen, wenn Sie könnten?
    C. Wenn ich könnte, würde ich ein schönes Portrait malen.
28. T. Haben Sie gestern abend Ihren theueren Kaffee geröstet?
    D. Ja, ich habe ihn gestern abend geröstet.
29. T. Wann fütterten Sie Ihr treues Pferd?
    E. Ich fütterte es heute morgen.

VERBS FOLLOWED BY PREPOSITIONS GOVERNING THE DATIVE.

Analysis.

The nine prepositions:

in, in	über, over	hinter, behind
auf, upon	neben, by, near, next	zwischen, between
unter, under	vor, before	an, on

require the dative when the locality is mentioned where the action takes place, or rest is implied, as: Der Tisch ist in dem Zimmer.

These prepositions are used adverbially by prefixing them with da=, dar=, as:

darin, in it	darüber, over it	dahinter, behind it
darauf, upon it	daneben, near it, by the side of it	davor, before it
daran, on it	dazwischen, between it	darunter, under it

Adjuncts in the dative are:

MASCULINE AND NEUTER.	FEMININE.
dem, to the	der
diesem, to this	dieser
jenem, to that	jener
welchem, to which	welcher
jedem, to every	jeder
einem, to a	einer
keinem, to no	keiner
meinem, to my	meiner
seinem, to his	seiner
Ihrem, to your	Ihrer
ihrem, to her	ihrer
unserem, to our	unserer

Adjectives form their datives and genitives alike in the three genders, as: niedrigen, low; hohen, high; schweren, heavy, difficult, etc.

Themes for Drill.

1. Ich pflüge in dem Felde (I plow in the field).
2. Ich kniee auf der harten Bank (I kneel on the hard bench).
3. Ich arbeite in diesem kalten Zimmer (I work in this cold room).
4. Ich koche in dieser dunklen Küche (I cook in this dark kitchen).
5. Ich wohne in jenem alten Hause (I live in that old house).
6. Ich hüpfe auf jener Wiese (I leap [I am leaping] on that [yonder] meadow).
7. Ich suche meinen Ring unter jedem Tische (I am looking for my ring under every table).
8. Ich male über Ihrem Zimmer (I paint over your room).
9. Ich spiele neben dem Garten, im Hofe (I play by the garden, in the yard).
10. Ich spalte Holz vor meiner Thür (I split wood before my door).
11. Ich gähne in der Kirche (I yawn in the church).
12. Ich seufze in der Einsamkeit (I sigh in solitude).
13. Ich schwatze in der Schule (I talk in the school).
14. Ich wohne hinter der neuen Kirche (I live behind the new church).
15. Ich wohne an einem prachtvollen See (I live on a magnificent lake).
16. Ich füttere den Hund (die Katze) in dem Hofe (I feed the dog [the cat] in the yard).

17. Ich flüstere in unserer Schule (I whisper in our school).
18. Ich bügle auf ihrem breiten Küchentisch (I iron on her broad kitchen table).
19. Ich höre die Maus zwischen der Wand und dem Schrank (I hear the mouse between the wall and the wardrobe).
20. Ich speise in keiner Küche (I dine in no kitchen).
21. Ich rechne an der niedrigen Wandtafel (I cipher on the low blackboard).
22. Ich kehre zwischen der Gartenthür und dem Hause (I sweep between the garden gate and the house).

Analysis.

CONDITIONAL:

Wo {würden Sie / würde er} wohnen? Where would {you / he} live?

{Ich / Er} würde hinter der neuen Kirche wohnen,

wenn {ich / er} {darin, darauf, darunter, darüber, daneben, davor, **dahinter**, dazwischen, daran} wohnen {**könnte**, müßte, dürfte, wollte, sollte, möchte,} aber (but)

da {ich / er} (as) nicht hinter der neuen Kirche wohnen {kann, cannot — muß, am not obliged to — darf, am not permitted to — will, shall not — soll, am not to — mag, care not to —}

so (so) {werde ich / wird er} nicht {darin, darauf, darunter, darüber, daneben, davor, **dahinter**, dazwischen, daran} wohnen.

Wo würden {wir / Sie, sie} wohnen? Where would {we / you, they} live?

Wir / Sie, sie} würden hinter der neuen Kirche wohnen,

wenn {wir / Sie, sie} { darin / darauf / darunter / darüber / daneben / davor / **dahinter** / dazwischen / daran } wohnen { **könnten,** / müßten, / dürften, / wollten, / sollten, / möchten, } aber

da {wir / Sie, sie} nicht hinter der neuen Kirche wohnen { können, / müssen, / dürfen, / wollen, / sollen, / mögen, }

so werden {wir / Sie, sie} nicht { darin / darauf / darunter / darüber / daneben / davor / **dahinter** / dazwischen / daran } wohnen.

Model-Drill 25.

1. *T.* Ich spalte jetzt Holz vor meiner Thür; was thue ich?
   P. Sie spalten jetzt Holz vor Ihrer Thür.

2. *T.* Ich spaltete gestern abend Holz vor meiner Thür, oder ich habe gestern abend Holz vor meiner Thür gespaltet; was that ich?
   P. Sie spalteten gestern abend Holz vor Ihrer Thür, oder Sie haben gestern abend Holz vor Ihrer Thür gespaltet.

3. *T.* Ich werde sogleich wieder Holz vor meiner Thür spalten; was werde ich thun?
   P. Sie werden sogleich wieder Holz vor Ihrer Thür spalten.

4. *T.* Ich würde vor meiner Thür Holz spalten, wenn ich Holz davor spalten dürfte; aber da ich kein Holz vor meiner Thür spalten darf, so werde ich keines davor spalten; was sage ich?

P. Sie sagen, Sie würden vor Ihrer Thür Holz spalten, wenn Sie Holz davor spalten dürften; aber da Sie kein Holz vor Ihrer Thür spalten dürfen, so werden Sie keines davor spalten.

Model-Drill 26.

1. *Rob.* Ich kehre jetzt zwischen der Gartenthür und dem Hause.
T. Wo kehrt Robert jetzt?
Class. Er kehrt jetzt zwischen der Gartenthür und dem Hause.

2. *Rob.* Ich kehrte gestern nachmittag zwischen der Gartenthür und dem Hause, oder ich habe gestern nachmittag zwischen der Gartenthür und dem Hause gekehrt.
T. Wo kehrte Robert gestern nachmittag?
Class. Er kehrte gestern nachmittag zwischen der Gartenthür und dem Hause, oder er hat gestern nachmittag zwischen der Gartenthür und dem Hause gekehrt.

3. *Rob.* Ich werde morgen mittag wieder zwischen der Gartenthür und dem Hause kehren.
T. Wo wird er morgen mittag wieder kehren?
Class. Er wird morgen mittag wieder zwischen der Gartenthür und dem Hause kehren.

4. *Rob.* Ich würde zwischen der Gartenthür und dem Hause kehren, wenn ich dazwischen kehren wollte; aber da ich nicht zwischen der Gartenthür und dem Hause kehren will, so werde ich nicht dazwischen kehren.
T. Was sagt Robert? (What says Robert?)
Class. Er würde zwischen der Gartenthür und dem Hause kehren, wenn er dazwischen kehren wollte; aber da er nicht zwischen der Gartenthür und dem Hause kehren will, so wird er nicht dazwischen kehren.

Model-Drill 27.

1. *Rob. and Chas.* Wir gähnen in der Kirche.
T. Wo gähnen Robert und Karl?
Class. Sie gähnen in der Kirche.

2. *Rob. and Chas.* Wir gähnten letzten Sonntag (last Sunday) auch in der Kirche, oder wir haben letzten Sonntag auch in der Kirche gegähnt.
T. Wo gähnten sie letzten Sonntag?
Class. Sie gähnten letzten Sonntag auch in der Kirche, oder sie haben letzten Sonntag auch in der Kirche gegähnt.

3. *Rob. and Chas.* Wir werden nächsten (next) Sonntag nicht in der Kirche gähnen.
T. Was werden Robert und Karl nächsten Sonntag nicht thun?
Class. Sie werden nächsten Sonntag nicht in der Kirche gähnen.

4. *Rob. and Chas.* Wir würden in der Kirche gähnen, wenn wir darin gähnen dürften; aber da wir nicht in der Kirche gähnen dürfen, so werden wir nicht darin gähnen.
T. Was sagen sie? (What do they say?)
Class. Sie würden in der Kirche gähnen, wenn sie darin gähnen dürften; aber da sie nicht in der Kirche gähnen dürfen, so werden sie nicht darin gähnen.

Model-Drill 28.*

1. *T.* Wo (where) werden Sie morgen pflügen?
A. Ich werde morgen in dem Felde pflügen.

2. *T.* Warum knieten Sie vorhin auf der harten Bank?
B. Ich kniete darauf, weil (because) ich wollte.

3. *T.* Würden Sie in diesem kalten Zimmer arbeiten, wenn Sie müßten?
C. Ich würde nicht darin arbeiten, wenn ich müßte, sondern wenn ich möchte.

4. *T.* Haben Sie gestern in dieser dunklen Küche gekocht?
D. Ja, ich habe gestern darin gekocht.

5. *T.* Wer wird in jenem alten Hause wohnen?
E. Ich werde darin wohnen.

6. *T.* Würden Sie auf jener grünen Wiese hüpfen?
F. Nein, ich würde nicht darauf hüpfen.

---

* Questions on the preceding themes.

7. *T.* Suchten Sie Ihren Ring unter dem Tische?
   G. Ja, ich suchte ihn darunter.
8. *T.* Möchten Sie nicht über meinem Zimmer malen?
   H. Ja, ich möchte darüber malen.
9. *T.* Können Sie neben dem Garten spielen?
   I. Ja, ich kann daneben spielen.
10. *T.* Müssen Sie Holz vor der Thür spalten?
    K. Nein, ich muß nicht Holz davor spalten.
11. *T.* Würden Sie in der Kirche gähnen?
    L. Nein, ich würde nicht darin gähnen.
12. *T.* Möchten Sie in der Einsamkeit seufzen?
    M. Ja, in der Einsamkeit möchte ich seufzen.
13. *T.* Sollten Sie in der Schule schwatzen?
    N. Nein, ich sollte nicht darin schwatzen.
14. *T.* Werden Sie hinter der neuen Kirche wohnen?
    O. Ja, ich werde dahinter wohnen.
15. *T.* Wer wohnte an dem prachtvollen See?
    P. Philip wohnte daran.
16. *T.* Haben Sie heute morgen die Katze im Hofe gefüttert?
    Q. Nein, ich habe sie nicht darin gefüttert; ich habe sie in der Küche gefüttert.
17. *T.* Hören Sie die Maus zwischen der Wand und dem Schrank?
    R. Ja, ich höre sie dazwischen.
18. *T.* Möchten Sie zwischen der Gartenthür und dem Hause kehren?
    S. Nein, ich möchte nicht dazwischen kehren.

Themes for Drill.*

1. Das Feld, in dem (welchem) ich pflüge (the field in which I plow).
2. Die Bank, auf der (welcher) ich kniee.
3. Das kalte Zimmer, in dem (welchem) ich arbeite.
4. Die dunkle Küche, in der (welcher) ich koche.

---

* Inversions of the foregoing themes which, without being questioned, the pupil should vary according to the model-drills 29, 30, 81, 82.

5. Das alte Haus, in dem (welchem) ich wohne.
6. Die grüne Wiese, auf der (welcher) ich hüpfe.
7. Der Tisch, unter dem (welchem) ich meinen Ring suche.
8. Das Zimmer, über dem (welchem) ich male.
9. Der Garten, neben dem (welchem) ich spiele.
10. Die Thür, vor der (welcher) ich Holz spalte.
11. Die Kirche, in der (welcher) ich gähne.
12. Der breite Küchentisch, auf dem (welchem) ich bügle.
13. Die Schule, in der (welcher) ich schwatze.
14. Der prachtvolle See, an dem (welchem) ich wohne.

Model-Drill 29.

Das ist das Feld, in dem ich jetzt pflüge.

Das ist das Feld, in dem ich gestern pflügte, oder das ist das Feld, in dem ich gestern gepflügt habe.

Das ist das Feld, in dem ich morgen pflügen werde.

Das ist das Feld, in dem ich pflügen würde, wenn ich darin pflügen müßte; aber da ich in dem Felde nicht pflügen muß, so werde ich nicht darin pflügen.

Model-Drill 30.

Das ist die dunkle Küche, in der Marie jetzt kocht.

Das ist die dunkle Küche, in der Marie gestern mittag kochte, oder das ist die dunkle Küche, in der Marie gestern mittag gekocht hat.

Das ist die dunkle Küche, in der Marie morgen früh (to-morrow morning) kochen wird.

Das ist die dunkle Küche, in der Marie kochen würde, wenn sie darin kochen dürfte; aber da Marie nicht in der dunklen Küche kochen darf, so wird sie nicht darin kochen.

Model-Drill 31.

Das ist der Garten, neben dem wir jetzt spielen.

Das ist der Garten, neben dem wir gestern abend spielten, oder das ist der Garten, neben dem wir gestern abend gespielt haben.

Das ist der Garten, neben dem wir morgen spielen werden.

Das ist der Garten, neben dem wir spielen würden, wenn wir daneben spielen könnten; aber da wir nicht neben dem Garten spielen können, so werden wir nicht daneben spielen.

Model-Drill 32.

Das ist die Thür, vor der Sie (you; sie, they) heute Holz spalten.

Das ist die Thür, vor der Sie (sie) gestern Holz spalteten, oder das ist die Thür, vor der Sie (sie) gestern Holz gespaltet haben.

Das ist die Thür, vor der Sie (sie) morgen Holz spalten werden.

Das ist die Thür, vor der Sie (sie) Holz spalten würden, wenn Sie (sie) Holz davor spalten wollten; aber da Sie (sie) nicht vor der Thür Holz spalten wollen, so werden Sie (sie) nicht Holz davor spalten.

Hänschen's Brief an seinen Onkel.*—(Johnny's letter to his uncle.)

Lieber Onkel!

1. Es ist heute Sonntag (Sunday), und da ich nichts zu thun habe, so will ich mit Ihnen plaudern. Sie werden darüber lachen oder gähnen. Was that ich heute? Heute morgen kehrte ich den Fußboden in meinem Zimmer, und dann kehrte ich auch den Hof, weil ich mußte; dann, da kein Tisch im Schulzimmer war, kniete ich auf dem harten Boden und zeichnete auf der Bank. Karl ist auch hier. Morgen müssen wir im Garten arbeiten; wir möchten in unserem Zimmer arbeiten, aber wir dürfen nicht darin arbeiten. Karl und ich tanzten, hüpften und lachten gestern nachmittag im Hofe und spielten mit dem alten Hunde. Wir würden auf jener grünen Wiese getanzt, gelacht und gespielt haben, wenn wir gedurft hätten. Der Lehrer (teacher) will, daß wir zu Hause ruhen, oder daß wir im Schulzimmer zeichnen, rechnen oder lernen.

Ich rauchte gestern abend eine Cigarre in meinem Zimmer. Ich mußte stark davon husten. Der Lehrer hörte es; zankte mich, und weil ich lachte, klopfte er mich. Ich weinte! Ich möchte den Lehrer auch klopfen, wenn ich stark und groß wäre; aber da ich nicht groß und nicht kräftig bin, so werde ich es nicht thun!

2. Gestern hatten wir keine Schule, und, da wir hungrig waren, holte Karl heiße Kartoffeln aus der Küche; dann füllte er eine Flasche mit Wasser und holte ein Glas; wir hüpften, lachten und tanzten; dann füllte Karl des Lehrers Hut mit Wasser und malte sein Portrait mit Tinte an die Wand und trommelte stark auf dem Koffer. Aber der Lehrer hat ihn dafür gezankt, und weil er nicht sogleich weinte, hat er ihn geklopft. Karl weinte und seufzte sodann! Er mußte das Portrait von der Wand abhobeln, und

---

* Johnny's letter contains all the words thus far introduced.

dann mußte er den Kochofen in der Küche heizen; dann den Kaffee rösten und Kartoffeln schälen; dann Holz vor der Thür im Hofe spalten, und ich mußte das Holz, das Karl gespalten hatte, hinter die Thür in der Küche thun (put); dann mußte ich Wasser holen und eine Suppe kochen.

3. Der Lehrer speiste mit seiner Mutter; die Suppe aber (however) war nicht sehr kräftig. Der Lehrer füttert sein Pferd und seinen Hund, aber uns füttert er nicht.

Der Lehrer wohnt jetzt hinter der neuen Kirche; aber er wird nicht lange da wohnen, da er ein neues prachtvolles Haus neben dem See gekauft hat; er soll sehr reich sein. Karl und ich weinen oft in unserer Einsamkeit; wir achten jeden Menschen, aber nicht jeden Lehrer; auch nicht jede Mutter, für die (welche) wir Kaffee rösten, Suppe kochen, Wasser holen, Kartoffeln schälen, Holz spalten, das Feld pflügen, Pferde füttern, den Ofen heizen, Zimmer kehren und den Tisch decken müssen.

4. Des Lehrers Mutter thut nichts für uns. Wenn sie gut wäre, würde sie für uns nähen, bügeln oder unsere Haare kämmen; aber sie thut das nicht. Karl kämmt meine Haare und ich seine.

Gestern nacht (night) hörten wir eine Maus zwischen dem Schrank und der Wand. Das Zimmer war dunkel, und wir konnten die Maus nicht suchen. Wir wachten, und da wir nicht ruhen konnten, so schwatzten wir. Der Lehrer hörte uns, und ruhte auch nicht; er klopfte an der Thür. Da wir nicht mehr schwatzen durften, so flüsterten wir. Morgen werden wir die Katze holen, und diese muß die Maus suchen.

5. Der Lehrer hat keine Kinder. Wenn er Kinder hätte, würde er nicht so hart sein. Karl war vorhin hier, ist aber jetzt auf der Wiese oder im Felde und sucht seine Uhr, seinen Griffel und seinen goldenen Ring. Heute morgen waren er und ich in der Kirche. Wir mußten gähnen; dann trommelten wir auf der Bank, lachten und husteten. Der Lehrer, der auch in der Kirche war, zankte wieder. Zu Hause klopfte er uns. Lieber Onkel, was sollen wir thun? Wir müssen Kartoffeln und Wassersuppe speisen! Wir wollen nach Hause! Wir dürfen nicht tanzen; wir können nicht trommeln, wenn wir wollen; wir sollen nicht spielen; wir sollen nicht rauchen; wir sollen nicht plaudern, sondern nur flüstern; wir dürfen nicht mit Dinte an die Wand malen; wir dürfen nicht auf den Tisch zeichnen. Wir dürfen nur rechnen, lernen, auf Papier zeichnen und arbeiten. Lieber Onkel, ich weine und seufze jetzt und träume von zu Hause! Kommen Sie! Mein Koffer ist gepackt!

Ihr Hans.

Analysis.

NOUN.		PRES.	IMPERF.	PERF.	L. FUT.
der Tisch, den	ich	(deck)=e,	—=te,	ge=—=t habe,	—=en werde
die —, die	er, (sie, she)	—=t,	—=te,	ge=—=t hat,	—=en wird
das —, das	wir	—=en,	—=ten,	ge=—=t haben,	—=en werden
	Sie, (sie, they)	—=en,	—=ten,	ge=—=t haben,	—=en werden

Conditional:

Der (Tisch), den { ich (deck)=en würde,
Die —, die   { er, sie —=en würde,
Das —, das   { wir —=en würden,   } wenn
                  { Sie, sie —=en würden,   }

	POSITIVE.	COMPARATIVE.	
	zahm,	zahmer,	tame
	leicht,	leichter,	easy
	aufrichtig,	aufrichtiger,	sincere
	reich,	reicher,	rich
	unterhaltend,	unterhaltender,	entertaining
er, (sie, es)	**breit**,	breiter,	broad
	liebenswürdig,	liebenswürdiger,	amiable
	warm,	wärmer,	warm
	interessant,	interessanter,	interesting
	gut,	besser,	good
	hungrig,	hungriger,	hungry
	schön,	schöner,	beautiful
	schwer,	schwerer,	difficult
	edel,	edler,	noble

wäre; aber

da er, (sie, es) nicht **breit** (adj.) ist, so { werde ich
                                                 { wird er
                                                 { werden wir
                                                 { werden Sie, sie } ihn, (sie, es)

nicht (deck)=en (verb).

Themes for Drill.

1. Das (zahme) Pferd, das ich zäume (the horse that I bridle).
2. Das (gute) Kind, das ich küsse (the child that I kiss).
3. Die (leichte) Aufgabe, die ich lerne (the lesson that I learn).
4. Das (reiche) Mädchen, das ich heirathe (the girl that I marry).

5. Der (aufrichtige) Nachbar, den ich ehre (the neighbor that I honor).
6. Die (unterhaltende) Zerstreuung, die ich suche (the amusement that I seek).
7. Der (breite) Tisch, den ich decke (the table that I set).
8. Das (schwere) Musikstück, das ich spiele (the music-piece that I play).
9. Das (warme) Zimmer, das ich lüfte (the room that I air).
10. Das (interessante) Buch, das ich wünsche (the book that I wish).
11. Der (hungrige) Hund, den ich füttere (the dog that I feed).
12. Das (schöne) Portrait, das ich male (the portrait that I paint).
13. Die (liebenswürdige) Schwester, die ich liebe (the sister that I love).
14. Die (edle) Absicht, die ich hege (the intention that I entertain).
15. Das (schmutzige) Zimmer, das ich kehre, (the room that I sweep).
16. Die (interessante) Dame, die ich achte (the lady whom I respect).
17. Der (schöne) Garten, den ich kaufe (the garden which I buy).

Model-Drill 33.*

1. *T.* Hier ist das Pferd, das ich zäume.
   P. Hier ist das Pferd, das Sie zäumen.

2. *T.* Es ist das Pferd, das ich gestern morgen zäumte, oder das ich gestern morgen gezäumt habe.
   P. Es ist das Pferd, das Sie gestern morgen zäumten, oder das Sie gestern morgen gezäumt haben.

3. *T.* Es ist das Pferd, das ich heute abend zäumen werde.
   P. Es ist das Pferd, das Sie heute abend zäumen werden.

4. *T.* Es ist das Pferd, das ich zäumen würde, wenn es zahmer wäre; aber da es nicht zahm ist, so werde ich es nicht zäumen.
   P. Es ist das Pferd, das Sie zäumen würden, wenn es zahmer wäre; aber da es nicht zahm ist, so werden Sie es nicht zäumen.

Model-Drill 34.

1. *Rob.* Das ist der Nachbar, den ich ehre.
   Teacher to Class. Wer ist das?
   Class. Das ist der Nachbar, den Robert ehrt.

---

* The pupil responds without being questioned.

2. *Rob.* Es ist der Nachbar, den ich immer (always) ehrte, oder den ich immer geehrt habe.
Class. Es ist der Nachbar, den Robert immer ehrte, oder den er immer geehrt hat.
3. *Rob.* Es ist der Nachbar, den ich immer ehren werde.
Class. Es ist der Nachbar, den Robert immer ehren wird.
4. *Rob.* Es ist der Nachbar, den ich nicht ehren würde, wenn er nicht aufrichtig wäre; aber da er aufrichtig ist, so werde ich ihn immer ehren.
Class. Es ist der Nachbar, den Robert nicht ehren würde, wenn er nicht aufrichtig wäre, aber da er aufrichtig ist, so wird er ihn immer ehren.

Model-Drill 35.

1. *Rob. and Chas.* Hier ist die Aufgabe, die wir lernen.
Class. Hier ist die Aufgabe, die sie (Robert und Karl) lernen.
2. *Rob. and Chas.* Es ist die Aufgabe, die wir heute morgen lernten, oder die wir heute morgen gelernt haben.
Class. Es ist die Aufgabe, die sie heute morgen lernten, oder die sie heute morgen gelernt haben.
3. *Rob. and Chas.* Es ist die Aufgabe, die wir für morgen lernen werden.
Class. Es ist die Aufgabe, die sie für morgen lernen werden.
4. *Rob. and Chas.* Es ist die Aufgabe, die wir vielleicht (perhaps) lernen würden, wenn sie leichter wäre; aber da sie nicht leicht ist, so werden wir sie nicht lernen.
Class. Es ist die Aufgabe, die sie vielleicht lernen würden, wenn sie leichter wäre; aber da sie nicht leicht ist, so werden sie (Robert und Karl) sie (die Aufgabe) nicht lernen.

Model-Drill 36.*

1. *T.* Können Sie mein Pferd nicht zäumen?
A. Nein, ich kann es nicht zäumen, da es nicht zahm ist.
2. *T.* Würden Sie dieses Kind küssen, wenn es gut wäre?
B. Ja, wenn es gut wäre, würde ich es küssen.

---

* Questions on the preceding themes.

3. *T.* Werden Sie die Aufgabe nicht lernen?
   C. Ja, ich werde sie lernen, denn sie ist leicht.
4. *T.* Haben Sie den Nachbar geehrt, weil er aufrichtig ist?
   D. Ja, ich habe ihn geehrt, weil er aufrichtig ist.
5. *T.* Heirathen Sie das Mädchen, weil es* reich ist?
   E. Nein, ich heirathe es, weil es gut ist.
6. *T.* Suchten Sie diese Zerstreuung, weil sie unterhaltend ist?
   F. Ja, ich suchte sie, weil sie unterhaltend ist.
7. *T.* Würden Sie diesen Tisch decken, wenn er breiter wäre?
   G. Ja, wenn er breiter und länger wäre, würde ich ihn decken.
8. *T.* Würden Sie dieses Musikstück spielen, wenn Sie könnten?
   H. Ja, ich würde es spielen, wenn ich könnte; aber es ist zu schwer.
9. *T.* Warum (why) haben Sie das Zimmer gelüftet?
   I. Ich habe es gelüftet, weil es zu warm ist.
10. *T.* Welches Buch werden Sie wünschen?
    K. Ich werde das interessante wünschen.
11. *T.* Welchen Hund haben Sie gefüttert?
    L. Ich habe den hungrigen gefüttert.
12. *T.* Wann malen Sie das schöne Portrait?
    M. Ich werde es morgen malen, wenn ich kann.
13. *T.* Wer ist das liebenswürdige Mädchen, das Sie lieben?
    N. Das Mädchen, das ich liebe, ist meine liebenswürdige Schwester.
14. *T.* Wie (how) war die Absicht, die Sie hegten?
    O. Die Absicht, die ich hegte, war edel.
15. *T.* Warum werden Sie das Zimmer kehren?
    P. Ich werde es kehren, weil es schmutzig ist.
16. *T.* Würden Sie jene Dame achten, wenn Sie interessanter wäre?
    Q. Ja, wenn sie interessanter wäre, würde ich sie achten.
17. *T.* Welchen Garten möchten Sie gern kaufen?
    R. Ich möchte gern jenen kaufen, wenn er schöner wäre.

---

* In the instance of Mädchen, Fräulein, Weib, the grammatical gender is often ignored, and as antecedents they are frequently alluded to as sie.

VERBS WITH PERSONAL PRONOUNS IN THE ACCUSATIVE.

Analysis.

The accusatives of all personal pronouns are.

Sing. mich, me Sie, you ihn, him sie, her es, it
Plur. uns, us Euch, you sie, them

Ich liebe / er liebt / wir lieben { Sie, you / ihn, him / sie, her / es, it / Euch, you / sie, them } weil { Sie, you / er, he / sie, she / es, it / Ihr, you / sie, they } gütig { sind / ist / ist / ist / seid / sind }

Sie lieben / Ihr liebet / sie lieben { mich, me / ihn, him / sie, her / es, it / uns, us / sie, them } weil { ich, I / er, he / sie, she / es, it / wir, we / sie, they } gütig { bin / ist / ist / ist / sind / sind }

Themes for Drill.

1. lieben, to love   because gütig, kind
2. ehren, to honor   "   rechtschaffen, upright
3. achten, to respect   "   edelmüthig, nobleminded
4. schätzen, to esteem   "   freimüthig, generous
5. zanken, to scold   "   unartig, naughty
6. loben, to praise   "   fleißig, diligent
7. tadeln, to blame   "   träge, lazy
8. fragen, to ask, question   "   verständig, intelligent
9. lehren, to teach   "   unwissend, ignorant
10. strafen, to punish   "   böse, bad
11. küssen, to kiss   "   gutherzig, good-hearted
12. fassen, to take hold, seize "   schwach, feeble
13. schonen, to spare   "   alt, old

14. warnen, to warn   because   vorlaut, rash
15. heilen, to cure   "   krank, sick
16. suchen, to look for, seek "   nothwendig, needful
17. trösten, to comfort   "   unglücklich, unhappy
18. fürchten, to fear   "   grausam, cruel
19. necken, to tease   "   kindisch, childish

Model-Drill 37.

PRESENT.

1. *Teacher to Rob.* Ich lobe Sie, weil Sie fleißig sind; wen lobe ich? (whom do I praise?)
   Rob. Sie loben mich, weil ich fleißig bin.

2. *T. to Class, pointing to Rob.* Ich lobe ihn (Robert), weil er fleißig ist; wen lobe ich?
   Class. Sie loben ihn, weil er fleißig ist.

3. *T. to Class.* Ich lobe Euch, weil Ihr fleißig seid; wen lobe ich?
   Class. Sie loben uns, weil wir fleißig sind.

4. *T. to Class, pointing to Rob. and Chas.* Ich lobe sie, weil sie fleißig sind; wen lobe ich?
   Class. Sie loben Robert und Karl, weil sie fleißig sind.

Analysis.

		IMPERFECT.	PERFECT.	
weil because	⎧ ⎪ ⎨ ⎪ ⎩	Sie fleißig waren er fleißig war sie fleißig war es fleißig war sie fleißig waren Ihr fleißig waret	or gewesen sind, " gewesen ist, " gewesen ist, " gewesen ist, " gewesen sind, " gewesen seid,	you were or have been diligent he was or has been diligent she was or has been diligent it was or has been diligent they were or have been d. you were or have been diligent
weil because	⎧ ⎪ ⎨ ⎪ ⎩	ich fleißig war er fleißig war sie fleißig war es fleißig war sie fleißig waren wir fleißig waren	or gewesen bin, " gewesen ist, " gewesen ist, " gewesen ist, " gewesen sind, " gewesen sind,	I was or have been diligent he was or has been diligent she was or has been diligent it was or has been diligent they were or have been d. we were or have been diligent

Model-Drill 38.

IMPERFECT AND PERFECT.

1. *T. to Rob.* Ich lobte Sie, weil Sie fleißig waren, oder ich habe Sie gelobt, weil Sie fleißig gewesen sind; wen lobte ich?
Rob. Sie lobten mich, weil ich fleißig war, oder Sie haben mich gelobt, weil ich fleißig gewesen bin.

2. *T. to Class, pointing to Rob.* Ich lobte ihn immer (always), weil er fleißig war, oder ich habe ihn immer gelobt, weil er fleißig gewesen ist; wen lobte ich immer?
Class. Sie lobten ihn immer, weil er fleißig war, oder Sie haben ihn immer gelobt, weil er fleißig gewesen ist.

3. *T. to Class.* Ich lobte Euch früher (formerly), weil Ihr fleißig waret, oder ich habe Euch früher gelobt, weil Ihr fleißig gewesen seid; wen lobte ich früher?
Class. Sie lobten uns früher, weil wir fleißig waren, oder Sie haben uns früher gelobt, weil wir fleißig gewesen sind.

4. *T. to Class, pointing to Rob. and Chas.* Ich lobte sie, weil sie fleißig waren, oder ich habe sie gelobt, weil sie fleißig gewesen sind; wen lobte ich?
Class. Sie lobten Robert und Karl, weil sie fleißig waren, oder Sie lobten sie, weil sie fleißig gewesen sind.

Analysis.

I. FUTURE.

sobald
as soon as
- Sie fleißig sein werden, you shall be diligent
- er fleißig sein wird, he shall be diligent
- sie fleißig sein wird, she shall be diligent
- es fleißig sein wird, it shall be diligent
- Ihr fleißig sein werdet, you shall be diligent
- sie fleißig sein werden, they shall be diligent

sobald
as soon as
- ich fleißig sein werde, I shall be diligent
- er fleißig sein wird, he shall be diligent
- sie fleißig sein wird, she shall be diligent
- es fleißig sein wird, it shall be diligent
- wir fleißig sein werden, we shall be diligent
- sie fleißig sein werden, they shall be diligent

Model-Drill 39.

1. *T. to Rob.* Ich werde Sie loben, sobald Sie fleißig sein werden; was werde ich thun?
   Rob. Sie werden mich loben, sobald ich fleißig sein werde.

2. *T. to Class, pointing to Rob.* Ich werde ihn loben, sobald er fleißig sein wird; was werde ich thun?
   Class. Sie werden ihn loben, sobald er fleißig sein wird.

3. *T. to Class.* Ich werde Euch loben, sobald Ihr fleißig sein werdet; was werde ich thun?
   Class. Sie werden uns loben, sobald wir fleißig sein werden.

4. *T. to Class, pointing to Rob. and Chas.* Ich werde sie beide (both) loben, sobald sie fleißig sein werden; was werde ich thun?
   Class. Sie werden sie beide loben, sobald sie fleißig sein werden.

Analysis.

SUBJUNCTIVE.

wenn
if
- Sie fleißig wären, you were diligent
- er fleißig wäre, he were diligent
- sie fleißig wäre, she were diligent
- es fleißig wäre, it were diligent
- ihr fleißig wäret, you were diligent
- sie fleißig wären, they were diligent

wenn
if
- ich fleißig wäre, I were diligent
- er fleißig wäre, he were diligent
- sie fleißig wäre, she were diligent
- es fleißig wäre, it were diligent
- wir fleißig wären, we were diligent
- sie fleißig wären, they were diligent

Model-Drill 40.

1. *T. to Rob.* Ich würde Sie gern (would like to) loben, wenn Sie fleißig wären; was würde ich thun?
   Rob. Sie würden mich gern loben, wenn ich fleißig wäre; (argument) aber da ich ꝛc.

2. *T. to Class, pointing to Rob.* Ich würde ihn gern loben, wenn er fleißig wäre; was würde ich gern thun?
   Class. Sie würden ihn gern loben, wenn er fleißig wäre; aber da er ꝛc.

3. *T. to Class.* Ich würde Euch alle gern loben, wenn ihr fleißiger wäret; was würde ich gern thun?
   Class. Sie würden uns alle gern loben, wenn wir fleißiger wären; aber da wir ꝛc.

4. *T. to Class, pointing to Rob. and Chas.* Ich würde sie gern beide loben, wenn sie fleißig wären; was würde ich thun?
   Class. Sie würden sie gern beide loben, wenn sie fleißig wären; aber da sie ꝛc.

Model-Drill 41.

1. *Rob. to T.* Ich ehre Sie, weil Sie rechtschaffen sind.
   T. to Chas. Warum ehrt er mich?
   Class. Er ehrt Sie, weil Sie rechtschaffen sind.

2. *Rob.* Ich fragte Karl, weil er ein verständiger Knabe war.
   T. Warum fragte er Karl?
   Class. Er fragte Karl, weil er ein verständiger Knabe war.

3. *Rob.* Ich habe Fritz gestern gewarnt, weil er vorlaut gewesen ist.
   T. Warum hat er Fritz gewarnt?
   Class. Er hat ihn gestern gewarnt, weil er vorlaut gewesen ist.

4. *Rob.* Ich hatte den Hund gestraft, weil er böse gewesen war.
   T. Warum hat er den Hund gestraft?
   Class. Er hatte den Hund gestraft, weil er böse gewesen war.

5. *Rob.* Ich werde meine Uhr suchen, sobald sie mir nothwendig sein wird.
   T. Wann wird er seine Uhr suchen?
   Class. Er wird seine Uhr suchen, sobald sie ihm nothwendig sein wird.

6. *Rob.* Ich würde diese Frau trösten, wenn sie unglücklich wäre.
   T. Was würde er thun?
   Class. Er würde diese Frau trösten, wenn sie unglücklich wäre.

7. *Rob.* Ich hätte Wilhelm nicht geneckt, wenn er nicht so kindisch gewesen wäre.
   T. Was sagt Robert.
   Class. Er hätte Wilhelm nicht geneckt, wenn er nicht so kindisch gewesen wäre.

Model-Drill 42.*

1. *T.* Warum lieben Sie Ihre Tante?
   A. Ich liebe sie, weil sie gütig ist.
2. *T.* Warum (why) achten Sie jenen armen Mann?
   B. Ich ehre ihn, weil er rechtschaffen ist.
3. *T.* Können Sie den jungen Mann achten, der im Hofe arbeitet?
   C. Ja, ich kann ihn achten, denn er ist edelmüthig.
4. *T.* Würde man Sie schätzen, wenn Sie freimüthig wären?
   D. Ja, wenn ich freimüthig wäre, würde man mich schätzen.
5. *T.* Warum zankte der Lehrer Heinrich gestern?
   E. Er hat ihn gestern gezankt, weil er unartig war.
6. *T.* Wen sollte man loben?
   F. Man sollte den Fleißigen loben.
7. *T.* Sollte man den trägen Knaben tadeln?
   G. Ja, den trägen Knaben sollte man tadeln.
8. *T.* Wen würden Sie fragen, wenn Sie fragen müßten?
   H. Ich würde einen verständigen Mann fragen.
9. *T.* Lehren Sie Ihren kleinen Bruder, weil er unwissend ist?
   I. Ja, ich lehre ihn, weil er unwissend ist.
10. *T.* Hat Ihr Vater Sie gestraft, wenn Sie böse waren?
    K. Ja, als ich klein war, bestrafte er mich, wenn ich böse war.
11. *T.* Möchten Sie dieses Kind küssen, weil es gutherzig ist?
    L. Ja, ich möchte es küssen, denn es ist sehr gutherzig.
12. *T.* Warum haben Sie den Knaben beim Arm gefaßt?
    M. Ich habe ihn beim Arm gefaßt, weil er schwach und krank ist.
13. *T.* Würden Sie ein Pferd schonen, wenn es träge wäre?
    N. Nicht wenn es träge wäre, sondern wenn es alt wäre, würde ich es schonen.
14. *T.* Wann soll man ein Kind warnen?
    O. Man soll es warnen, wenn es vorlaut ist.

---

* Questions on the preceding themes.

15. *T.* Können Sie eine kranke Person heilen?
    P. Nein, ich kann eine kranke Person nicht heilen.
16. *T.* Warum suchen Sie Robert's Uhr?
    Q. Ich suche sie, weil er sie nothwendig hat.
17. *T.* Wird Ihre Mutter Sie trösten, wenn Sie unglücklich sind?
    R. Ja, wenn ich unglücklich bin, wird sie mich immer trösten.
18. *T.* Wann würden Sie einen Menschen fürchten?
    S. Ich würde einen Menschen fürchten, wenn er grausam wäre.
19. *T.* Könnten Sie eine Person necken, die kindisch ist?
    U. Nein, eine Person die kindisch ist, könnte ich nicht necken.
20. *T.* Haben Sie je (ever) einen Freund getröstet, der unglücklich war?
    V. Ich habe oft einen unglücklichen Freund getröstet.

Nannette's Klage.—(Nannette's Lament.)*

1. Nannette ist in ihrem Zimmer, seufzt und weint. Ihre Herrin (mistress) hatte sie heute abend gezankt, weil sie mit dem Nachbarmädchen schwatzte, und weil sie den großen Hund in der Küche gefüttert hatte. Nannette liebt Zerstreuung und thut, was ihre Herrin nicht haben will. Sie soll nicht mit dem Hunde in der Küche spielen; auch soll sie ihn nicht darin füttern, sondern im Hofe; auch soll sie nicht ihr Haar darin kämmen; dann zankte auch ihre Herrin, weil sie ihren Hut mit den Federn in der Küche hatte; dieser sollte in ihrem Schranke oder in ihrem Koffer sein.

2. „Warum," sagt Nannette, „darf ich nicht mit dem Nachbarmädchen schwatzen, und warum kann ich nicht den Hund, der gefüttert werden muß, in meiner Küche füttern? Er ruht auf dem Sopha in Madame's Zimmer und sie spielt mit ihm; warum soll ich nicht mit ihm spielen? Das Nachbarmädchen und der Hund sind all die Zerstreuungen, die ich habe. Mein Haar muß ich in der Küche kämmen, weil mein Zimmer zu dunkel ist, und ich möchte fragen, wie kann ich meinen Sonntagshut mit Federn in einen Schrank thun (put), wenn ich keinen habe?"

3. Ihre Schwester, die einen bösen Mann geheirathet hat, speist oft in der Küche mit ihrem Kinde, wenn sie hungrig sind, und Madame nicht zu Hause ist. Nannette, die sehr freigebig (generous) und edelmüthig ist, kocht

---

* *Nannette's Lament* brings into view a new installment of words, as well as the words used in the previous story "Johnny's letter to his uncle."

dann eine gute Kartoffelsuppe und starken Kaffee. Nach (after) dem Kaffee plaudert die Schwester sehr interessant und unterhaltend, oder Nannette spielt die Musikstücke, die schönen Polkas und Walzer, die sie in der Schule lernte. Ihre Schwester schwatzt auch über (about) ihren Mann, den sie fürchtet; und sie wünscht, sie hätte einen anderen (another), der nicht so träge und nicht so grausam wäre; dann weint sie und seufzt, und Nannette sucht sie zu trösten. Wenn die Schwestern plaudern, spielt das Kind, ein kleines Mädchen, mit der Katze, tanzt mit ihr, neckt sie, faßt sie und küßt sie. Das Mädchen ist noch (yet) kindisch und spielt grausam mit der Katze. Es kniet auf ihr und klopft sie und lacht darüber. Die Mutter will es strafen; aber Nannette sagt: es sei unwissend und nicht verständig; sie solle es nicht strafen.

4. Nannette ist rechtschaffen, fleißig und gutherzig, aber sehr unwissend. Ihre Herrin schätzt sie und lobt sie, und tadelt sie nicht oft. Sie sagt, sie sei nicht vorlaut, sei aufrichtig und sage die Wahrheit; auch sagt ihre Herrin ferner, daß Sie Nannette Alles gelehrt habe, was sie jetzt thun könne. Sie habe sie gelehrt, die Zimmer auskehren und auslüften; ferner die Teppiche (carpets) ausklopfen, die Koffer packen (ein= und auspacken); auch waschen, nähen, bügeln und den Tisch decken habe sie dieselbe (sie) gelehrt; sodann Holz spalten, und damit (in order that) sie gut kochen lerne, habe sie ihr ein Kochbuch gekauft; sie lerne leicht und sei nicht schwer zu lehren.

5. Nannette klagt, sie könne kein Holz spalten; sie sei zu schwach und könne diese harte Arbeit nicht thun. Aber ihre Herrin lacht darüber und sagt, sie sei so stark und kräftig, wie (as) ein Mann, und sie könne dieselbe im Winter nicht schonen. Im Sommer sei es nicht nothwendig, Holz zu spalten. Sie könne sich dann mehr schonen, weil dann die Zimmer nicht zu heizen sind, und alles was Sie zu thun habe, ohne die Haus= und Küchenarbeiten zu rechnen, wäre, den Garten zu pflügen und jeden Nach= mittag frisches Gras von der Wiese zu holen.

6. Nannette ist unglücklich und kann sich nicht trösten. Jeden Abend hat sie die Absicht, am nächsten Tag einen anderen Platz zu suchen. Sie ehrt und achtet ihre Herrin und würde sie lieben, wenn sie nicht so hart für (sie) dieselbe arbeiten müßte; aber was soll sie thun? Sie hat keinen Vater und keine Mutter mehr, und ihre Schwester hat nur (only) ein Zimmer und hat keinen Platz für sie. Sie möchte gern einen Platz haben, wo sie nähen könnte; wo es nicht nothwendig wäre, die harten Arbeiten im Hofe, Garten und Felde zu thun; wo sie Zerstreuungen haben und schwatzen könnte, und wo sie nicht gezankt würde.

7. Letzten Winter (last winter) war sie sehr krank gewesen, und der Doktor, der sie geheilt hat, warnte sie und sagte ihr, sie müsse sich mehr schonen, — müsse sich kräftige Suppen kochen, — solle nicht in dem Hofe, im Garten oder Felde arbeiten, wenn es kalt ist; aber wie kann sie sich schonen, wenn sie jeden Morgen das Pferd füttern und Holz im Hofe spalten muß? Wenn sie das Pferd gefüttert und Holz gespalten hat, röstet sie Kaffee und kocht ihn für ihre Herrin. Der Fußboden in der Küche ist ohne Teppich und ist kalt; dann raucht der Kochofen und Nannette muß oft husten. Madame ist eine französische Dame (French lady) von edlem Blute (noble blood) und wird (gets) leicht böse; und wenn der Kaffee, den sie sehr liebt, nicht heiß und stark ist, dann zankt sie sogleich. Madame thut keine Hausarbeit. Sie zeichnet, malt, oder spielt Piano. Nannette muß auch ihrer Herrin Haar, das sehr lang und schön ist, auskämmen; aber sie thut das in ihrem Zimmer, wenn Madame ruht. Wenn Madame aufwacht, speist sie, und wenn sie gespeist hat, dann zäumt und sattelt Nannette das Pferd für sie.

8. Nannette sagt, sie habe keine Zerstreuung, und sie hegt die Absicht zu heirathen; sie möchte einen Mann heirathen, der reich ist, der Haus, Garten, Hof und Pferd hat, so daß sie nicht arbeiten müßte und sich schonen könnte; aber da sie nicht reich und nicht schön ist, so ist zu befürchten (it is to be feared), daß kein reicher Mann sie haben will. Was soll Nannette thun? Sie kann Johann heirathen; aber sie will ihn nicht. Johann ist ein junger Mann, der für den Nachbar arbeitet und bei ihm wohnt. Er hat für Nannette einen goldenen Ring gekauft; aber Nannette will keinen Ring von ihm.

9. Johann ist sehr gutherzig. Gestern war er in Nannette's Küche und schälte Kartoffeln für sie, und wenn sie es wünscht, röstet er Kaffee oder auch füttert das Pferd für sie. Er ist auch sehr verständig. Er kann hobeln, pflügen, ein Pferd satteln und zäumen, und da er kräftig ist, kann er Teppiche gut ausklopfen. Für Madame hat er auch schon Flaschen mit Wein gefüllt. Er fragte Nannette gestern abend, ob sie ihn heirathen wolle. Sie seufzte und flüsterte, nein, sie könne ihn nicht heirathen; sie würde ihn achten, immer schätzen und ehren; aber lieben könne sie ihn nicht, da er kein Haus, keinen Garten und kein Pferd habe. Johann seufzt auch und flüstert, wenn sie ihn heirathe, so solle sie nicht mehr arbeiten; aber Nannette will nichts davon hören und trommelt auf den Tisch.

Nannette ist heute abend auf ihrem Zimmer, sie wacht, — sie träumt, sie seufzt, weint und klagt und ist sehr unglücklich!

Analysis.—Haben,*

INDICATIVE

	PRESENT.	IMPERFECT.	PERFECT.	PLUPERFECT.
1. p. s.	ich habe (Glück) I have (luck)	ich hatte —	ich habe — gehabt	ich hatte — gehabt
2. p. s.	Sie haben —	Sie hatten —	Sie haben — gehabt	Sie hatten — gehabt
3. p. pl.	sie† haben — (they have, etc.)	sie† hatten —		
1. p. pl.	wir haben —	wir hatten —	wir haben — gehabt	wir hatten — gehabt
2. p. pl.	ihr habt —	ihr hattet —	ihr habt — gehabt	ihr hattet — gehabt

CONDITIONAL. / IMPERATIVE. / SUBJUNCTIVE

	PAST.	IMPERATIVE.	PRESENT.	IMPERFECT.
1. p. s.	ich würde — gehabt haben, wenn ich (gesund) gewesen wäre	*s.* habe —! haben Sie —! *pl.* habet —!	ich glaubte, daß ich — habe	ob (whether) ich — gehabt habe? das weiß ich nicht!
2. p. s.	Sie würden — gehabt haben, wenn Sie (gesund) gewesen wären		Sie glaubten, daß Sie — haben	ob Sie — gehabt haben? das ꝛc.
3. p. pl.	sie würden — gehabt haben, wenn sie† ꝛc.			
1. p. pl.	wir würden — gehabt haben, wenn wir ꝛc.		wir glaubten, daß wir — haben	ob wir — gehabt haben? das ꝛc.
2. p. pl.	ihr würdet — gehabt haben, wenn ihr ꝛc.		ihr glaubtet, daß ihr — habet	ob ihr — gehabt habt? das ꝛc.

Themes for Drill.

1. Glück haben, to have luck;
2. Halsweh (sore throat) haben;
3. Geld (money) haben;
4. Einen Freund (a friend) haben;

CONTINGENCY.

gesund, healthy.
kalt, cold.
Glück, luck.
Geld, money.

* For the third person singular of this verb see Model-Drill 44.

† The third person plur. sie ꝛc. (they) being identical with the second person sing. Sie ꝛc. (you) the interchange of ſ for S is all that is required to render this person complete.

To Have.

MOOD.		CONDITIONAL.
I. FUTURE.	II. FUTURE.	PRESENT.
ich werde — haben	sobald ich einmal — gehabt haben werde, dann (wird es besser gehen)	ich würde — haben, wenn ich (gesund) wäre
Sie werden — haben	sobald Sie einmal — gehabt haben werden, dann ꝛc.	Sie würden — haben, wenn Sie (gesund) wären
wir werden — haben	sobald wir einmal — gehabt haben werden, dann ꝛc.	wir würden — haben, wenn wir (gesund) wären
ihr werdet — haben	sobald ihr einmal — gehabt haben werdet, dann ꝛc.	ihr würdet — haben, wenn ihr (gesund) wäret

MOOD.		INFINITIVE.
PERFECT.	PLUPERFECT.	
ich wünschte, daß* ich — hätte	ich wünschte, daß* ich damals (at that time) — gehabt hätte	um — zu haben, muß man (früh aufstehen, one must rise early)
Sie wünschten, Sie hätten —	Sie wünschten, Sie hätten damals — gehabt	
wir wünschten, wir hätten —	wir wünschten, wir hätten damals — gehabt	
ihr wünschtet, ihr hättet —	ihr wünschtet, ihr hättet damals — gehabt	

CONTINGENCY.

5. Ein Geschäft (a business) haben; Mittel, means.
6. Ein Pferd (a horse) haben; einen Stall (obj.), stable.
7. Einen guten Ruf (a good reputation) haben; ehrlich, honest.
8. Einen Prozeß (a lawsuit) haben; leichtsinnig, reckless.
9. Sorgen (trouble) haben; unaufmerksam, inattentive.
10. Gewissensbisse (scruples) haben; unehrlich, dishonest.
11. Frieden (peace) haben; Geduld, patience.

* Daß may be omitted; say: ich wünschte, ich hätte Glück; — ich hätte damals Glück gehabt.

Model-Drill 43.

1. *T.* Ich habe heute morgen Halsweh; was habe ich?
   P. Sie haben heute morgen Halsweh.
2. *T.* Ich hatte gestern morgen Halsweh; was hatte ich?
   P. Sie hatten gestern morgen Halsweh.
3. *T.* Ich habe (hatte) gestern morgen Halsweh gehabt; was habe ich gehabt?
   P. Sie haben (hatten) gestern morgen Halsweh gehabt.
4. *T.* Ich werde morgen wieder Halsweh haben; was werde ich haben?
   P. Sie werden morgen wieder Halsweh haben.
5. *T.* Ich würde Halsweh haben, wenn es kalt wäre;* was würde ich haben?
   P. Sie würden Halsweh haben, wenn es kalt wäre.
6. *T.* Ich würde Halsweh gehabt haben, wenn es kalt gewesen wäre;* was würde ich gehabt haben?
   P. Sie würden Halsweh gehabt haben, wenn es kalt gewesen wäre.

Model-Drill 44.

1. *Rob.* Ich habe heute Geld.
   T. Was hat Robert heute?
   Class. Er hat heute Geld.
2. *Rob.* Ich hatte gestern Geld, oder ich habe gestern Geld gehabt.
   T. Was hat er gestern gehabt?
   Class. Er hatte gestern Geld, oder er hat gestern Geld gehabt.
3. *Rob.* Ich werde morgen wieder Geld haben.
   T. Was wird er morgen wieder haben?
   Class. Er wird morgen wieder Geld haben.
4. *Rob.* Sobald ich einmal Geld gehabt haben werde, dann werde ich zufrieden (content) sein.
   T. Wann wird er zufrieden sein?
   Class. Sobald er einmal Geld gehabt haben wird, dann wird er zufrieden sein.

---

* When the contingency is an adjective, it is then introduced by wäre or gewesen wäre (sing.) and wären or gewesen wären (plur.); when a noun by hätte or gehabt hätte (sing.), and hätten or gehabt hätten (plur.).

5. *Rob.* Ich würde Geld haben, wenn ich Glück hätte.*
   T. Wann würde er Geld haben?
   Class. Er würde Geld haben, wenn er Glück hätte.

6. *Rob.* Ich würde Geld gehabt haben, wenn ich Glück gehabt hätte.*
   T. Wann würde er Geld gehabt haben?
   Class. Er würde Geld gehabt haben, wenn er Glück gehabt hätte.

Model-Drill 45.†

1. *T.* Hatten Sie immer Glück gehabt?
   A. So lange ich gesund war, hatte ich immer Glück.

2. *T.* Wann haben Sie Halsweh?
   B. Jedesmal wenn es kalt ist.

3. *T.* Man sagt, Sie hätten immer Glück und hätten viel Geld; ist das so?
   C. Nein, ich habe kein Glück. Wenn ich Geld habe, so ist es weil ich fleißig bin.

4. *T.* Haben Sie einen Freund, der Geld hat?
   D. Ich habe einen Freund; aber er hat kein Geld.

5. *T.* Würden Sie ein Geschäft haben, wenn Sie die Mittel hätten?
   E. Ja, wenn ich die Mittel hätte, würde ich ein Geschäft haben.

6. *T.* Haben Sie ein Pferd in Ihrem Stalle?
   F. Nein, ich habe kein Pferd in meinem Stalle.

7. *T.* Hat Ihr Nachbar einen guten Ruf gehabt?
   G. Ja, so lange er ehrlich war, hat er einen guten Ruf gehabt.

8. *T.* Wie kommt es (how does it happen), daß Fritz einen Prozeß hat?
   H. Es kommt daher, daß er leichtsinnig ist.

9. *T.* Von was hat man oft Sorgen?
   I. Man hat oft Sorgen, wenn man unaufmerksam oder leichtsinnig ist.

10. *T.* Hat man Gewissensbisse, wenn man ehrlich ist?
    K. Nein, nicht wenn man ehrlich, sondern wenn man unehrlich ist, hat man Gewissensbisse.

11. *T.* Man sagt mir, Paul habe keinen Frieden; ist das so?
    L. Ja, das ist so; er hat keinen Frieden, weil er keine Geduld hat.

---

* See note on preceding page. † Questions on the preceding themes.

Analysis.—Sein,*

INDICATIVE

	PRESENT.	IMPERFECT.	PERFECT.	PLUPERFECT.
1. p. s.	ich bin (reich) I am (rich)	ich war —	ich bin — gewesen	ich war — gewesen
2. p. s.	Sie sind —	Sie waren —	Sie sind — gewesen	Sie waren — gewesen
3. p. pl.	sie† sind — (they are, etc.)			
1. p. pl.	wir sind —	wir waren —	wir sind — gewesen	wir waren — gewesen
2. p. pl.	ihr seid —	ihr waret —	ihr seid — gewesen	ihr waret — gewesen

CONDITIONAL.	IMPERATIVE.	SUBJUNCTIVE	
PAST.		PRESENT.	IMPERFECT.
1. p. s. ich würde — gewesen sein, wenn ich (Glück) gehabt hätte	*s.* sei —! seien Sie —! *pl.* seid —!	ich glaubte, ich sei —	ich wünschte, ich sei — gewesen
2. p. s. Sie würden — gewesen sein, wenn Sie (Glück) gehabt hätten		Sie glaubten, Sie seien —	Sie wünschten, Sie seien — gewesen
3. p. pl. sie† würden — gewesen, sein, wenn zc.			
1. p. pl. wir würden — gewesen sein, wenn wir zc.		wir glaubten, wir seien —	wir wünschten, wir seien — gewesen
2. p. pl. ihr würdet — gewesen sein, wenn ihr zc.		ihr glaubtet, ihr seiet —	ihr wünschtet, ihr seiet — gewesen

Themes for Drill.

CONTINGENCY.

1. reich sein, to be rich; Glück, luck.
2. zufrieden (contented) sein; gesund, healthy.
3. liberal (liberal) sein; reich, rich.

* For the third person singular of this verb see Model-Drill 47.

† The third person plur., sie zc., is identical with the second person sing., Sie zc., changing only Sie into sie to render this person complete.

To Be.

MOOD.		CONDITIONAL.
I. FUTURE.	II. FUTURE.	PRESENT.
ich werde — sein	sobald ich einmal — gewesen sein werde, bann (werde ich zufrieden sein)	ich würde — sein, wenn ich (Glück) hätte
Sie werden — sein	sobald Sie einmal — gewesen sein werden, bann ꝛc.	Sie würden — sein, wenn Sie (Glück) hätten
wir werden — sein	sobald wir einmal — gewesen sein werden, bann ꝛc.	wir würden — sein, wenn wir ꝛc.
ihr werdet — sein	sobald ihr einmal — gewesen sein werdet, bann	ihr würdet — sein, wenn ihr ꝛc.

MOOD.		INFINITIVE.
PERFECT.	PLUPERFECT.	
ich wünschte, ich wäre —	ich wünschte, ich wäre — gewesen	um — zu sein, muß man (Glück) haben
Sie wünschten, Sie wären —	Sie wünschten, Sie wären — gewesen	
wir wünschten, wir wären —	wir wünschten, wir wären — gewesen	
ihr wünschtet, ihr wäret —	ihr wünschtet, ihr wäret — gewesen	

CONTINGENCY.

4. nachsichtig (indulgent) sein ·   Macht, power.
5. verzagt (bashful) sein;   muthlos, discouraged.
6. beliebt (popular) sein;   leutselig, affable.
7. im Elend (in misery) sein;   verschwenderisch, lavish.
8. frei (free) sein;   abergläubisch, superstitions.
9. streng (strict) sein;   Autorität, authority.
10. gerecht (just) sein;   vorurtheilsfrei, free from prejudice.
11. unbeliebt (unpopular) sein;   Feigling, coward.
12. ernsthaft (serious) sein;   alt, old.

Model-Drill 46.

1. *T.* Ich bin nachsichtig; was bin ich?
   P. Sie sind nachsichtig.
2. *T.* Ich war nachsichtig; was war ich?
   P. Sie waren nachsichtig.
3. *T.* Ich bin früher sehr nachsichtig gewesen; was bin ich gewesen?
   P. Sie sind früher sehr nachsichtig gewesen.
4. *T.* Ich war früher nicht nachsichtig gewesen; was war ich nicht gewesen?
   P. Sie waren früher nicht nachsichtig gewesen.
5. *T.* Ich werde künftig (in the future) nachsichtiger sein; was werde ich künftig sein?
   P. Sie werden künftig nachsichtiger sein.
6. *T.* Ich würde nachsichtiger sein, wenn ich die Macht hätte.
   P. Sie würden nachsichtiger sein, wenn Sie die Macht hätten.
7. *T.* Ich würde nachsichtiger gewesen sein, wenn ich die Macht gehabt hätte.
   P. Sie würden nachsichtiger gewesen sein, wenn Sie die Macht gehabt hätten.

Model-Drill 47.

1. *Rob.* Ich bin heute verzagt.
   T. Was sagt Robert?
   Class. Er sagt, er ist heute verzagt.
2. *Rob.* Ich war auch gestern verzagt.
   T. Was war Robert gestern?
   Class. Er war auch gestern verzagt.
3. *Rob.* Ich bin immer verzagt gewesen.
   T. Was ist er immer gewesen?
   Class. Er ist immer verzagt gewesen.
4. *Rob.* Ich werde künftig nicht verzagt sein.
   T. Was wird er künftig nicht sein?
   Class. Er wird künftig nicht verzagt sein.
5. *Rob.* Ich würde nicht verzagt sein, wenn ich nicht muthlos wäre.
   T. Was würde er nicht sein?
   Class. Er würde nicht verzagt sein, wenn er nicht muthlos wäre.

6. *Rob.* Ich würde nicht verzagt gewesen sein, wenn ich nicht muthlos gewesen wäre.
T. Was würde er nicht gewesen sein?
Class. Er würde nicht verzagt gewesen sein, wenn er nicht muthlos gewesen wäre.

Model-Drill 48.

1. *T.* Wären Sie reich, wenn Sie Glück hätten?
A. Ja, wenn ich Glück hätte, so wäre ich sicherlich (surely) reich.
2. *T.* Würden Sie zufrieden sein, wenn Sie gesund wären?
B. Ja, wenn ich gesund wäre, würde ich zufrieden sein.
3. *T.* Wann ist der Mensch oft liberal?
C. Wenn er reich ist.
4. *T.* Diejenigen (those), die Macht haben, sind sie immer nachsichtig?
D. Nein, diejenigen, die Macht haben, sind nicht immer nachsichtig.
5. *T.* Warum ist ihr Freund Karl so verzagt?
E. Er ist verzagt, weil er muthlos ist.
6. *T.* Würde Robert beliebt sein, wenn er nicht leutselig wäre?
F. Nein, wenn er nicht leutselig wäre, würde er nicht beliebt sein.
7. *T.* Wer wird immer im Elende sein?
G. Diejenigen (those), die verschwenderisch sind, werden immer im Elende sein.
8. *T.* Ist ein Mensch frei, der abergläubisch ist?
H. Nein, ein abergläubischer Mensch ist nicht frei.
9. *T.* Würde ich streng sein, wenn ich Autorität hier hätte?
I. Nein, Sie würden nicht streng sein, wenn Sie Autorität hier hätten.
10. *T.* Waren Sie immer gerecht und vorurtheilsfrei gewesen?
K. Nein, ich war nicht immer gerecht und vorurtheilsfrei gewesen.
11. *T.* Warum ist oft ein Knabe unbeliebt?
L. Weil er ein Feigling ist.
12. *T.* Werden Sie ernsthafter sein, wenn Sie älter sind?
M. Ja, wenn ich älter bin, werde ich viel ernsthafter sein, als ich jetzt bin.

Analysis.—Werben,*

INDICATIVE

	PRESENT.	IMPERFECT.	PERFECT.	PLUPERFECT.
1. p. s.	ich werbe (gesund) (I am becoming [getting] healthy)	ich wurde (or warb) —	ich bin — geworden	ich war — geworden
2. p. s.	Sie werben —	Sie wurden —	Sie sind — geworden	Sie waren — geworden
3. p. pl.	sie* werben —			
1. p. pl.	wir werben —	wir wurden —	wir sind — geworden	wir waren — geworden
2. p. pl.	ihr werbet —	ihr wurdet —	ihr seid — geworden	ihr waret — geworden

	CONDITIONAL.	IMPERATIVE.	SUBJUNCTIVE	
	PAST.		PRESENT.	IMPERFECT.
1. p. s.	ich würde — geworden sein, wenn ich (gute Luft) gehabt hätte	*s.* werbe —! werben Sie —! *pl.* werbet —!	ich glaube, ich werbe —	ich wünschte, ich sei — geworden
2. p. s.	Sie würden — geworden sein, wenn Sie (gute Luft) gehabt hätten		Sie glauben, Sie werben	Sie wünschten, Sie seien — geworden
3. p. pl.	sie* würden — ꝛc.			
1. p. pl.	wir würden — geworden sein, wenn wir ꝛc.		wir glauben, wir werben —	wir wünschten, wir seien — geworden
2. p. pl.	ihr würdet — geworden sein, wenn ihr ꝛc.		ihr glaubet, ihr werbet —	ihr wünschtet, ihr seiet — geworden

Themes for Drill.

	CONTINGENCY.
1. gesund werben, to become healthy;	gute Luft, good air.
2. milrthätig (charitable) werben;	die Mittel, the means.
3. gefährlich (dangerous) werben;	verrückt, crazy.

---

* For the third person singular of this verb see Model-Drill 50.

† The third person plur., sie ꝛc., is identical with the second person sing., Sie ꝛc., changing only Sie into sie to render this person complete.

To Become.

MOOD.		CONDITIONAL.
I. FUTURE.	II. FUTURE.	PRESENT.
ich werde — werden	sobald ich — geworden sein werde, dann (werde ich froh [glad] sein)	ich würde — werden, wenn (ich gute Luft hätte)
Sie werden — werden	sobald Sie — geworden sein werden, dann (werden Sie froh sein)	Sie würden — werden, wenn Sie (gute Luft) hätten
wir werden — werden	sobald wir — geworden sein werden, dann (werden wir froh sein)	wir würden — werden, wenn wir (gute Luft) hätten
ihr werdet — werden	sobald ihr — geworden sein werdet, dann (werdet ihr froh sein)	ihr würdet — werden, wenn ihr ꝛc.

MOOD.		INFINITIVE.
PERFECT.	PLUPERFECT.	
ich wünschte, ich würde —	ich wünschte, ich wäre — geworden	um — zu werden, muß man (gute Luft) haben
Sie wünschten, Sie würden —	Sie wünschten, Sie wären — geworden	
wir wünschten, wir würden —	wir wünschten, wir wären — geworden	
ihr wünschtet, ihr würdet —	ihr wünschtet, ihr wäret — geworden	

              CONTINGENCY.

4. harmlos (harmless) werden;   ein Kind, a child.
5. zaghaft (faint-hearted) werden;   furchtsam, timid.
6. leichtsinnig (reckless) werden;   unmäßig, intemperate.
7. gelehrt (learned) werden;   Muße, leisure.
8. leutselig (affable) werden;   glücklich, happy.
9. nützlich (useful) werden;   die Gelegenheit, the opportunity.
10. berühmt (famous) werden;   die Fähigkeit, the ability.
11. extravagant (extravagant) werden;   reich, rich.
12. glücklich (happy) werden;   zahlungsfähig, solvent.

Model-Drill 49.

1. *T.* Ich werde mildthätig; was werde ich?
   P. Sie werden mildthätig.
2. *T.* Ich wurde (or ward) mildthätig; was wurde (or ward) ich?
   P. Sie wurden mildthätig.
3. *T.* Ich bin mildthätig geworden; was bin ich geworden?
   P. Sie sind mildthätig geworden.
4. *T.* Ich werde mildthätig werden; was werde ich werden?
   P. Sie werden mildthätig werden.
5. *T.* Ich würde mildthätig werden, wenn ich Mittel hätte; was würde ich werden?
   P. Sie würden mildthätig werden, wenn Sie Mittel hätten.
6. *T.* Ich würde mildthätig geworden sein, wenn ich Mittel gehabt hätte; was würde ich geworden sein?
   P. Sie würden mildthätig geworden sein, wenn Sie Mittel gehabt hätten.

Model-Drill 50.

1. *Rob.* Ich werde nützlich.
   T. Was wird Robert?
   Class. Er wird nützlich.
2. *Rob.* Ich wurde (or ward) nützlich.
   T. Was ward er?
   Class. Er ward (or wurde) nützlich.
3. *Rob.* Ich bin nützlich geworden.
   T. Was ist er geworden?
   Class. Er ist nützlich geworden.
4. *Rob.* Ich war einmal (once) nützlich geworden.
   T. Was war er einmal geworden?
   Class. Er war einmal nützlich geworden.
5. *Rob.* Ich werde noch einmal (once more) nützlich werden.
   T. Was wird er noch einmal werden?
   Class. Er wird noch einmal nützlich werden.

6. *Rob.* Sobald ich wieder einmal nützlich geworden sein werde, dann werde ich zufrieden sein.
T. Wann wird er wieder zufrieden sein?
Class. Sobald er wieder einmal nützlich geworden sein wird, dann wird er zufrieden sein.

7. *Rob.* Ich würde nützlich werden, wenn ich die Gelegenheit hätte.
T. Was würde er werden?
Class. Er würde nützlich werden, wenn er die Gelegenheit hätte.

8. *Rob.* Ich würde nützlich geworden sein, wenn ich die Gelegenheit gehabt hätte.
T. Was würde er geworden sein?
Class. Er würde nützlich geworden sein, wenn er die Gelegenheit gehabt hätte.

Model-Drill 51.*

1. *T.* Kann eine kranke (sick) Person ohne (without) gute Luft gesund werden?
A. Nein, ohne gute Luft kann eine kranke Person nicht gesund werden.

2. *T.* Wird der Mensch mildthätig, wenn er keine Mittel hat?
B. Nein, wenn er keine Mittel hat, wird er nicht mildthätig.

3. *T.* Wann wird ein Mensch gefährlich?
C. Wenn er verrückt wird.

4. *T.* Wie sollte ein guter Christ werden?
D. Er sollte harmlos wie ein Kind werden.

5. *T.* Werden Sie zaghaft, wenn Sie furchtsam werden?
E. Ja, wenn ich furchtsam werde, werde ich zaghaft.

6. *T.* Sind Sie je leichtsinnig und unmäßig geworden?
F. Nein, ich bin nie leichtsinnig und unmäßig geworden.

7. *T.* Kann ein Geschäftsmann (business man), der keine Muße hat, gelehrt werden?
G. Nein, ein Geschäftsmann ohne Muße kann nicht gelehrt werden.

8. *T.* Würde Robert glücklich werden, wenn er leutseliger wäre?
H. Ja, wenn er leutseliger wäre, müßte er glücklich werden.

---

* Questions on the preceding themes.

9. *T.* Kann ein Mensch seinem Mitmenschen nützlich werden, wenn er keine Gelegenheit dazu hat?
   I. Nein, ein Mensch kann seinen Mitmenschen (pl.) nicht nützlich werden, wenn er keine Gelegenheit dazu hat.

10. *T.* Ist je ein Mann, der keine Fähigkeiten (pl.) hatte, berühmt geworden?
    K. Nein, ein Mann ohne Fähigkeiten ist nie berühmt geworden.

11. *T.* Wären Sie extravagant (verschwenderisch) geworden, wenn Sie reich gewesen wären?
    L. Nein, wenn ich reich gewesen wäre, würde ich nicht extravagant geworden sein.

12. *T.* Sind Sie glücklich, weil Sie immer zahlungsfähig sind?
    M. Ja, ich bin glücklich, weil ich zahlungsfähig bin.

VERBS WHICH DO NOT TAKE ge= IN THE PAST PARTICIPLE.

Analysis.

Verbs beginning with unaccented syllables, as: **be=**, **emp=**, **ent=**, **er=**, **ge=**, **zer=**, **miß=**, and verbs ending in =**iren** and =**ieren** do not take **ge=** in the past participle.

Adjuncts in the genitive are:

MASCULINE AND NEUTER.	FEMININE.
des, of the	der
dieses, of this	dieser
jenes, of that	jener
eines, of a	einer
keines, of no	keiner
jedes, of every	jeder
meines, of my	meiner
unseres, of our	unserer
Ihres, of your	Ihrer
ihres, of her	ihrer
welches, of which	welcher

Ich würde (nicht) . . . . . . (verb),

denn (for) { ich weiß, Sie wissen, er weiß, wir wissen, ihr wisset, sie wissen, } er, sie, es { ist* wäre† } { recht,‡ right / unrecht, wrong / schädlich, proper / unschädlich, improper / praktisch, practicable / unpraktisch, impracticable }

Themes for Drill.

1. Ich **bestrafe** nicht den Fehler jedes Knaben (I do not punish the failing of every boy).
2. Ich **beweine** den Verlust der armen Frau (I deplore the loss of the poor woman).
3. Ich **verspiele** nicht das Eigenthum meiner Mutter (I do not gamble away the property of my mother).
4. Ich **mißbrauche** das Zutrauen keines Menschen (I abuse the confidence of no man).
5. Ich **mißhandle** nicht das alte Pferd des Kutschers (I do not maltreat the old horse of the coachman).
6. Ich **bewundere** den graziösen Bau jener Kirche (I admire the graceful structure of that church).
7. Ich **genehmige** den Wunsch Ihrer Schwester (I grant the wish of your sister).
8. Ich **beraube** nicht das Nest eines Vogels (I do not rob the nest of a bird).
9. Ich **besuche** das Grab meines Vaters (I visit the grave of my father).
10. Ich **erschrecke** nicht das Kind meiner Tante (I do not startle the child of my aunt).
11. Ich **zerstreue** den Feind meines Vaterlandes (I scatter the enemy of my country).
12. Ich **entschuldige** die Unbescheidenheit Ihrer Frage (I pardon the immodesty of your question).
13. Ich **entdecke** die Tiefe Ihres Wissens (I discover the depth of your knowledge).
14. Ich **erlaube** den tollen Lärm des arglosen Kindes (I permit the wild racket of the guileless child).
15. Ich **empöre** nicht das Gefühl der öffentlichen Meinung (I shock not the moral sense of the public).
16. Ich **buchstabire** den Namen dieser Firma (I spell the name of this firm).

---

* ist : fact.   † wäre : hypothetical.
‡ Select other adjectives when these are unsuitable.

17. Ich marschire durch die Straße jenes Dorfes (I march through the street of that village).
18. Ich diktire den Satz der Aufgabe (I dictate the sentence of the lesson).
19. Ich spaziere in dem Garten meines Onkels (I take a walk in the garden of my uncle).
20. Ich amüsire das Kind meiner Hausfrau (I amuse the child of my landlady).
21. Ich studire die neue Methode dieser Sprache (I study the new method of this language).
22. Ich regiere das Personal unseres Hauses (I govern the people of our house).
23. Ich rasire das Gesicht dieses Mannes (I shave the face of this man).

Model-Drill 52.

1. *T.* Ich bestrafe nicht den Fehler jedes Knaben; was thue ich nicht?
   P. Sie bestrafen nicht den Fehler jedes Knaben.
2. *T.* Ich bestrafte nicht den Fehler jedes Knaben, oder ich habe nicht den Fehler jedes Knaben bestraft; was that ich nicht?
   P. Sie bestraften nicht den Fehler jedes Knaben, oder Sie haben nicht den Fehler jedes Knaben bestraft.
3. *T.* Ich werde nicht den Fehler jedes Knaben bestrafen; was werde ich nicht bestrafen?
   P. Sie werden nicht den Fehler jedes Knaben bestrafen.
4. *T.* Ich würde nicht den Fehler jedes Knaben bestrafen, denn ich weiß, es ist (fact) oder es wäre (hypothetical) unpraktisch; was weiß ich?
   P. Sie wissen, es ist unpraktisch, den Fehler jedes Knaben zu bestrafen.

Model-Drill 53.

1. *Rob.* Ich verspiele nicht das Eigenthum meiner Mutter.
   T. Was verspielt Robert nicht?
   Class. Er verspielt nicht das Eigenthum seiner Mutter.
2. *Rob.* Ich verspielte nie (never) das Eigenthum meiner Mutter, oder ich habe nie das Eigenthum meiner Mutter verspielt.
   T. Was verspielte Robert nie?
   Class. Er verspielte nie das Eigenthum seiner Mutter, oder er hat nie das Eigenthum seiner Mutter verspielt.

3. *Rob.* Ich werde nie das Eigenthum meiner Mutter verspielen.
   T. Was wird Robert nie verspielen?
   Class. Er wird nie das Eigenthum seiner Mutter verspielen.

4. *Rob.* Ich würde nie das Eigenthum meiner Mutter verspielen, denn ich weiß, es ist unrecht.
   T. Was würde Robert nicht verspielen?
   Class. Er würde nicht das Eigenthum seiner Mutter verspielen, denn er weiß, es ist unrecht.

Model-Drill 54.

1. *Rob. and Chas.* Wir mißhandeln nicht das alte Pferd des Kutschers.
   T. Was mißhandeln sie nicht?
   Class. Sie mißhandeln nicht das alte Pferd des Kutschers.

2. *Rob. and Chas.* Wir mißhandelten nicht, oder wir haben nicht das alte Pferd des Kutschers mißhandelt.
   T. Was mißhandelten sie nicht?
   Class. Sie mißhandelten nicht das alte Pferd des Kutschers, oder sie haben nicht das alte Pferd des Kutschers mißhandelt.

3. *Rob. and Chas.* Wir werden nicht das alte Pferd des Kutschers mißhandeln.
   T. Was werden sie nicht thun?
   Class. Sie werden nicht das alte Pferd des Kutschers mißhandeln.

4. *Rob. and Chas.* Wir würden nicht das alte Pferd des Kutschers mißhandeln, denn wir wissen, es ist unrecht.
   T. Was würden sie nicht thun?
   Class. Sie würden nicht das alte Pferd des Kutschers mißhandeln, denn sie wissen, es ist unrecht.

Model-Drill 55.

1. *T.* Ich studire die Methode dieser Sprache; was studire ich?
   P. Sie studiren die Methode dieser Sprache.

2. *T.* Ich studirte die Methode dieser Sprache, oder ich habe die Methode dieser Sprache studirt; was studirte ich?
   P. Sie studirten die Methode dieser Sprache, oder Sie haben die Methode dieser Sprache studirt.

3. *T.* Ich werde immer die Methode dieser Sprache studiren; was werde ich studiren?
P. Sie werden immer die Methode dieser Sprache studiren.

4. *T.* Ich würde die Methode dieser Sprache studiren, denn ich weiß, sie ist praktisch; was würde ich studiren?
P. Sie würden die Methode dieser Sprache studiren, denn Sie wissen, sie ist praktisch.

Model-Drill 56.*

1. *T.* Bestrafe ich die Fehler jedes Knaben?
A. Nein, Sie bestrafen nicht die Fehler jedes Knaben.

2. *T.* Beweinten Sie den Verlust der armen Frau?
B. Ja, ich beweinte den großen Verlust der armen Frau.

3. *T.* Hat Fritz das Eigenthum seiner Mutter verspielt?
C. Nein, er hat **es** nicht verspielt.

4. *T.* Hatten wir (Sie und ich) je das Zutrauen irgend eines (of any) Menschen mißbraucht.
D. Nein, wir hatten **es** nie mißbraucht.

5. *T.* Werden Sie das alte Pferd des Kutschers mißhandeln?
E. Nein, ich werde **es** nicht mißhandeln.

6. *T.* Haben Sie den graziösen Bau jener Kirche bewundert?
F. Ja, ich habe **ihn** bewundert.

7. *T.* Würden Sie den Wunsch meiner Schwester genehmigen?
G. Ja, ich würde **ihn** genehmigen.

8. *T.* Hätten Sie je das Nest eines Vogels beraubt?
H. Nein, ich hätte **es** nie beraubt.

9. *T.* Haben Sie das Grab meines Vaters besucht?
I. Ja, ich habe **es** besucht.

10. *T.* Erschreckten Sie das Kind Ihrer Tante?
K. Nein, ich erschreckte **es** nicht.

11. *T.* Wenn Sie könnten, würden Sie den Feind Ihres Vaterlandes zerstreuen?
L. Ja, wenn ich könnte, würde ich **ihn** zerstreuen.

---

* Questions on the preceding themes.

12. *T.* Werden Sie die Unbescheidenheit meiner Frage entschuldigen?
    M. Ja, ich werde **sie** entschuldigen.
13. *T.* Haben Sie die Tiefe des Wissens von Karl entdeckt?
    N. Ja, ich habe **sie** schon längst (some time ago) entdeckt.
14. *T.* Erlauben Sie den tollen Lärm des arglosen Kindes?
    O. Ja, ich erlaube **ihn**.
15. *T.* Man sagt, Sie hätten das Gefühl der öffentlichen Meinung empört; ist das so?
    P. Nein, ich habe **es** nie empört.
16. *T.* Können Sie den Namen dieser Firma buchstabiren?
    Q. Ja, ich kann **ihn** buchstabiren.
17. *T.* Sind Sie gestern durch die Straße jenes Dorfes marschirt?
    R. Nein, ich bin heute hindurch marschirt.
18. *T.* Wollen Sie mir einen Satz aus unserer deutschen Aufgabe diktiren?
    S. Ja, ich will Ihnen **einen** diktiren.
19. *T.* Dürfen Sie in dem Garten Ihres Onkels spazieren?
    U. Ja, ich darf **darin** spazieren.
20. *T.* Möchten Sie (would you) das Kind meiner Hausfrau amüsiren?
    V. Nein, ich möchte **es** nicht amüsiren.
21. *T.* Wollen Sie die neue Methode dieser Sprache studiren?
    W. Ja, ich will **sie** studiren.
22. *T.* Könnten Sie das Personal in Ihrem Hause regieren?
    X. Nein, ich könnte **es** nicht regieren.
23. *T.* Müssen Sie das Gesicht dieses Mannes rasieren?
    Y. Nein, ich muß **es** nicht rasieren.

Analysis.

Ich würde (affirmative or negative) —

wenn			ob er, sie, es (whether) daß er, sie, es			
	ich (nicht)	wüßte,		recht*		
	Sie	wüßten,		unrecht		
	er, sie, es	wüßte,		schicklich	sei,	aber
	wir	wüßten,		unschicklich	wäre,	
	ihr	wüßtet,		praktisch		
	sie	wüßten,		unpraktisch		

* Select other adjectives when these are unsuitable.

da { ich (nicht) weiß, / Sie wissen, / er, sie, es weiß, / wir wissen, / ihr wisset, / sie wissen, } { ob es / daß es } { recht / unrecht / schicklich / unschicklich / praktisch / unpraktisch } ist,

so { werde ich / werden Sie / wird er, sie, es / werden wir / werdet ihr / werden sie } { ihn / sie / es } (nicht) — (verb).

Model-Drill 57.

1. *T.* Ich genehmige den Wunsch Ihrer Schwester; was genehmige ich?
Rob. Sie genehmigen den Wunsch meiner Schwester.

2. *T.* Ich genehmigte den Wunsch Ihrer Schwester, oder ich habe den Wunsch Ihrer Schwester genehmigt; was genehmigte ich?
Rob. Sie genehmigten den Wunsch meiner Schwester, oder Sie haben den Wunsch meiner Schwester genehmigt.

3. *T.* Ich werde den Wunsch Ihrer Schwester sogleich genehmigen; was werde ich sogleich genehmigen?
Rob. Sie werden sogleich den Wunsch meiner Schwester genehmigen.

4. *T.* Ich würde den Wunsch Ihrer Schwester genehmigen, wenn ich wüßte, daß es schicklich wäre (or sei); aber da ich nicht weiß, daß (ob) es schicklich ist, so werde ich ihn nicht genehmigen; was sage ich?
Rob. Sie sagen, Sie würden den Wunsch meiner Schwester genehmigen, wenn Sie wüßten, daß es schicklich wäre; aber da Sie nicht wissen, ob es schicklich ist, so werden Sie ihn nicht genehmigen.

Model-Drill 58.

1. *Rob.* Ich amüsire das Kind meiner Hausfrau.
T. Wen amüsirt Robert?
Class. Er amüsirt das Kind seiner Hausfrau.

2. *Rob.* Ich amüsirte das Kind meiner Hausfrau.
T. Wen amüsirte er?
Class. Er amüsirte das Kind seiner Hausfrau, oder er hat das Kind seiner Hausfrau amüsirt.

3. *Rob.* Ich werde das Kind meiner Hausfrau morgen wieder amüsiren.

   T. Was wird Robert morgen wieder thun?

   Class. Er wird das Kind seiner Hausfrau morgen wieder amüsiren.

4. *Rob.* Ich würde das Kind meiner Hausfrau amüsiren, wenn ich wüßte, daß es recht wäre; aber da ich nicht weiß, ob es recht ist, so werde ich es nicht amüsiren.

   T. Was sagt er? (What says he?)

   Class. Er würde das Kind seiner Hausfrau amüsiren, wenn er wüßte, daß es recht wäre; aber da er nicht weiß, ob es recht ist, so wird er es nicht amüsiren.

Model-Drill 59.

1. *Rob and Chas.* Wir besuchen das Grab unseres Vaters.

   T. Was besuchen sie?

   Class. Sie besuchen das Grab ihres (their) Vater.

2. *Rob. and Chas.* Wir besuchten das Grab unseres Vaters, oder wir haben das Grab unseres Vaters besucht.

   T. Was besuchten sie?

   Class. Sie besuchten das Grab ihres Vaters, oder sie haben das Grab ihres Vaters besucht.

3. *Rob. and Chas.* Wir hatten früher oft das Grab unseres Vaters besucht.

   T. Was hatten sie früher oft besucht?

   Class. Sie hatten früher oft das Grab ihres Vaters besucht.

4. *Rob. and Chas.* Wir werden das Grab unseres Vaters bald wieder besuchen.

   T. Was werden sie bald wieder thun?

   Class. Sie werden das Grab ihres Vaters bald wieder besuchen.

5. *Rob. and Chas.* Wir würden nicht das Grab unseres Vaters besuchen, wenn wir nicht wüßten, daß es schädlich wäre; aber da wir wissen, daß es schädlich ist, so werden wir es immer besuchen.

   T. Was sagen sie? (What do they say?)

   Class. Sie sagen, sie würden nicht das Grab ihres Vaters besuchen, wenn sie nicht wüßten, daß es schädlich wäre; aber da sie wissen, daß es schädlich ist, so werden sie es immer besuchen.

SEPARABLE VERBS.

Analysis.

Some of the separable prefixes are: ab, off, down; an, on, at; auf, up, upon; aus, out, from; durch, through; ein, in, into; einher, along; heim, home; her, toward one; hin, from one; mit, with; nieder, down; vor, before; weg, away; zu, to; zurück, back; zusammen, together.

Infinitive: **An-***spannen, to harness; *Present:* ich spanne **an**, I harness; *Imperfect:* ich spannte **an**, I harnessed; *Perfect:* ich habe **an**-gespannt, I have harnessed; *Future:* ich werde **an**-spannen, I shall harness; *Conditional:* ich würde **an**-spannen, I would harness; *Infinitive:* **an-zu**-spannen, to harness; as: ich habe ein Pferd **an-zu**-spannen, I have to harness a horse.

Nominatives of all personal pronouns:

wenn ich { Sie / er / sie / es } wäre   wenn Sie { ich / er, sie, es / wir / sie (they) } wären

wenn er, sie, es { ich / Sie / er, sie, es } wäre   wenn wir { Sie / er, sie, es / ihr, you (pl.) / sie (they) } wären

Themes for Drill.

1. Einen Knopf **an-***nähen (to sew on a button).
2. Ein furchtsames Mädchen **aus-**lachen (to laugh at a timid girl).
3. Auf den Teppich **nieder-**knieen (to kneel down on the carpet).
4. Lustig **einher-**hüpfen (to hop gaily along).
5. Zaghaft **an-**klopfen (to knock at timidly).
6. Unter dem schattigen Baume **aus-**ruhen (to repose under the shady tree).
7. Das Portrait **ab-**stäuben (to dust off the portrait).
8. Die Thür **auf-**machen (to open the door).

---

* The principal accent is on the prefix, which, for the sake of distinction, is separated from its verb by a hyphen (-).

9. Dem Schüler **vor**=malen (to paint before [as a pattern]).
10. Das schlafende Kind **auf**=decken (to uncover the sleeping child).
11. Das schlafende Kind **zu**=decken (to cover the sleeping child).
12. Die Stühle **zusammen**=stellen (to put the chairs together).
13. Das Fleisch **ein**=salzen (to salt the meat).
14. Den todten Hund **fort**=schaffen (to remove the dead dog).
15. Einen Wächter **an**=stellen (to appoint a watchman).
16. Den Stuhl **hin**=stellen (to put down the chair [there]).
17. Den Stuhl **her**=stellen (to put down the chair [here]).
18. Die Sache richtig **dar**=stellen (to state the case correctly).
19. Die Sache grell **dar**=stellen (to overstate the case).
20. Sie, ihn, sie, uns, Euch Herrn N. **vor**=stellen (to introduce you, him, her, us, you [pl.] to Mr. N).
21. Den Tisch **weg**=stellen (to set away the table).
22. Eine Reise zu machen **vor**=haben (to intend making a journey).
23. Die Erzählung **fort**=setzen (to continue the story).
24. Das Pferd **an**=spannen (to harness the horse).
25. Das Pferd **aus**=spannen (to unharness the horse).
26. Zu singen **auf**=hören (to cease singing).
27. Jeden Abend **heim**=kehren (to go home every evening).
28. Jeden Morgen **zurück**=kehren (to return every morning).
29. Die eiserne Stange **durch**=feilen (to file through the iron bar).
30. Die Näharbeit **weg**=legen (to lay away the sewing-work).

Model-Drill 60.

1. *T.* Ich spanne mein Pferd an; was thue ich?
   P. Sie spannen Ihr Pferd an.

2. *T.* Ich spannte mein Pferd an, oder ich habe mein Pferd angespannt; was that ich?
   P. Sie spannten Ihr Pferd an, oder Sie haben Ihr Pferd angespannt.

3. *T.* Ich werde mein Pferd morgen abend anspannen; was werde ich morgen abend thun?
   P. Sie werden morgen abend Ihr Pferd anspannen.

4. *T.* Ich würde das Pferd anspannen, wenn ich Sie wäre; was würde ich thun?

P. Sie würden das Pferd anspannen, wenn Sie ich wären; aber da Sie nicht ich sind, so werden Sie es nicht thun.

Model-Drill 61.

1. *Rob.* Ich stelle Sie Herrn N. vor.
   T. Was thut Robert?
   Class. Er stellt Sie Herrn N. vor.

2. *Rob.* Ich stellte Sie Herrn N. vor, oder ich habe Sie Herrn N. vorgestellt.
   T. Wem (to whom) hat er mich vorgestellt?
   Class. Er stellte Sie Herrn N. vor, oder er hat Sie Herrn N. vorgestellt.

3. *Rob.* Ich werde Sie Herrn N. vorstellen.
   T. Wem wird Robert mich vorstellen?
   Class. Er wird Sie Herrn N. vorstellen.

4. *Rob.* Ich würde Sie Herrn N. vorstellen, wenn er hier wäre.
   T. Was würde Robert thun?
   Class. Er würde mich Herrn N. vorstellen, wenn er hier wäre.

Model-Drill 62.

1. *Rob. and Chas.* Wir stellen jetzt unsere Stühle zusammen.
   T. Was thun sie?
   Class. Sie stellen jetzt ihre Stühle zusammen.

2. *Rob. and Chas.* Wir stellten auch gestern unsere Stühle zusammen, oder wir haben auch gestern unsere Stühle zusammengestellt.
   T. Was thaten sie gestern?
   Class. Sie stellten auch gestern ihre Stühle zusammen, oder sie haben auch gestern ihre Stühle zusammengestellt.

3. *Rob. and Chas.* Wir werden morgen unsere Stühle wieder zusammenstellen.
   T. Was werden sie morgen wieder thun?
   Class. Sie werden morgen wieder ihre Stühle zusammenstellen.

4. *Rob. and Chas.* Wir würden unsere Stühle nicht zusammenstellen, wenn wir nicht wüßten, daß wir dürfen.

T. Was würden sie nicht thun?
Class. Sie würden ihre Stühle nicht zusammenstellen, wenn sie nicht wüßten, daß sie dürfen.

Model-Drill 63.*

1. T. Nähen Sie je einen Knopf an?
   A. O ja! sehr oft nähe ich **einen** an.
2. T. Lachten Sie je ein furchtsames Mädchen aus?
   B. Nein, ich lachte niemals **eins** aus.
3. T. Würden Sie auf dem Teppich niederknieen, wenn Sie müßten?
   C. Ja, wenn ich müßte, würde ich **darauf** knieen.
4. T. Wenn Soldaten durch die Stadt marschirten, würden Sie lustig einherhüpfen?
   D. Nein, das würde ich nicht thun; ich bin zu groß **dafür**.
5. T. Hat Karl heute bei dem Prinzipal angeklopft?
   E. Nein, er hat nicht bei **ihm** angeklopft; er ist zu zaghaft.
6. T. Würden Sie unter dem schattigen Baume ausruhen, wenn Sie dürften?
   F. Ja, wenn ich dürfte, würde ich **darunter** ausruhen.
7. T. Wird Robert das Portrait abstäuben, wenn er muß?
   G. Ja, wenn er muß, wird er **es** abstäuben.
8. T. Wer hat heute morgen die Thür aufgemacht?
   H. Ich habe **sie** nicht aufgemacht.
9. T. Wer soll **sie** heute nachmittag zumachen?
   I. Franz soll **sie** zumachen.
10. T. Wer kann vormalen?
    K. Ein Maler kann vormalen.
11. T. Wird die Mutter das schlafende Kind aufdecken, wenn es zu warm ist?
    L. Ja, sie wird **es** aufdecken.
12. T. Werden wir morgen im Garten zusammen spielen?
    M. Ja, wir werden **darin** zusammen spielen.

---

* Questions on the preceding themes.

13. *T.* Hat die Magd (servant) das Fleisch eingesalzt (=salzen)?
    N. Ich weiß nicht, ob **sie es** eingesalzt hat.
14. *T.* Würde Ihr Diener den todten Hund fortschaffen, wenn er sollte?
    O. Ich weiß nicht, ob **er ihn** fortschaffen würde.
15. *T.* Wissen Sie, ob Ihr Vater einen Nachtwächter (night-watchman) an seinem Hause anstellen wird?
    P. Ich weiß nicht, ob er **einen** anstellen wird.
16. *T.* Wer hat meinen Stuhl an das Fenster gestellt?
    Q. Ich habe **ihn** hingestellt (put there).
17. *T.* Wollen Sie **ihn** jetzt wieder herstellen (put here)?
    R. Ja, ich will **ihn** wieder herstellen.
18. *T.* Hätten Sie eine Sache richtig oder grell dargestellt?
    S. Ich hätte **sie** sicherlich richtig und niemals grell dargestellt.
19. *T.* Wollen Sie Ihren Freund Herrn N. vorstellen, oder soll ich **es** thun?
    U. Ich wünschte (I wished), Sie würden **es** thun, denn Sie können **das** viel besser.
20. *T.* Werden Heinrich und Karl den Tisch allein wegstellen können?
    V. Ja, zusammen werden **sie ihn** wegstellen können.
21. *T.* Hätten Sie vor, eine Reise zu machen, wenn Sie Zeit hätten?
    W. Ja, wenn ich Zeit hätte, hätte ich gern vor, **eine** zu machen.
22. *T.* Werden Sie die Erzählung heute fortsetzen?
    X. Nein, nicht heute, aber morgen werde ich **sie** fortsetzen.
23. *T.* Hat Karl das Pferd angespannt?
    Y. Ich weiß nicht, ob er **es** angespannt hat.
24. *T.* Wissen Sie, wie (how) man ein Pferd ausspannt?
    Z. Ja, ich weiß **es**.
25. *T.* Warum haben Sie aufgehört zu singen?
    A. Weil ich nicht singen kann.
26. *T.* Wissen Sie, ob Karl jeden Abend heimgekehrt ist?
    B. Nein, ich weiß **es** nicht.
27. *T.* Kehrt ihr jeden Morgen zur Schule zurück?
    C. Ja, wir kehren jeden Morgen **dahin** zurück.

28. *T.* Man sagt, Sie hätten die eiserne Stange durchgefeilt; ist das so?
    D. Ja, das ist so; ich habe sie durchgefeilt.
29. *T.* Warum legt Karolina ihre Näharbeit weg?
    E. Sie legt sie weg, weil sie müde ist.

INTRANSITIVE VERBS GOVERNING THE DATIVE.*

Analysis.

The datives of all personal pronouns are:

Sing. mir, to me   Ihnen, to you   ihm, to him   ihr, to her   ihm, to it
Plur. uns, to us   Euch, to you   ihnen, to them

Themes for Drill.

IN WHAT MANNER.

1. danken, to thank;   höflich, politely.
2. glauben, to believe;   unbedingt, implicitly.
3. borgen, to lend;   mit Vergnügen, with pleasure.
4. trauen, to trust;   ohne Zögern, without hesitation.
5. trotzen, to bid defiance;   offen, openly.
6. schaden, to hurt;   absichtlich, intentionally.
7. drohen, to threaten;   in allem Ernste, in all earnestness.
8. dienen, to serve;   treulich, faithfully.
9. folgen, to follow, obey;   augenblicklich, instantly.
10. winken, to wink;   unbemerkt, unobserved.
11. schmeicheln, to flatter;   unmäßig, immoderately.
12. leuchten, to light;   mit Vorsicht, with care.
13. nützen, to be useful;   mit Freuden, with delight.
14. schulden, to owe;   ungern,† unwillingly.
15. gehorchen, to obey;   unbedingt, implicitly.
16. zu=hören, to listen;   mit Vergnügen, with pleasure.
17. bei=stimmen, to agree with;   herzlich, heartily.
18. antworten, to answer;   freundlich, amicably.

---

* See further on transitives governing the dative.
† Ich schulde Ihnen ungern, I dislike owing you.

Model-Drill 64.

1. *T.* Ich danke Ihnen höflich; was thue ich?
   P. Sie danken mir höflich.
2. *T.* Ich dankte Ihnen höflich, obgleich (although) Sie mir nicht höflich dankten, oder ich habe Ihnen höflich gedankt, obgleich Sie mir nicht höflich gedankt haben; was sage ich Ihnen?
   P. Sie sagen mir, Sie dankten mir höflich, obgleich ich Ihnen nicht höflich dankte, oder Sie haben mir höflich gedankt, obgleich ich Ihnen nicht höflich gedankt habe.
3. *T.* Falls (in case) ich Ihnen höflich danke, hoffe ich, daß Sie auch (also) mir höflich danken werden; was hoffe ich?
   P. Sie hoffen, daß, falls Sie mir höflich danken, ich auch Ihnen höflich danken werde.
4. *T.* Ich würde Ihnen höflich danken, selbst wenn (even if) Sie mir nicht höflich danken würden; was würde ich thun?
   P. Sie würden mir höflich danken, selbst wenn ich Ihnen nicht höflich danken würde.

Model-Drill 65.

1. *Rob. speaking of Chas.* Ich trotze ihm offen.
   T. Wem trotzt Robert offen?
   Class. Er trotzt Karl offen.
2. *Rob.* Ich trotzte ihm schon längst (some time) offen, obgleich er mir nicht trotzte, oder ich habe ihm schon längst offen getrotzt, obgleich er mir nicht getrotzt hat.
   T. Was sagt Robert?
   Class. Er sagt, er trotzte Karl schon längst offen, obgleich er ihm nicht trotzte, oder er hat Karl schon längst offen getrotzt, obgleich er ihm nicht offen getrotzt hat.
3. *Rob.* Falls er mir offen trotzt, werde ich ihm auch offen trotzen.
   T. Was sagt Robert?
   Class. Er wird Karl offen trotzen, falls er ihm offen trotzt.
4. *Rob.* Ich würde Karl offen trotzen, selbst wenn er mir nicht offen trotzen würde.
   T. Was würde Robert thun?

Class. Er würde Karl offen trotzen, selbst wenn derselbe ihm nicht offen trotzen würde.

Model-Drill 66.

1. *Rob. and Chas. to Class.* Wir glauben Euch unbedingt.
   T. Wem glauben sie unbedingt?
   Class. Sie glauben uns unbedingt.

2. *Rob. and Chas.* Wir glaubten Euch immer unbedingt, obgleich Ihr uns nicht immer unbedingt glaubtet, oder wir haben Euch immer unbedingt geglaubt, obgleich Ihr uns nicht immer unbedingt geglaubt habt.
   T. Was sagen sie?
   Class. Sie sagen, sie glaubten uns immer unbedingt, obgleich wir ihnen nicht immer unbedingt glaubten, oder sie haben uns immer unbedingt geglaubt, obgleich wir ihnen nicht immer unbedingt geglaubt haben.

3. *Rob. and Chas.* Wir würden Euch immer unbedingt glauben, selbst wenn Ihr uns nicht immer unbedingt glauben würdet.
   T. Was würden sie thun?
   Class. Sie würden uns immer unbedingt glauben, selbst wenn wir ihnen nicht immer unbedingt glauben würden.

Model-Drill 67.*

1. Wird Karl mir höflich danken, wenn ich ihm einen Knopf annähe?
2. Glauben Sie mir unbedingt, wenn ich Ihnen etwas sage?
3. Würden Sie Ihrem Freunde gern Geld borgen?
4. Hätten Sie Ihrem Diener getraut, das Pferd anzuspannen?
5. Kann ein Knabe beliebt werden, wenn er wegen Nichts (about nothing) seinen Kameraden sogleich offen trotzt?
6. Würde es dem Portrait schaden, wenn es abgestäubt würde?
7. Hat Robert dem Diener in allem Ernste gedroht, wenn er nicht den todten Hund fortschaffte?
8. Wird der Wächter, den Ihr Vater anstellte, ihm treulich dienen?
9. Folgen Sie Ihrem Vater immer augenblicklich?
10. Ist es recht, wenn ein Knabe dem andern (another) in der Klasse winkt?

---

* Questions on the preceding themes, to which the pupil himself will now form the answers both oral and written.

11. Würden Sie einem Manne trauen, der Ihnen unmäßig schmeichelte?
12. Leuchten Sie einem Freunde zur Thür (to the door), wenn er zurückkehrt?
13. Möchten Sie einem Mann nützen, der arm, aber ehrlich ist?
14. Wem würden Sie lieber Geld schulden, einem Freunde oder einem Feinde?
15. Wem sollte ein Kind unbedingt gehorchen?
16. Wollen Sie mir zuhören, wenn ich die Erzählung von gestern jetzt fortsetze?
17. Könnten Sie einer Sache herzlich beistimmen, die grell dargestellt ist?
18. Wie sollte ein Knabe immer antworten?

Hugo der Kutscher.—(Hugo the coachman.)*

1. Es ist Abend. Hugo hatte soeben die Pferde gefüttert. Es war heute ein harter Tag für ihn gewesen. Am Vormittag spannte er für die Damen im Hause die Pferde ein und kutschirte sie zur Kirche. Zurückgekehrt, spannte er aus, holte Wasser für die Pferde; dann arbeitete er im Garten bis (till) Mittag. Nachdem er gespeist hatte, pflügte er im Felde und, sobald er mit dieser Arbeit fertig (done) war, holte er von der Wiese frisches, grünes Gras. Sodann spaltete er Holz für die Küche, kehrte den Stall, und da Madame wünschte, daß er auch das Trottoir (sidewalk) vor'm Hause kehre, that er dieses. Jetzt ist er fertig und ruht auf seiner Bank im Stalle aus. Bei dieser Gelegenheit schwatzt er zu den Pferden, die er sehr liebt; auch singt oder raucht er dann; aber heute thut er keines, ist stille und seufzt nur.

2. Was ist's, das Hugo heute abend so verzagt, so unglücklich, so unzufrieden macht? Ihn, der immer glücklich, leutselig war, der so gütig, gutherzig und nachsichtig gegen die Kinder seines Herrn war, und mit ihnen mit so viel Geduld spielte, als sie jung waren, und die sich ein Vergnügen machten, ihn zu necken! der nie glücklicher war, als wenn sie den tollsten Lärm um ihn herum (around him) machten! Was macht ihn denn so muthlos?

Die Wahrheit zu sagen, heute sind es zwanzig Jahre, daß er für die Familie dient. Die Kinder seines Herrn sind groß geworden, und er alt dabei. Die Söhne sind in Geschäften, und die Mädchen haben geheirathet

---

* With this story we bring into view again our first two installments of words, adding thereto the new.

und wohnen nicht mehr im Hause. Die eine wohnt mit ihrem Manne neben der Kirche und die andere beim See in einem Hause, dessen Bau sehr elegant und prachtvoll ist. Sein Herr ist reich geworden, hat viel Eigenthum gekauft und ist oft aus dem Hause. Die Einsamkeit ist jetzt zu groß, und Hugo hat nur die Pferde um sich. Im Hause sind nur die Madame, der Herr, eine alte Tante (die Schwester des Herrn), die Köchin, die Hausmagd, der Pudel und der Papagei (parrot), der mehr Lärm macht, als Alle zusammen. Dies ist das ganze Personal des Hauses, und Alle sind glücklich! er aber ist allein im Stalle mit seinen Pferden, die ihm nicht antworten, wenn er mit ihnen plaudert. Jetzt, auf der Bank im Dunkeln, denkt er an die alten Tage, als die Kinder noch um ihn herumhüpften, spielten und lärmten.

3. Mit welcher Freude hörte er ihren extravaganten Erzählungen zu! wie lachte er, wenn sie ihn zu erschrecken suchten! wie gern zäumte er ihre Pferde! wie gern lehrte er sie reiten, und wenn es regnete oder die Straßen schmutzig waren, wie schnell (quick) spannte er an und holte sie aus der Schule!

Wo er der Familie nützen konnte, that er es und schonte sich weder im Sommer noch im Winter. Die Kinder waren gern um ihn, weil er sie amüsirte, und wenn er Gras holte oder im Felde pflügte, waren sie sicher (surely) dabei; aber jetzt muß er alles allein thun.

Schon längst (for some time) war Hugo unzufrieden und hegte die Absicht nach Deutschland zurückzukehren, aber er hörte gestern, daß seine Schwester daselbst (there) todt sei, und jetzt weiß er nicht, was er thun soll.

4. Er hat tausend Thaler auf der Bank; aber davon kann er nicht leben (live). Seine Herrin sagt, er würde sich nur schaden, wenn er nach Deutschland zurückkehre, denn wenn er von seinem Stalle oder von seiner Arbeit weg sei, sei er sehr unpraktisch und oft sehr verschwenderisch mit seinem Gelde. Sie sagt ferner, er sei ein guter Mann und, nach ihrer Meinung, der beste Kutscher, den sie je hatte; er mißhandele nie die Pferde, sei ehr= lich, ja selbst mildthätig gegen Arme und habe nie seine Autorität im Stalle und im Hofe mißbraucht; sie habe alles Zutrauen zu ihm; er mache sich nützlich, wo er könne; mache das Feuer in der Küche und im Hause; hole Holz und Wasser; röste den Kaffee und schäle die Kartoffeln für die Köchin, und habe auch schon gekocht, wenn letztere (the latter) krank war; er heize im Winter den großen Ofen unten im Hause; ja, wenn sie es wünsche, decke er den Tisch oder auch stäube die Möbel (furniture) und die Portraits ab, oder klopfe nicht nur die Pferdedecken aus, sondern auch ihre Teppiche.

Sie sagt ferner, daß, als ihre Knaben noch in der Schule waren und deutsch studirten, er ihnen viel von dieser Sprache lehrte, und daß, wenn sie dieselbe lernten, sie es ihm schulden. Wenn die Kinder mit ihm im Parke oder im Garten spazierten, schwatzten sie immer deutsch zusammen. Er war aufrichtig, sagte immer die Wahrheit; dabei war er aber sehr abergläubisch; er ist sich sein größter Feind; denn er trinkt oft unmäßig, und wenn er dann heimkehrt, wird er vorlaut und schwatzt sehr liberal über Republik und Demokratie und feindlich über die Fürsten (princes), die sein Vaterland regieren, und macht sich Luft durch Zanken und Lärmen und thut wie verrückt (acts as if crazy). In einer kalten Nacht hat er sich Husten und Halsweh geholt; aber sobald der Doktor ihn geheilt hatte und er gesund war, wurde er gleich wieder leichtsinnig. Sie habe ihn gewarnt, aber es nütze nichts. Bei solch (such) einer Gelegenheit hat er einem Kameraden fünfhundert Thaler geborgt, und sie glaubt, daß sein Geld verloren (lost) ist.

5. Ferner sagte Madame, sie habe gehört, sein Vater wäre ein Baron von Trinkaus (gewesen) und bei einem Könige in Deutschland angestellt gewesen, und hätte den Ruf, der beste Reiter zu sein; auch wurde er dadurch (through this) berühmt, daß er all sein Eigenthum und das seiner Frau verspielte; deßwegen mußte Hugo nach Amerika, wo er in der Vereinigten Staaten Armee (United States Army) vier Jahre diente, und nachher (afterwards) wurde er bei ihr Kutscher.

Wenn er nicht so lange bei ihr und alt wäre, so würde sie ihn augenblicklich fortschaffen, denn sie fürchte noch ein Unglück, wenn er des Nachts ohne Hut heimkehre und im Stalle herumleuchte, und oft könne sie deßwegen nicht ruhen; auch könne sie für ihn keinen Wächter anstellen.

6. Madame ist im Unrecht. Sie stellt die Sache zu grell dar, und man muß ihr nicht alles unbedingt glauben. Hugo ist nicht so gefährlich. Es ist sehr selten (very rarely), daß Hugo des Nachts nicht zu Hause ist. Madame schwatzt gern über Hugos Fehler, weil sie fürchtet, er möchte zu ihren Nachbarn gehen, und es schmeichelt ihr sehr, von einem Barone kutschirt zu werden. Einen rechtschaffeneren Menschen, als Hugo gibt's nicht (there is not), und das ist nicht wahr, daß er unmäßig trinke. Wenn das so wäre, woher könnte er fünfzehnhundert Thaler haben? Wahr ist, daß er einem Freunde fünfhundert Thaler borgte; aber das Geld ist nicht verloren, wie sie sagt. Der Freund hat ein gutes, lukratives Geschäft und ist zahlungsfähig; ferner, wenn er über die Republik und die Demokratie oder über Könige in seinem Vaterlande schwatzte, so ist es sein Recht; er ist freimüthig, und hier ist ein freies Land; sie schwatzt auch, — nicht über Politik, sondern

über ihren asthmatischen Pudel und ihren tollen Papagei. Dann sagt sie, er sei abergläubisch und rasire sich Sonntags nicht; aber das ist wieder nicht so; er ist liberal und vorurtheilsfrei. Es ist Madame, die abergläubisch ist; denn wenn ihr Vogel lärmt, glaubt sie, daß es regnen wird.

7. Wir möchten hier fragen, welche Familie je einen besseren Kutscher hatte? Ein Kutscher, der die Fähigkeit hatte, die Kinder buchstabiren, lesen, zeichnen, rechnen, malen, Pianospielen und Sprachen zu lehren; denn Hugo war sehr gelehrt. Er konnte die feinste und härteste Arbeit thun. So hat er die Wände des Stalles al fresco bemalt, und den Boden desselben hat er eben gehobelt. Dies Alles that er für die Familie, und wie dankt sie ihm! Es ist wahr, sein Vater war Baron, und Hugo selbst ist Baron, aber sein Name ist nicht Trinkaus, sondern von Trenk. Sein Vater war nie reich gewesen und hat demnach (hence) nicht sein Eigenthum und das seiner Frau verspielt. Sein Vater war in der preußischen Kavallerie und war als Offizier sehr geschätzt und geehrt. Es ist nicht recht, die kleinen Fehler eines ehrlichen, edelmüthigen Mannes aufzudecken und auszutrommeln, wenn er auch nur ein Kutscher ist. Fehler aufdecken können auch Andere! Madame's Name ist Coffin und das ist auch nicht der schönste Name!

8. Hugo hörte gestern, daß seine Schwester in Deutschland todt sei; es war seine einzige (only) Schwester, die er sehr liebte. Er beweinte ihren Tod im Stillen und hegt jetzt die Absicht, ihr Grab zu besuchen und die Kinder zu holen, die ihrer Mutter von nun an beraubt sind. Man muß die Gefühle eines solches Mannes bewundern, der nur in dem Glücke Anderer glücklich ist. Es gibt Menschen, die in ihrer Gewalt und Höhe (height) sich keine Gewissensbisse machen, dies oder jenes Böse über ihre Mitmenschen auszusagen, und die Gewalt des Geldes mißbrauchen; sie können nicht gerecht gegen Andere sein und wissen nur zu tadeln. Von der goldenen Regel wissen sie nichts. Doch (however) die öffentliche Meinung ist da. Madame macht sich keine Gewissensbisse, Hugo öffentlich zu zanken. Das ist unschicklich, und solch eine grelle Unbescheidenheit kann man nicht an einer Dame entschuldigen, die den Ruf hat höflich, ja selbst herzlich, graziös und nachsichtig gegen ihre Nachbarn zu sein. Sie hat ein so offenes und verständiges Gesicht, man sollte nicht glauben, daß sie je (ever) zanken könnte. Sie sollte das Gefühl irgend eines (of any) Menschen achten, selbst das eines Kutschers.

Man höre, was eines Abends geschah.

9. Des Nachbars Sohn, Fritz, ein unartiger, wilder Knabe, wollte in

einer dunklen Nacht eine schöne Pferdedecke (horse-cover) aus Hugos Stall holen, absichtlich um ihn zu necken. Hugo traute ihm schon längst nicht, und hatte zur Vorsicht an der Stallthür eine eiserne Stange. Diese wollte Fritz unbemerkt durchfeilen. Hugo wachte und nähte Knöpfe an seine Schuhe; er hörte dem Feilen zu, aber sagte nichts. Fritz glaubte, daß Hugo nicht wache, sondern auf der Bank ruhe und träume. Als er die eiserne Stange durchgefeilt hatte, machte er die Thür auf; — er entdeckte die Pferdedecke und wollte sie fassen; aber Hugo hatte ihn augenblicklich gefaßt und sagte zu ihm: „Ha, du wilder Junge! was willst du in der Nacht in meinem Stalle? Was hast du vor?" Fritz wurde böse, lärmte und antwortete, wenn er ein wilder Junge wäre, so wäre Hugo ein elender Feigling. Hugo winkte ihm zu folgen, und da er es nicht augenblicklich that, so marschirte ihn Hugo ohne Zögern mit Gewalt in ein Zimmer, das neben dem Stalle war, und sagte zu ihm, er solle sich mit der Pferdedecke zudecken. Er wünschte ihm dann gute Nacht und machte die Thür zu. Fritz klopfte an die Thür und machte einen großen Lärm und drohte Hugo, er wolle es seinem Vater sagen, wenn er nicht aufmache. Hugo antwortete, wenn er nicht aufhöre, an die Thür zu klopfen, so müsse er ihn strafen.

10. Madame, die den Lärm hörte und nicht schlafen konnte, kam (came) in den Stall. Sie war sehr empört und sagte zu Hugo, sie könne nicht erlauben, daß der Sohn ihres Nachbars wie ein Hund mißhandelt werde. Sie machte die Thür selbst auf, und als Fritz wieder frei war, lachte und weinte er vor Freude und küßte Madame Coffin. Sie tröstete ihn und sagte, er solle nicht weinen; sie werde Hugo ihre Meinung sagen; er solle jetzt heimkehren. Aber Fritz kehrte nicht heim, und hörte mit Vergnügen zu, was Madame Hugo zu sagen hatte. „Hugo," sagte diese, „Fritz hat sich nur ein kindliches Vergnügen machen wollen; er ist ein liebenswürdiger freundlicher Knabe, ein Kutscher soll Geduld haben, und nachsichtig mit Kindern sein." Hugo stellte Madame vor, daß Fritz kein Kind mehr sei; aber sie lachte ihn aus.

11. So geschah es, daß Madame Hugo öffentlich zankte. Er sagte ihr in allem Ernste, aber höflich, daß er nicht erlaube, daß man ihm öffentlich vor einem Knaben die Meinung sage; er hätte ihr zwanzig Jahre treulich gedient; aber er könne ihr jetzt nicht mehr dienen; er werde gleich seinen Koffer packen. „Trinkaus," sagte sie, „Sie sind verrückt; was schwatzen Sie von öffentlich hier im Stalle! darf ich meinem Kutscher nicht die Wahrheit sagen, wann und wo ich will? Ganz recht, packen Sie Ihren Koffer, und dann packen Sie sich auch (then pack yourself off also)!

Das ist eine unmäßige, grelle Sprache für eine Frau, die öffentlich die edle, nachsichtige Dame spielen will.

14. Die Wahrheit zu sagen, Fritz war nicht so harmlos, als Madame glaubte. Er war grausam; weder Hund, noch Katze, Vogel oder Nest hatten Frieden vor ihm; er gehorchte keinem Menschen; er war unwissend und sehr unbeliebt unter seinen Kameraden. In der Schule trotzte er bei jeder Gelegenheit seinem Lehrer und war unaufmerksam und so träge, daß er keine Aufgabe lernte. Nicht den leichtesten Satz konnte er buchstabiren; er neckt die Schüler in der Schule und ist doch (though) selbst so furchtsam; er legt die Sachen der Schüler weg, so daß sie dieselben suchen müssen.

15. Das Beste wäre für Hugo, und alle seine wahren Freunde werden mir beistimmen, daß er eine Farm im Westen kaufe und heirathe, denn dazu ist er noch lange nicht zu alt. Es ist wahr, er hat graue Haare; aber dennoch ist er gesund und stark. Eine Frau könnte keinen bessern und fleißigeren Mann heirathen, als Hugo. Sobald er eine Farm hat und er darauf wohnt und die Nachbarn wissen, er habe eine Frau nothwendig, da wird es Frauen und Mädchen in Menge regnen (rain in plenty), die Baronin von Trenk werden möchten, und das ist immer schöner als Mrs. Coffin.

REFLEXIVE VERBS.

Analysis.

Most of these verbs govern the reflexive pronouns in the accusative, as:

ich freue **mich**, I rejoice	wir freuen **uns**
Sie freuen **sich**	ihr freuet **euch**
du freuest **dich**	sie freuen **sich** ꝛc.
er freut **sich**	

Themes for Drill.

REFLEXIVE VERBS.   **CASUALTY.**

1. sich freuen, to rejoice;   Sie zu sehen, to see you.
2. sich bedanken für, to thank for;   das hübsche Geschenk, the pretty present.
3. sich beeilen, to hasten;   Sie bald zu besuchen, to visit you soon.

4. sich befleißigen, to apply one's self;　um Sie zu befriedigen, in order to satisfy you.
5. sich beklagen über, to complain of;　die schwere Aufgabe, the difficult lesson.
6. sich erholen von, to recover from;　der schweren Krankheit, the severe illness.
7. sich bemühen, to take the trouble;　Sie zu verstehen, to understand you.
8. sich besinnen auf, to try to recollect;　den Verhalt der Sache, the state of the matter.
9. sich bücken, to stoop;　den Handschuh aufzuheben, to pick up the glove.
10. sich erbarmen (gen.), to have pity with;　des verwundeten Soldaten, the wounded soldier.

Model-Drill 68.

1. *Rob. to Chas.* Freuen Sie sich, mich zu sehen?
   Chas. Ja, ich freue mich, Sie zu sehen.

2. *Rob.* Freuten Sie sich immer, mich zu sehen, oder haben Sie sich immer gefreut, mich zu sehen?
   Chas. Ja, ich freute mich immer, Sie zu sehen, oder ich habe mich immer gefreut, Sie zu sehen.

3. *Rob.* Werden Sie sich auch in Zukunft (in future) immer freuen, mich zu sehen?
   Chas. Ja, ich werde mich auch in Zukunft freuen, Sie zu sehen.

4. *Rob.* Würden Sie sich freuen, mich zuweilen (sometimes) zu sehen?
   Chas. Ja, ich würde mich freuen, Sie zuweilen zu sehen.

Model-Drill 69.

1. *Rob. and Chas. to Class.* Beeilet Ihr Euch, uns bald zu besuchen?
   Class. Ja, wir beeilen uns, Euch bald zu besuchen.

2. *Rob. and Chas.* Beeiltet Ihr Euch neulich (the other day), uns zu besuchen, oder habt Ihr Euch neulich beeilt, uns zu besuchen?
   Class. Ja, wir beeilten uns neulich, Euch zu besuchen, oder wir haben uns neulich beeilt, Euch zu besuchen.

3. *Rob. and Chas.* Werdet Ihr Euch sogleich (at once) beeilen, uns zu besuchen?

Class. Nein, wir werden uns nicht sogleich beeilen, Euch zu besuchen.

4. *Rob. and Chas.* Würdet Ihr Euch beeilen, uns auf einige Zeit (for a while) zu besuchen?
Class. Ja, wir würden uns beeilen Euch auf einige Zeit zu besuchen.

Model-Drill 70.*

1. *T.* Wer freut sich, mich zu sehen?
 A. Ich freue mich, Sie zu sehen.
2. *T.* Hat sich Karl für das hübsche Geschenk bedankt?
 B. Nein, er hat sich nicht **dafür** bedankt.
3. *T.* Würden Sie sich beeilen, mich zu besuchen, wenn ich krank wäre?
 C. Ja, dann würde ich mich beeilen, Sie sogleich zu besuchen.
4. *T.* Werden Sie sich in Zukunft befleißigen, um mich zu befriedigen?
 D. Ja, ich werde mich in Zukunft befleißigen, Sie zu befriedigen.
5. *T.* Hätten Sie sich über die Aufgabe beklagt, wenn sie schwer gewesen wäre?
 E. Ja, wenn sie schwer gewesen wäre, hätte ich mich **darüber** beklagt.
6. *T.* Hat sich Ihr Freund von seiner schweren Krankheit erholt?
 F. Ja, er hat sich **davon** erholt.
7. *T.* Hatten Sie sich immer bemüht, mich zu verstehen?
 G. Nein, ich hatte mich nicht immer bemüht, Sie zu verstehen.
8. *T.* Besannen Sie sich gestern auf den Verhalt der Sache?
 H. Ja, ich besann mich **darauf**.
9. *T.* Würden Sie sich bücken und mir meinen Handschuh aufheben?
 I. Ja, mit Vergnügen würde ich mich bücken und Ihren Handschuh aufheben.
10. *T.* Hätten Sie sich des Soldaten erbarmt, wenn er verwundet gewesen wäre?
 K. Ja, wenn er verwundet gewesen wäre, hätte ich mich **seiner** erbarmt.

---

* Questions on the preceding themes.

Themes for Drill.

REFLEXIVE VERBS. — **TIME.**

1. ſich erkälten, to catch cold; — jedesmal in einer kalten Nacht, every time in a cold night.
2. ſich fürchten, to be afraid; — des Nachts, at night.
3. ſich grämen, to grieve. — den ganzen Tag, all day.
4. ſich gewöhnen, to accustom one's self; — bei Zeiten aufzuſtehen, to rise betimes.
5. ſich irren, to be mistaken; — zum erſtenmal, for the first time.
6. ſich ſehnen, to long; — beſtändig nach der fernen Heimath, constantly for the distant home.
7. ſich ſetzen, to sit down; — heute über acht Tage zum letztenmal an das Pult, this day a week for the last time at the desk.
8. ſich verſpäten, to be late; — täglich um eine Stunde, an hour daily.
9. ſich vorbereiten, to prepare; — bei Sonnenaufgang abzureiſen, to depart by sunrise.
10. ſich weigern, to refuse; — das nächſte Mal mit (Ihnen) zu gehen, to go with (you) the next time.

Model-Drill 71.

1. *Rob. to Chas.* Erkälten Sie ſich jedesmal in einer kalten Nacht?
   Chas. Nein, ich erkälte mich nicht jedesmal in einer kalten Nacht.

2. *Rob.* Erkälteten Sie ſich jedesmal in einer kalten Nacht, oder haben Sie ſich jedesmal in einer kalten Nacht erkältet?
   Chas. Ich erkältete mich nicht jedesmal in einer kalten Nacht, oder ich habe mich nicht jedesmal in einer kalten Nacht erkältet.

3. *Rob.* Falls die Nacht kalt iſt, werden Sie ſich erkälten?
   Chas. Ich werde mich nicht erkälten, falls die Nacht kalt iſt.

4. *Rob.* Würden Sie ſich jedesmal in einer kalten Nacht erkälten?
   Chas. Nein, ich würde mich nicht jedesmal in einer kalten Nacht erkälten.

5. *Rob.* Hätten ſie ſich erkältet, wenn die Nacht kalt geweſen wäre?
   Chas. Ja, ich hätte mich erkältet, wenn ſie kalt geweſen wäre.

Model-Drill 72.

1. *Rob. and Chas.* Wir fürchten uns des Nachts.
   T. Wann fürchten sie sich?
   Class. Sie fürchten sich des Nachts.

2. *Rob. and Chas.* Wir fürchteten uns des Nachts, oder wir haben uns des Nachts gefürchtet.
   T. Wann fürchteten sie sich?
   Class. Sie fürchteten sich des Nachts, oder sie haben sich des Nachts gefürchtet.

3. *Rob. and Chas.* Falls es heute nacht dunkel ist, werden wir uns wieder fürchten.
   T. Was sagen sie?
   Class. Sie sagen, falls es heute nacht dunkel ist, werden sie sich wieder fürchten.

4. *Rob. and Chas.* Wir würden uns des Nachts fürchten, wenn wir allein (alone) wären.
   T. Wann würden sie sich fürchten?
   Class. Sie würden sich des Nachts fürchten, wenn sie allein wären.

Model-Drill 73.*

1. *T.* Erkältet man sich leicht in einer kalten Nacht?
   A. Ja, in einer kalten Nacht erkältet man sich sehr leicht.

2. *T.* Fürchten Sie sich noch des Nachts?
   B. Nein, ich fürchte mich des Nachts nicht mehr.

3. *T.* Wer grämte sich gestern den ganzen Tag?
   C. Meine Mutter grämte sich gestern den ganzen Tag.

4. *T.* Werden Sie sich gewöhnen, bei Zeiten aufzustehen?
   D. Ja, ich werde mich gewöhnen, bei Zeiten aufzustehen.

5. *T.* Ist dies zum erstenmal, daß Sie sich geirrt haben?
   E. Nein, ich habe mich schon mehr als einmal geirrt.

6. *T.* Sehnen Sie sich hier beständig nach der fernen Heimath?
   F. Ja, ich sehne mich beständig **darnach**.

---
* Questions on the preceding themes.

7. *T.* Wann werden Sie sich zum letztenmal an Ihr Pult setzen?
   G. Heute über acht Tage werde ich mich zum letztenmal **daran** setzen.
8. *T.* Wissen Sie, daß Sie sich täglich um eine Stunde verspäten?
   H. Nein, ich wußte nichts **davon**.
9. *T.* Können Sie sich vorbereiten, bei Sonnenaufgang abzureisen?
   I. Ja, ich kann mich bis **dahin** (by then) vorbereiten.
10. *T.* Werden Sie sich weigern, das nächste Mal mit mir auszugehen?
    K. Nein, ich werde mich nicht weigern, das nächste Mal mit Ihnen auszugehen.

Themes for Drill.

REFLEXIVE VERBS.

QUANTITY AND COMPARISON.

1. sich bekümmern, to care for; um gar nichts, for nothing at all.
2. sich nähern (dat.), to approach; hinlänglich, um zu erkennen, sufficiently to recognize.
3. sich nähren, to live on; meistens von Milch und Obst, mostly on milk and fruit.
4. sich schämen, to be ashamed; ebenso wenig wie, no more than.
5. sich verirren, to get lost; an einem schönen Morgen, on a fine morning.
6. sich verstellen, to dissemble; hauptsächlich, um Mitleid zu erregen, chiefly to excite pity.
7. sich widersetzen (dat.), to oppose; theilweise wegen seiner Grobheit, partly on account of his coarseness.
8. sich ärgern, to be vexed; im Allgemeinen viel, much in general.
9. sich wundern (über), to wonder at; gewissermaßen über seinen schnellen Erfolg, somewhat at his rapid success.
10. sich verlieben, to fall in love; ganz und gar in, completely with.

Model-Drill 74.

1. *Rob. to Chas.* Bekümmern Sie sich um gar nichts?
   Chas. Nein, ich bekümmere mich um gar nichts.

2. *Rob.* Bekümmerten Sie sich auch gestern um gar nichts, oder haben Sie sich auch gestern um gar nichts bekümmert?

Chas. Nein, ich bekümmerte mich auch gestern um gar nichts, oder ich habe mich auch gestern um gar nichts bekümmert.

3. *Rob.* Werden Sie sich auch in Zukunft um gar nichts bekümmern?
Chas. Nein, ich werde mich auch in Zukunft um gar nichts bekümmern.

4. *Rob.* Würden Sie sich nicht um einen treuen Freund bekümmern?
Chas. Sicherlich (to be sure), um einen treuen Freund würde ich mich bekümmern.

Model-Drill 75.

1. *Rob. to Chas.* Nähere ich mich hinlänglich, um Sie zu erkennen?
Chas. Ja, Sie nähern sich mir hinlänglich, um mich zu erkennen.

2. *Rob.* Näherte ich mich Ihnen hinlänglich, oder habe ich mich Ihnen hinlänglich genähert, um Sie zu erkennen?
Chas. Ja, Sie näherten sich mir hinlänglich, oder Sie haben sich mir hinlänglich genähert, um mich zu erkennen.

3. *Rob.* Werden Sie sich mir hinlänglich nähern, falls Sie mich nicht erkennen?
Chas. Ja, ich werde mich Ihnen hinlänglich nähern, falls ich Sie nicht erkenne.

4. *Rob.* Würden Sie sich mir hinlänglich nähern, um mich zu erkennen?
Chas. Ja, ich würde mich Ihnen hinlänglich nähern, um Sie zu erkennen.

Model-Drill 76.

1. *Rob. and Chas.* Nähret Ihr Euch meistens von Milch und Obst?
Class. Ja, wir nähren uns meistens von Milch und Obst.

2. *Rob. and Chas.* Nährtet Ihr Euch meistens von Milch und Obst, oder habt Ihr Euch meistens von Milch und Obst genährt?
Class. Nein, wir nährten uns nicht meistens von Milch und Obst, oder wir haben uns nicht meistens von Milch und Obst genährt.

3. *Rob. and Chas.* Werdet Ihr Euch immer meistens von Milch und Obst nähren?
Class. Ja, wir werden uns immer meistens von Milch und Obst nähren.

4. *Rob. and Chas.* Würdet Ihr Euch meistens von Milch und Obst nähren?

Class. Nein, wir würden uns nicht meistens von Milch und Obst nähren.

Model-Drill 77.*

1. *T.* Bekümmert sich Karl um gar nichts?
   A. O ja, er bekümmert sich sehr um seine Bücher und seine Aufgaben.
2. *T.* Konnten Sie sich dem Baume hinlänglich nähern, um den Vogel zu erkennen?
   B. Nein, ich konnte mich dem Baume nicht hinlänglich nähern, um ihn zu erkennen.
3. *T.* Womit nähren Sie sich im Sommer?
   C. Im Sommer nähre ich mich meistens von Milch und Obst.
4. *T.* Würden Sie sich ebenso wenig schämen wie Fritz, wenn Sie Ihre Aufgabe nicht wüßten?
   D. Nein, ich würde mich viel mehr **darüber** schämen.
5. *T.* Wann werden Sie sich am leichtesten verirren, an einem schönen oder an einem garstigen (nasty) Morgen?
   E. Natürlich (of course) an einem schönen Morgen.
6. *T.* Verstellen sich Leute hauptsächlich, um Mitleid zu erregen?
   F. Ja, Bettler (beggars) verstellen sich zuweilen, um Mitleid zu erregen.
7. *T.* Warum haben Sie sich gestern dem Diener widersetzt?
   G. Ich habe mich ihm theilweise seiner Grobheit wegen widersetzt?
8. *T.* Man sagt, Sie ärgerten sich im Allgemeinen viel; ist das so?
   H. Nein, man irrt sich; ich ärgere mich im Allgemeinen sehr wenig.
9. *T.* Hatte sich Ihr Vater über Ihren schnellen Erfolg gewundert?
   I. Ja, er hatte sich gewissermaßen **darüber** gewundert.
10. *T.* Wissen Sie, daß Karl sich in jenes Portrait ganz und gar verliebt hat?
    K. Ja, ich wußte das und habe ihn oft damit geneckt (teased).

Themes for Drill.

REFLEXIVE VERBS.   **ADVERBS OF TIME.**

1. sich rühmen (gen.), to boast;   des Fleißes oft, of diligence often.
2. sich täuschen, to err, to be disappointed;   vormals, formerly.

---

* Questions on the preceding themes.

3. sich verheirathen, to marry; später, later.
4. sich niederlegen, to lie down; gleich nachher, presently.
5. sich bewegen, to move; plötzlich, suddenly; nach und nach, gradually.
6. sich berauschen, to get drunk; niemals, never; jemals, ever.
7. sich entfernen, to withdraw; auf einige Zeit, for a while.
8. sich wenden (an), to address one's self (to); morgen früh, to-morrow morning.
9. sich hüten, to beware of; von jetzt an, henceforth.
10. sich begnügen, to be satisfied; einstweilen, for the present.
11. sich bestreben, to endeavor; gewöhnlich, usually.
12. sich bessern, to grow better, to mend; nach und nach, gradually.

Model-Drill 78.

1. *Rob. to Chas.* Rühmen Sie sich oft Ihres Fleißes?
   Chas. Nein, ich rühme mich nicht oft meines Fleißes, denn ich bin nicht fleißig.

2. *Rob.* Rühmten Sie sich nicht vorgestern (day before yesterday) Ihres Fleißes, oder haben Sie sich nicht vorgestern Ihres Fleißes gerühmt?
   Chas. Nein, Sie irren sich; ich rühmte mich nicht vorgestern meines Fleißes, oder ich habe mich nicht vorgestern meines Fleißes gerühmt.

3. *Rob.* Werden Sie sich in Zukunft Ihres Fleißes rühmen?
   Chas. Nein, ich werde mich nie (never) meines Fleißes rühmen.

4. *Rob.* Würden Sie sich rühmen, falls Sie fleißig wären?
   Chas. Ja, falls ich fleißig wäre, würde ich mich rühmen.

Model-Drill 79.

1. *Rob.* Ich entferne mich auf einige Zeit.
   T. Was thut Robert?
   Class. Er entfernt sich auf einige Zeit.

2. *Rob.* Ich entfernte mich voriges Jahr (last year) auf einige Zeit von Hause (from home), oder ich habe mich voriges Jahr auf einige Zeit von Hause entfernt.
   T. Was that Robert voriges Jahr?
   Class. Er entfernte sich voriges Jahr auf einige Zeit von Hause, oder er hat sich voriges Jahr auf einige Zeit von Hause entfernt.

3. *Rob.* Werden Sie sich auf lange Zeit entfernen?
   Chas. Nein, ich werde mich nur auf eine kurze Zeit entfernen.
4. *Rob.* Würden Sie sich auf lange Zeit entfernen, wenn Sie dürften?
   Chas. Ja, wenn ich dürfte, würde ich mich auf sehr lange Zeit entfernen.

Model-Drill 80.

1. *Rob. and Chas.* Bestrebt Ihr Euch gewöhnlich, ruhig (quiet) zu sein?
   Class. Ja, wir bestreben uns gewöhnlich, ruhig zu sein.
2. *Rob. and Chas.* Bestrebtet Ihr Euch gewöhnlich, auch aufmerksam (attentive) zu sein?
   Class. Ja, wir bestrebten uns gewöhnlich, ruhig und aufmerksam zu sein?
3. *Rob. and Chas.* Wenn Ihr nicht ruhig sein könnt, werdet Ihr Euch wenigstens (at least) bestreben, aufmerksam zu sein?
   Class. Ja, wenn wir nicht ruhig sein können, werden wir uns wenigstens bestreben, aufmerksam zu sein.
4. *Rob. and Chas.* Würdet Ihr Euch bestreben, ruhig und aufmerksam zu sein, wenn der Lehrer es wünschte (desired it)?
   Class. Ja, und selbst wenn der Lehrer es nicht wünschte, würden wir uns bestreben, ruhig und aufmerksam zu sein.

Model-Drill 81.

Wenn, als, when; nachdem, after.

1. *T.* Wenn ich mich niederlege,* (so) setzt sich Karl gleich nachher zu mir; was thut Karl?
   Class. Wenn Sie sich niederlegen, setzt sich Karl gleich nachher zu Ihnen.
2. *T.* Als ich mich vorhin niedersetzte, setzte sich Karl gleich nachher zu mir; was that Karl?
   Class. Als Sie sich vorhin niedersetzten, setzte sich Karl gleich nachher zu Ihnen.

---

* After a relative or a subordinative conjunction, such as: welcher, der; als, da, indem, wenn, weil, daß, sobald, obgleich ꝛc., the separable particles are not separated from the verb.

3. *T.* Nachdem ich mich heute morgen niedergelegt hatte, setzte sich Karl gleich nachher zu mir; was that Karl heute morgen?
Class. Nachdem Sie sich heute morgen niedergelegt hatten, setzte sich Karl gleich nachher zu Ihnen.

4. *T.* Sobald ich mich niederlegen werde, wird sich Karl gleich nachher zu mir setzen; was wird Karl thun?
Class. Sobald Sie sich niederlegen werden, wird sich Karl gleich nachher zu Ihnen setzen.

5. *T.* Ich würde mich niederlegen, wenn sich Karl gleich nachher zu mir setzte; was würde ich thun?
Class. Sie würden sich niederlegen, wenn sich Karl gleich nachher zu Ihnen setzte.

Inflect also the following sentences according to the foregoing model:

1. Wenn ich mich verheirathe, so verheirathet sich mein Bruder gleich nachher 2c.
2. Wenn ich mich bessere, so bessert sich auch gleich nachher mein Freund 2c.
3. Wenn ich mich verliebe, so verliebt sich auch Karl gleich nachher 2c.
4. Wenn ich mich ärgere, so ärgert sich auch gleich nachher mein Lehrer 2c.

Model-Drill 82.

1. *Rob. and Chas.* Wenn wir uns über das Wetter (at the weather) wundern, wundert Ihr Euch nicht auch gleich nachher darüber?
Class. Nein, wenn Ihr Euch über das Wetter wundert, so wundern wir uns nicht gleich nachher darüber.

2. *Rob. and Chas.* Als wir uns vorhin über das Wetter wunderten, wundertet Ihr Euch nicht gleich nachher darüber?
Class. Nein, als Ihr Euch vorhin über das Wetter wundertet, so wunderten wir uns nicht gleich nachher darüber.

3. *Rob. and Chas.* Nachdem wir uns vorhin über das Wetter gewundert hatten, wundertet Ihr Euch nicht gleich nachher darüber?
Class. Nein, nachdem Ihr Euch vorhin über das Wetter gewundert hattet, wunderten wir uns nicht gleich nachher darüber.

4. *Rob. and Chas.* Sobald wir uns über das Wetter wundern werden, werdet Ihr Euch nicht gleich nachher auch darüber wundern?

Class. Nein, sobald Ihr Euch über das Wetter wundern werdet, werden wir uns nicht gleich nachher auch darüber wundern.

5. *Rob. and Chas.* Würdet Ihr Euch gleich nachher über das Wetter wundern, wenn wir uns darüber wunderten?
Class. Nein, wenn ihr Euch über das Wetter wundertet, so würden wir uns nicht gleich nachher darüber wundern.

Model-Drill 83.*

1. *T.* Sollte man sich seines Fleißes rühmen?
   A. Nein, man sollte sich nicht seines Fleißes rühmen, denn das ist nicht schön.
2. *T.* Haben Sie sich je getäuscht?
   B. Ja, vormals als ich jünger war, habe ich mich oft getäuscht.
3. *T.* Werden Sie sich verheirathen?
   C. Ja, ich werde mich später verheirathen.
4. *T.* Wann hätten Sie sich niedergelegt, wenn Sie gedurft hätten?
   D. Wenn ich gedurft hätte, hätte ich mich gleich nach der Kirche niedergelegt, denn ich war sehr müde.
5. *T.* Warum hat sich Karl so plötzlich bewegt?
   E. Er ist plötzlich vom Schlafe (from sleep) aufgewacht.
6. *T.* Haben Sie sich je berauscht?
   F. Nein, ich habe mich niemals berauscht.
7. *T.* Würden Sie sich auf einige Zeit entfernen, wenn Sie dürften?
   G. Ja, wenn ich dürfte, würde ich mich auf einige Zeit entfernen.
8. *T.* Wann werden Sie sich an Ihren Vater wenden?
   H. Ich werde mich heute abend oder morgen früh an ihn wenden.
9. *T.* Wird sich das Kind von jetzt an vor dem Feuer hüten?
   I. Ja, von jetzt an wird es sich davor hüten.
10. *T.* Wollen Sie sich einstweilen mit diesem Buche begnügen?
    K. Ja, ich will mich einstweilen damit begnügen.
11. *T.* Haben Sie sich gewöhnlich bestrebt, das Beste zu thun?
    L. Ja, gewöhnlich habe ich mich bestrebt, das Beste zu thun.

---

* Questions on the preceding themes.

12. *T.* Ist es Ihre Absicht, sich nach und nach zu bessern?
    M. Ja, das ist meine Absicht.

IMPERSONAL VERBS.*
Themes for Drill.

		IMPERFECT.	PERFECT PARTICIPLE.
1.	regnen, to rain;	es regnete	(es hat) geregnet
2.	schneien, to snow;	es schneite	geschneit
3.	hageln, to hail;	es hagelte	gehagelt
4.	donnern, to thunder;	es donnerte	gedonnert
5.	blitzen, to lighten;	es blitzte	geblitzt
6.	frieren,† to freeze;	es fror	gefroren
7.	reifen, to be a hoarfrost;	es reift	gereift
8.	thauen, to thaw;	es thaute	gethaut
9.	tagen, to dawn;	es tagte	getagt
10.	geben,† (there) to be;	es gab (there was)	gegeben (there has been)

Model-Drill 84.

1. *T.* Was für Wetter ist es? (What kind of weather is it?)
   Rob. Es regnet jetzt.

2. *T.* Was für Wetter war es, als (when) Sie in N. waren?
   Rob. Als ich in N. war, regnete es den ganzen Tag (the whole day), oder hat es den ganzen Tag geregnet.

3. *T.* Was für Wetter, denken Sie (do you think), wird es morgen sein?
   Rob. Ich denke, es wird morgen nicht regnen.

4. *T.* Denken Sie, es würde regnen, wenn es nicht so kalt wäre?
   Rob. Ja, ich glaube, es würde regnen, wenn es nicht so kalt wäre.

---

* This class of verbs will be treated more largely further on under the same head.

† The imperfect and perfect participle of these differ from the others; see strong conjugation.

Model-Drill 85.

Als daß, but that.

1. *T.* Was gibt's Neues? (What is the news?)
   Rob. Ich weiß nichts (I know nothing), **als daß** es friert.
2. *T.* Was gab's Neues gestern?
   Rob. Es regnete und hagelte zu gleicher Zeit.
3. *T.* Was für Wetter-Neuigkeiten (weather-news) wird es morgen geben?
   Rob. Es sollte mich nicht wundern (I should not be surprised), wenn es thaute.
4. *T.* Wenn es thaute und warm würde, ist es nicht möglich (possible), daß es dann noch ein Gewitter (thunder-storm) gäbe?
   Rob. Ja, das wäre nicht das erstemal, daß es ein Gewitter im Winter gegeben hätte.
5. *T.* Wußten Sie, daß es Vogelnester gäbe, die man essen kann?
   Rob. Nein, ich wußte das nicht.

PASSIVE VOICE.

The passive voice, with the personal pronouns in the dative.

The datives of all personal pronouns are: von mir, by me; von Ihnen, by you; von ihm, by him; von ihr, by her; von ihm, by it (n.); von uns, by us; von Euch, by you (pl.); von ihnen, by them.

Analysis.

INDICATIVE.—PRESENT.

Active	compare with	*Passive.*
ich table Sie	oder	Sie werden von mir getadelt
I blame you, etc.		You are blamed be me, etc.
er tadelt ihn		er wird von ihm getadelt
sie tadelt sie		sie wird von ihr getadelt
es tadelt es		es wird von ihm getadelt
wir tadeln Euch		Ihr werdet von uns getadelt
sie tadeln sie		sie werden von ihnen getadelt

Active compare with		*Passive.*
Sie tadeln mich	oder	ich werde von Ihnen getadelt
You are blamed by me, etc.		*I am blamed by you, etc.*
er tadelt ihn		er wird von ihm getadelt
sie tadelt sie		sie wird von ihr getadelt
es tadelt es		es wird von ihm getadelt
Ihr tadelt uns		wir werden von Euch getadelt
sie tadeln sie		sie werden von ihnen getadelt

IMPERFECT.

ich tadelte Sie	oder	Sie wurden von mir getadelt
I blamed you, etc.		*You were blamed by me, etc.*
er tadelte ihn		er wurde von ihm getadelt
sie tadelte sie		sie wurde von ihr getadelt
es tadelte es		es wurde von ihm getadelt
wir tadelten Euch		Ihr wurdet von uns getadelt
sie tadelten sie		sie wurden von ihnen getadelt
Sie tadelten mich	oder	ich wurde von Ihnen getadelt
You blamed me, etc.		*I was blamed by you, etc.*
er tadelte ihn		er wurde von ihm getadelt
sie tadelte sie		sie wurde von ihr getadelt
es tadelte es		es wurde von ihm getadelt
Ihr tadeltet uns		wir wurden von Euch getadelt
sie tadelten sie		sie wurden von ihnen getadelt

PERFECT.

ich habe Sie getadelt	oder	Sie sind von mir getadelt worden
I have blamed you, etc.		*You have been blamed by me, etc.*
er hat ihn getadelt		er ist von ihm getadelt worden
sie hat sie getadelt		sie ist von ihr getadelt worden
es hat es getadelt		es ist von ihm getadelt worden
wir haben Euch getadelt		Ihr seid von uns getadelt worden
sie haben sie getadelt		sie sind von ihnen getadelt worden
Sie haben mich getadelt	oder	ich bin von Ihnen getadelt worden
You have blamed me, etc.		*I have been blamed by you, etc.*
er hat ihn getadelt		er ist von ihm getadelt worden
sie hat sie getadelt		sie ist von ihr getadelt worden
es hat es getadelt		es ist von ihm getadelt worden
Ihr habt uns getadelt		wir sind von Euch getadelt worden
sie haben sie getadelt		sie sind von ihnen getadelt worden

PLUPERFECT.

Active		Passive.
compare with		

ich hatte Sie getadelt   oder   Sie waren von mir getadelt worden
I had blamed you, etc.   You had been blamed by me, etc.

Sie hatten mich getadelt   oder   ich war von Ihnen getadelt worden
You had blamed me, etc.   I had been blamed by you, etc.

I. FUTURE.

ich werde Sie tadeln   oder   Sie werden von mir getadelt werden
I shall blame you, etc.   You shall be blamed by me, etc.
er wird ihn tadeln   er wird von ihm getadelt werden
sie wird sie tadeln   sie wird von ihr getadelt werden
es wird es tadeln   es wird von ihm getadelt werden
wir werden Euch tadeln   Ihr werdet von uns getadelt werden
sie werden sie tadeln   sie werden von ihnen getadelt werden

Sie werden mich tadeln   oder   ich werde von Ihnen getadelt werden
You shall blame me, etc.   I shall be blamed by you, etc.
er wird ihn tadeln   er wird von ihm getadelt werden
sie wird sie tadeln   sie wird von ihr getadelt werden
es wird es tadeln   es wird von ihm getadelt werden
Ihr werdet uns tadeln   wir werden von Euch getadelt werden
sie werden sie tadeln   sie werden von ihnen getadelt werden

II. FUTURE.

ich werde Sie getadelt haben   oder   Sie werden von mir getadelt worden sein
I shall have blamed you, etc.   You shall have been blamed by me, etc.

Sie werden mich getadelt haben   oder   ich werde von Ihnen getadelt worden sein
You shall have blamed me, etc.   I shall have been blamed by you, etc.

I. CONDITIONAL.

ich würde Sie tadeln   oder   Sie würden von mir getadelt werden
I should blame you, etc.   You would be blamed by me, etc.
er würde ihn tadeln   er würde von ihm getadelt werden
sie würde sie tadeln   sie würde von ihr getadelt werden
es würde es tadeln   es würde von ihm getadelt werden
wir würden Euch tadeln   Ihr würdet von uns getadelt werden
sie würden sie tadeln   sie würden von ihnen getadelt werden

Sie würden mich tadeln   oder   ich würde von Ihnen getadelt werden
You would blame me, etc.   I should be blamed by you, etc.

II. CONDITIONAL.

Active	compare with	Passive
ich würde Sie getadelt haben	oder	Sie würden von mir getadelt worden sein
I should have blamed you, etc.		*You should have been blamed by me, etc.*
Sie würden mich getadelt haben	oder	ich würde von Ihnen getadelt worden sein
You would have blamed me, etc.		*I should have been blamed by you, etc.*

SUBJUNCTIVE.—PRESENT.

Man sagt (it is said):   Man sagt:

    ich table Sie   oder   Sie werden von mir getadelt
      I (may) blame you, etc.   *You are (may be) blamed by me, etc.*
    er table ihn   er werde von ihm getadelt
    sie table sie   sie werde von ihr getadelt
    es table es   es werde von ihm getadelt
    wir tabeln Euch   Ihr werdet von uns getadelt
    sie tabeln sie   sie werden von ihnen getadelt

Man berichtet (it is reported):   Man berichtet:

    Sie tabeln mich   oder   ich werde von Ihnen getadelt
      You blame (may blame) me, etc.   *I am (may be) blamed by you, etc.*
    er table ihn   er werde von ihm getadelt
    sie table sie   sie werde von ihr getadelt
    es table es   es werde von ihm getadelt
    Ihr tabelt uns   wir werden von Euch getadelt
    sie tabeln sie   sie werden von ihnen getadelt

IMPERFECT.

Man will wissen (it is presumed):   Man will wissen:

    ich tadelte Sie   oder   Sie würden von mir getadelt
      I blamed (might blame) you, etc.   *You were blamed by me, etc.*
    er tadelte ihn   er würde von ihm getadelt
    sie tadelte sie   sie würde von ihr getadelt
    es tadelte es   es würde von ihm getadelt
    wir tadelten Euch   Ihr würdet von uns getadelt
    sie tadelten sie   sie würden von ihnen getadelt

Man muthmaßt (it is conjectured):   Man muthmaßt:

    Sie tadelten mich   oder   ich würde von Ihnen getadelt
      You blamed (might blame) me, etc.   *I was (might be) blamed by you, etc.*

PERFECT.

Active compare with	*Passive.*
Man glaubt (it is believed):	Man glaubt:
ich habe Sie getadelt oder	Sie seien von mir getadelt worden
I (may) have blamed you, etc.	You (may) have been blamed by me, etc.
er habe ihn getadelt	er sei von ihm getadelt worden
sie habe sie getadelt	sie sei von ihr getadelt worden
es habe es getadelt	es sei von ihm getadelt worden
wir haben Euch getadelt	Ihr seiet von uns getadelt worden
sie haben sie getadelt	sie seien von ihnen getadelt worden
Man flüstert (it is whispered):	Man flüstert:
Sie haben mich getadelt oder	ich sei von Ihnen getadelt worden
You (may) have blamed me, etc.	I (may) have been blamed by you, etc.

PLUPERFECT.

Man befürchtete (it was feared):	Man befürchtete:
ich hätte Sie getadelt oder	Sie wären von mir getadelt worden
I had (might have) blamed you, etc.	You had (might have) been b. by me, etc.
er hätte ihn getadelt	er wäre von ihm getadelt worden
sie hätte sie getadelt	sie wäre von ihr getadelt worden
es hätte es getadelt	es wäre von ihm getadelt worden
wir hätten Euch getadelt	Ihr wäret von uns getadelt worden
sie hätten sie getadelt	sie wären von ihnen getadelt worden
Man meldete (it was stated):	Man meldete:
Sie hätten mich getadelt oder	ich wäre von Ihnen getadelt worden
You had (might have) blamed me, etc.	I had (might have) been blamed by you, etc.

Themes for Drill.

1. ehren, to honor
2. belohnen, to reward
3. bezahlen, to pay
4. erwarten, to expect
5. achten, to respect
6. hassen, to hate
7. lieben, to love
8. strafen, to punish
9. verachten, to despise
10. bewundern, to admire
11. verwunden, to wound
12. entdecken, to discover
13. verkaufen,* to sell
14. kaufen,* to buy

---

* Verbs that cannot well be used in the first person use only in the third.

15. suchen, to look for, to seek
16. fragen, to ask
17. lehren, to teach
18. wählen, to choose

19. retten, to save
20. schicken, to send
21. tadeln, to blame

Model-Drill 86.

INDICATIVE.—PRESENT.

1. *T. to Rob.* Ich table Sie, oder Sie werden von mir getadelt; was geschieht Ihnen? (What happens to you?)
   Rob. Sie tadeln mich, oder ich werde von Ihnen getadelt.

2. *T. to Class, pointing to Rob.* Ich table ihn, oder er wird von mir getadelt; was geschieht ihm?
   Class. Sie tadeln ihn, oder er wird von Ihnen getadelt.

3. *T. to Class.* Ich table Euch Alle, oder Ihr werdet Alle von mir getadelt; was geschieht Euch?
   Class. Sie tadeln uns Alle, oder wir werden Alle von Ihnen getadelt.

4. *T. to Class, pointing to Rob. and Chas.* Ich table sie beide, oder sie werden beide von mir getadelt; was geschieht ihnen?
   Class. Sie tadeln sie beide, oder sie werden beide von Ihnen getadelt.

Model-Drill 87.

IMPERFECT.

1. *T. to Rob.* Ich ehrte Sie, oder Sie wurden von mir geehrt; was that ich?
   Rob. Sie ehrten mich, oder ich wurde von Ihnen geehrt.

2. *T. to Class, pointing to Rob.* Ich ehrte ihn, oder er wurde von mir geehrt; was geschah ihm? (What happened to him?)
   Class. Sie ehrten ihn, oder er wurde von Ihnen geehrt.

3. *T. to Class.* Ich ehrte Euch Alle, oder Ihr wurdet Alle von mir geehrt; was geschah Euch Allen?
   Class. Sie ehrten uns Alle, oder wir wurden Alle von Ihnen geehrt.

4. *T. to Class, pointing to Rob. and Chas.* Ich ehrte sie beide, oder sie wurden beide von mir geehrt; was geschah ihnen?
   Classs. Sie ehrten sie beide, oder sie wurden beide von Ihnen geehrt.

Model-Drill 88.
PERFECT.

1. *T. to Rob.* Ich habe Sie heute belohnt, oder Sie sind heute von mir belohnt worden; was geschah Ihnen?
   Rob. Sie haben mich heute belohnt, oder ich bin heute von Ihnen belohnt worden.

2. *T. to Class, pointing to Rob.* Ich habe ihn heute belohnt, oder er ist heute von mir belohnt worden; was geschah ihm?
   Class. Sie haben ihn heute belohnt, oder er ist heute von Ihnen belohnt worden.

3. *T. to Class.* Ich habe Euch Alle gestern belohnt, oder Ihr seid Alle gestern von mir belohnt worden; was ist Euch gestern geschehen?
   Class. Sie haben uns Alle gestern belohnt, oder wir sind Alle gestern von Ihnen belohnt worden.

4. *T. to Class, pointing to Rob. and Chas.* Ich habe sie beide belohnt, oder sie sind beide von mir belohnt worden; was geschah ihnen?
   Class. Sie haben sie beide belohnt, oder sie sind beide von Ihnen belohnt worden.

Model-Drill 89.
PLUPERFECT.

T. to Rob. Ich hatte Sie überall (everywhere) gesucht, oder Sie waren von mir überall gesucht worden. (Treat as above).

Model-Drill 90.
I. FUTURE.

T. to Rob. Ich werde Sie nach Hause (home) schicken, oder Sie werden von mir nach Hause geschickt werden 2c., (as above).

Model-Drill 91.
II. FUTURE.

1. *T. to Rob.* Sobald (as soon as) ich Sie gefragt haben werde, oder sobald Sie von mir gefragt sein werden, müssen Sie mir antworten; was müssen Sie thun?
   Rob. Sobald Sie mich gefragt haben werden, oder sobald ich von Ihnen gefragt sein werde, muß ich Ihnen antworten.

2. *T. to Class, pointing to Rob.* Sobald ich ihn gefragt haben werde, oder sobald er von mir gefragt sein wird, soll er mir antworten (he is to answer me); was soll er thun?
  Class. Sobald Sie ihn gefragt haben, oder sobald er von Ihnen gefragt sein wird, soll er Ihnen antworten.
3. *T. to Class.* Sobald ich Euch Alle gefragt haben werde, oder sobald Ihr Alle von mir gefragt sein werdet, sollt Ihr mir antworten; was sollt Ihr thun?
  Class. Sobald Sie uns Alle gefragt haben werden, oder sobald wir Alle von Ihnen gefragt sein werden, sollen wir Ihnen antworten.
4. *T. to Class, pointing to Rob. and Chas.* Sobald ich sie beide gefragt habe, oder sobald sie beide von mir gefragt sein werden, sollen sie mir antworten; was sollen sie thun?
  Class. Sobald Sie sie beide gefragt haben, oder sobald sie beide von Ihnen gefragt sein werden, sollen sie Ihnen antworten.

Model-Drill 92.
I. CONDITIONAL.

T. to Rob. Ich würde Sie bezahlen, oder Sie würden von mir bezahlt werden, wenn ich Geld (money) hätte; wann würde ich Sie bezahlen? ꝛc., (as above).

Model-Drill 93.
II. CONDITIONAL.

T. to Rob. Ich würde Sie bezahlt haben, oder Sie würden von mir bezahlt worden sein, wenn ich Geld gehabt hätte; wann würde ich Sie bezahlt haben? ꝛc., (as above).

Model-Drill 94.
SUBJUNCTIVE.*—PRESENT.

1. *T. to Rob.* Man sagt, Sie verachten Karl, oder daß Karl von Ihnen verachtet **werde** (rumor), **wird** (fact); was sagt man?

---

* The German subjunctive is often used to express a thought indirectly, as reported, recognized or contemplated; however, the indicative may also be used in phrases similar to those above when actuality is implied or recognized by the speaker. As in French, an extravagant use of the subjunctive in conversation would be considered highly affected and comical.

Rob. Man sagt, ich verachte Karl, oder daß er von mir verachtet werde (wird).

2. *T. to Class, pointing to Rob.* Man sagt, er verach**te** (rumor), verach**tet** (fact), Karl, oder daß Karl von ihm verachtet werde (wird); was sagt man von Robert?

Class. Man sagt, er verachte Karl, oder daß Karl von ihm verachtet werde.

3. *T. to Class.* Man sagt, ich verachte Euch Alle, oder daß Ihr Alle von mir verachtet werdet; was sagt man von mir?

Class. Man sagt von Ihnen, daß Sie uns Alle verachten, oder daß wir Alle von Ihnen verachtet werden.

4. *T. to Class, pointing to Rob. and Chas.* Man sagt, sie beide verachten Euch Alle, oder daß Ihr Alle von ihnen beiden verachtet werdet; was sagt man von beiden?

Class. Man sagt von beiden, daß sie uns Alle verachten, oder daß wir Alle von ihnen verachtet werden.

Model-Drill 95.

IMPERFECT.

1. *T. to Rob.* Man berichtete, Sie haßten mich, oder daß ich von Ihnen gehaßt würde; was berichtete man?

Rob. Man berichtete, daß ich Sie haßte, oder daß Sie von mir gehaßt würden.

2. *T. to Class, pointing to Rob.* Man berichtete mir, daß er mich haßte, oder daß ich von ihm gehaßt würde; was berichtete man mir?

Class. Man berichtete Ihnen, daß Robert Sie haßte, oder daß Sie von ihm gehaßt würden.

3. *T. to Class.* Man berichtete Euch falsch (falsely), daß ich Euch Alle haßte, oder daß Ihr Alle von mir gehaßt würdet; was berichtete man Euch falsch?

Class. Man berichtete uns falsch, daß Sie uns Alle haßten, oder daß wir Alle von Ihnen gehaßt würden.

4. *T. to Class, pointing to Rob. and Chas.* Man berichtete mir, daß sie beide Euch haßten, oder daß Ihr von ihnen beiden gehaßt würdet; was berichtete man mir von ihnen?

Class. Man berichtete Ihnen, daß sie beide uns haßten, oder daß wir von ihnen beiden gehaßt würden.

Model-Drill 96.

PERFECT.

1. *T. to Rob.* Man glaubt, Sie haben Ihre Schulden (debts) nicht bezahlt, oder daß Ihre Schulden von Ihnen nicht bezahlt worden seien; was glaubt man von Ihnen?
Rob. Man glaubt, leider (I am sorry to say)! ich habe meine Schulden nicht bezahlt, oder daß meine Schulden von mir nicht bezahlt worden seien.

2. *T. to Class, pointing to Rob.* Man glaubt, er habe seine Schulden nicht bezahlt, oder daß seine Schulden von ihm nicht bezahlt worden seien; was glaubt man?
Class. Man glaubt, er habe seine Schulden nicht bezahlt, oder daß seine Schulden von ihm nicht bezahlt worden seien.

3. *T. to Class.* Man glaubt, Ihr habet euere Schulden nicht bezahlt, oder daß euere Schulden von Euch nicht bezahlt worden seien; was glaubt man?
Class. Man glaubt, daß wir unsere Schulden nicht bezahlt haben, oder daß unsere Schulden von uns nicht bezahlt worden seien.

4. *T. to Class, pointing to Rob. and Chas.* Man glaubt, sie haben ihre Schulden nicht bezahlt, oder daß ihre Schulden von ihnen nicht bezahlt worden seien; was glaubt man von ihnen?
Class. Man glaubt von ihnen, daß sie ihre Schulden nicht bezahlt haben, oder daß ihre Schulden von ihnen nicht bezahlt worden seien.

Model-Drill 97.

PLUPERFECT.

1. *T. to Rob.* Man befürchtete, ich hätte Sie verwundet, oder daß Sie von mir verwundet worden wären; was befürchtete man?
Rob. Man befürchtete, Sie hätten mich verwundet, oder daß ich von Ihnen verwundet worden wäre.

2. *T. to Class, pointing to Rob.* Man befürchtete, ich hätte ihn verwundet, oder daß er von mir verwundet worden wäre; was befürchtete man?
Class. Man befürchtete, Sie hätten ihn verwundet, oder daß er von Ihnen verwundet worden wäre.

3. *T. to Class.* Man befürchtete, Ihr hättet mich verwundet, oder daß ich von Euch verwundet worden wäre; was befürchtete man?

Class. Man befürchtete, wir hätten Sie verwundet, oder daß Sie von uns verwundet worden wären.

4. *T. to Class, pointing to Rob. and Chas.* Man befürchtete, Ihr hättet sie verwundet, oder daß sie von Euch verwundet worden wären; was befürchtete man von Euch?

Class. Man befürchtete von uns, daß wir sie verwundet hätten, oder daß sie von uns verwundet worden wären.

Model-Drill 98.*

1. *T.* Werden alle gute Menschen geehrt?
   A. Nein, nicht immer, selbst die besten werden oft nicht geehrt.
2. *T.* Wissen Sie, ob Karl für seinen Fleiß belohnt worden ist?
   B. Nein, ich weiß das nicht.
3. *T.* Können Sie mir sagen, ob der fleißige Gärtner für seine Arbeit bezahlt wurde?
   C. Ja, das kann ich Ihnen sagen; er wurde dafür bezahlt.
4. *T.* Wird man geachtet, wenn man thut, was recht ist?
   D. Ja, man wird geachtet, wenn man das thut.
5. *T.* Würden Sie von Robert gehaßt werden, wenn Sie ihn neckten?
   E. Ich glaube es nicht, denn er ist nicht so kindisch.
6. *T.* Wäre Fritz von seinen Kameraden geliebt worden, wenn er leutseliger wäre?
   F. Ja, er wäre mehr von ihnen geliebt worden.
7. *T.* Sind Sie bestraft worden, weil Sie Ihre Aufgabe nicht gemacht hatten?
   G. Nein, ich bin nicht dafür bestraft worden.
8. *T.* Warum wird jener Mann verachtet?
   H. Er wird hauptsächlich deswegen verachtet, weil er unehrlich ist.
9. *T.* Macht Sie das stolz (proud), wenn Sie von Ihren Schulkameraden bewundert werden?
   I. Nein, das macht mich nicht stolz.

---

* Questions on the preceding themes.

10. *T.* Können Sie mir sagen, ob der Offizier schwer verwundet worden ist?
K. Nein, er ist nicht sehr schwer verwundet worden.

11. *T.* Wann wurde Amerika entdeckt?
L. Im Jahre vierzehnhundertzweiundneunzig.

12. *T.* Würde das Haus verkauft worden sein, wenn es nicht so theuer gewesen wäre?
M. Ja, es würde verkauft worden sein, wenn es nicht so theuer gewesen wäre.

13. *T.* Wäre das Pferd von Ihnen gekauft worden, wenn es schneller wäre?
N. Wäre es schneller, dann wäre es schon längst von mir gekauft worden.

14. *T.* Wissen Sie nicht, daß Sie den ganzen Morgen gesucht worden sind?
O. Nein, ich wußte das nicht.

15. *T.* Wurden Sie gefragt, ob Sie reich seien?
P. Nein, ich wurde das nicht gefragt.

16. *T.* Hätten Sie schon längst deutsch gelernt, wenn Sie es gelehrt worden wären?
Q. Ja, schon längst hätte ich es gelernt, wenn ich es gelehrt worden wäre.

17. *T.* Können Sie mir sagen, wer zum Präsidenten gewählt wurde?
R. Ja, das kann ich Ihnen sagen, der demokratische Kandidat wurde gewählt.

18. *T.* Wissen Sie, wie viele von der Mannschaft des Schiffes (ship's company) gerettet worden sind?
S. Nein, ich weiß das nicht.

19. *T.* Wenn Sie jetzt von mir nach Hause geschickt würden, würden Sie sich darüber ärgern?
U. Nein, ich würde mich darüber freuen.

20. *T.* Wäre Ihr Lehrer (teacher) getadelt worden, wenn Sie nichts gelernt hätten?
V. Nein, er wäre sicherlich nicht getadelt worden, wenn ich nichts gelernt hätte.

VERBS AND RELATIVE PRONOUNS.

Analysis.

	SINGULAR.			PLURAL
	Masculine.	Feminine.	Neuter.	for all genders.
N.	der	die	das	die, who, which, that
G.	dessen (deß)	deren (der)	dessen (deß)	deren, whose, of which
D.	dem	der	dem	denen, to whom, to which
N.	den	die	das	die, whom, which

Themes for Drill.

SINGULAR—MASCULINE ANTECEDENTS.

Das ist der gehorsame Sohn, **der** (N.) einen zärtlichen Vater hat, this is the obedient son who has an affectionate father.

Das ist der Bruder, **dessen** (G.) schöne Schwester ich bewundere, this is the brother whose beautiful sister I admire.

Das ist der treue Freund, **dem** (D.) ich immer traue,* this is the faithful friend whom I always trust.

Das ist der böse Knabe, **den** (A.) ich jeden Tag bestrafe, this is the bad boy whom I punish every day.

FEMININE ANTECEDENTS.

Das ist die gehorsame Tochter, **die** (N.) eine zärtliche Mutter hat, this is the obedient daughter who has an affectionate mother.

Das ist die Schwester, **deren** (G.) Bruder ich liebe, this is the sister whose brother I love.

Das ist die wohlthätige Frau, **der** (D.) ich ewig danke,* this is the charitable woman whom I always thank.

Das ist die giftige Schlange, **die** (A.) ich tödte, this is the poisonous snake that I kill.

---

* For verbs governing the dative we refer the student to page 79.

SINGULAR—Neuter Antecedents.

Das ist das Märchen, **das** (N.) stets freundlich ist, this is the girl that is constantly friendly.

Das ist das wilde Pferd, **dessen** (G.) Zaum ich suche, this is the wild horse whose bridle I seek.

Das ist das liebliche Kind, **dem** (D.) ich die Wange streichle, this is the lovely child whose cheek I stroke.

Das ist das schwere Zeitwort, **das** (A.) ich zu konjugiren versuche, this is the hard verb that I try to conjugate.

PLURAL—Antecedents—All Genders.

Das sind die kühnen Männer, **die** (N.) keine Gefahren fürchten, these are the bold men who fear no danger.

Das sind die geschwätzigen Frauen, **deren** (G.) Männer ich beschäftige, these are the loquacious women whose husbands I employ.

Das sind die tüchtigen Lehrer, **denen** (D.) ich gern gehorche,* these are the able teachers whom I like to obey.

Das sind die guten Kinder, **die** (A.) ich lobe, these are the good children whom I praise.

Model-Drill 99.

1. *T. to Class.* Das ist der treue Freund, dem ich immer traue; was sage ich?
   Class. Sie sagen, das ist der treue Freund, dem Sie immer trauen.

2. *T.* Das ist der treue Freund, dem ich immer traute, oder dem ich immer getraut habe; was sage ich?
   Class. Sie sagen, das ist der treue Freund, dem Sie immer trauten, oder dem Sie immer getraut haben.

3. *T.* Das ist der treue Freund, dem ich immer trauen werde; was sage ich?
   Class. Das ist der treue Freund, dem Sie immer trauen werden.

---

* See note on preceding page.

4. *T.* Das ist der Freund, dem ich trauen würde, wenn er treu wäre; was sage ich?
Class. Sie sagen, das ist der Freund, dem Sie trauen würden, wenn er treu wäre.

Model-Drill 100.

1. *Rob. to T.* Das ist die giftige Schlange, die ich tödte.
   T. to Class. Was sagt Robert?
   Class. Er sagt, das ist die giftige Schlange, die er tödtet.

2. *Rob.* Das ist die giftige Schlange, die ich tödtete, oder die ich getödtet habe.
   T. Was sagte Robert?
   Class. Er sagte, das wäre die giftige Schlange, die er tödtete, oder die er getödtet habe.

3. *Rob.* Das ist die giftige Schlange, die ich tödten werde.
   T. Was sagt Robert?
   Class. Er sagt, das ist die giftige Schlange, die er tödten wird.

4. *Rob.* Das ist die Schlange, die ich tödten würde, wenn sie giftig wäre.
   T. Was sagt Robert?
   Class. Er sagt, das ist die Schlange, die er tödten würde, wenn sie giftig wäre.

Model-Drill 101.

1. *Rob. and Chas.* Das sind die tüchtigen Lehrer, denen wir gern gehorchen.
   T. Was sagen sie?
   Class. Sie sagen, das sind die tüchtigen Lehrer, denen sie gern gehorchen.

2. *Rob. and Chas.* Das sind die tüchtigen Lehrer, denen wir gern gehorchten, oder denen wir gern gehorcht haben.
   T. Was sagten sie?
   Class. Sie sagten, das wären die tüchtigen Lehrer, denen sie gern gehorchten, oder denen sie gern gehorcht haben.

3. *Rob. and Chas.* Das sind die tüchtigen Lehrer, denen wir gern gehorchen werden.

T. Was sagen sie?

Class. Sie sagen, das sind die tüchtigen Lehrer, denen sie gern gehorchen werden.

4. *Rob. and Chas.* Das sind die Lehrer, denen wir gehorchen würden, wenn sie tüchtig wären.

T. Was sagen sie?

Class. Sie sagen, das sind die Lehrer, denen sie gehorchen würden, wenn sie tüchtig wären.

Model-Drill 102.*

1. *T.* Wie sollte ein Sohn gegen seinen Vater sein, der zärtlich ist?
   A. Er sollte ihm stets gehorsam sein.
2. *T.* Wessen schöne Schwester bewundern Sie?
   B. Ich bewundere Karl's schöne Schwester.
3. *T.* Werden Sie allen Männern trauen?
   C. Nein, ich traue nur treuen Freunden.
4. *T.* Wer ist dieser Knabe?
   D. Das ist der Knabe, der jeden Tag bestraft wird.
5. *T.* Wer ist dieses Mädchen?
   E. Das ist die gehorsame Tochter, die eine zärtliche Mutter hat.
6. *T.* Wer ist diese Dame?
   F. Das ist die Dame, deren Bruder ich geliebt habe.
7. *T.* Wer ist diese Frau?
   G. Das ist die Frau, der ich ewig danken werde, weil sie wohlthätig gegen mich war.
8. *T.* Was für (what kind) eine Schlange ist das?
   H. Das ist eine giftige Schlange, die ich gestern tödtete.
9. *T.* Wer ist dieses Fräulein?
   I. Das ist das Fräulein, das stets freundlich gegen mich gewesen ist.
10. *T.* Wo ist das Pferd, dessen Zaum Sie heute morgen suchten?
    K. Es ist im Stalle.
11. *T.* Wo ist das liebliche Kind, dem ich vorhin die Wange streichelte?
    L. Es ist in dem Hofe und spielt.

---

* Questions on the preceding themes.

12. *T.* Welches ist das Zeitwort, das Sie soeben (just now) zu kon=
jugiren versuchten?
M. Es ist das Zeitwort „heißen."
13. *T.* Wer sind diese Männer?
N. Das sind die kühnen Männer, die nie Gefahren gefürchtet hatten.
14. *T.* Wer sind diese Frauen?
O. Das sind die geschwätzigen Frauen, deren Männer ich beschäftigt habe.
15. *T.* Wer sind die Herren?
P. Das sind die Lehrer, denen ich gern gehorche, weil sie tüchtig sind.
16. *T.* Wer sind diese Kinder?
Q. Das sind die Kinder, die ich lobe, weil sie gut sind.

STRONG CONJUGATION.

Analysis.

The peculiarities of this conjugation are: change of the radical vowel in the imperfect and sometimes in the past participle; the latter ends always in **en**.

Verbs belonging to this conjugation are divided into six principal classes, some of these again into one or more subdivisions.

I. CLASS.

INFINITIVE.	INDICATIVE.		IMPERATIVE.		IND. & SUBJ.		
	PRESENT.				IMPERFECT.		PAST PART.
	2. and 3. pers.				*a*	*ä*	
1. geben, to give*	gibst	gibt†	gib!	gebet!	gab	gäbe	gegeben
2. essen, to eat	issest	ißt	iß!	esset!	aß	äße	gegessen
3. fressen, to eat (applied to animals)	frissest	frißt	friß!	fresset!	fraß	fräße	gefressen
4. messen, to measure	missest	mißt	miß!	messet!	maß	mäße	gemessen
5. lesen, to read	liesest	liest	lies!	leset!	las	läse	gelesen
6. sehen,‡ to see	siehst	sieht	sieh!	sehet!	sah	sähe	gesehen

* Ebenso: aus=geben, to spend (money); vergeben, to pardon; zurück=geben, to give back.

† The second and third persons subjunctive present never change the radical vowel, as: du gebest, er gebe, thou mayest—he may give.

‡ Ebenso: ein=sehen, to see, perceive; aus=sehen, to look (like).

I. CLASS.—Continued.

INFINITIVE.	INDICATIVE.		IMPERATIVE.		IND. & SUBJ.		
	PRESENT.				IMPERFECT.		PAST PART.
	2. and 3. pers.				a	ä	
7. § treten,* to tread, enter	trittſt	tritt	tritt!	tretet!	trat	träte	getreten
8. § geneſen, to recover from illness	— †	—	geneſe!	geneſet!	genas	genäſe	geneſen
9. § geſchehen, to happen	geſchieht				geſchah	geſchähe	geſchehen
10. vergeſſen, to forget	vergiſſeſt	vergißt	vergiß!	vergeſſet!	vergaß	vergäße	vergeſſen
11. bitten, to beg, ask, request	—	—	bitte!	bittet!	bat	bäte	gebeten
12. liegen, to lie	—	—	liege!	lieget!	lag	läge	gelegen
13. § ſitzen,‡ to sit	—	—	ſitze!	ſitzet!	ſaß	ſäße	geſeſſen

Themes for Drill.

VERBS WITH SUBORDINATIVE CONJUNCTIONS.

1. **auch.** Ich gebe Ihnen und **auch** Karl dieſelbe Aufgabe, I give you and also Charles the same lesson.

2. **wenn — auch.** Wenn ich **auch** viel eſſe, es macht mich nicht ſtärker, even though I eat a good deal, it does not make me any stronger.

3. **ſowohl — als auch.** Sowohl die Hunde, **als auch** die Katzen freſſen Fiſch, the dogs as well as the cats eat fish.

4. **deßgleichen.** Ich meſſe das Zimmer in ſeiner Länge, **deßgleichen** in ſeiner Breite, I measure the room in its length, likewise in its breadth.

5. **theils — theils.** Des Abends leſe ich **theils** engliſch, **theils** deutſch, **theils** franzöſiſch, in the evening I read partly English, partly German, partly French.

6. **nicht allein — ſondern auch.** Ich ſehe **nicht allein** den Baum, **ſondern auch** den Mann darunter, I see not only the tree, but also the man under it.

---

* Verbs marked with § form their compound tenses with the auxiliary ſein, to be. Like treten, is conjugated ab-treten, to resign, to cede ; § herein-treten, to step in.

† The dashes denote that the second and third persons are normal.

‡ Ebenſo: beſitzen, to possess.

7. weder — noch. Ich trete **weder** in sein Haus **noch** in seinen Laden, I enter neither his house nor his store.
8. zwar — jedoch. **Zwar** genese ich, **jedoch** sehr langsam, to be sure I am getting well, though very slowly.
9. aber. Ich bitte ihn inständig, **aber** er hört mich nicht, I beg him earnestly, but he heeds me not.
10. entweder — oder. So geschieht es immer! **entweder** vergesset Ihr mich, **oder** ich vergesse Euch, thus it happens always! either you forget me, or I forget you.
11. dagegen. Es ist wahr, ich liege den ganzen Tag im Bett, **dagegen** arbeite ich die ganze Nacht, it is true, I lie in bed all day, on the other hand, I work all night.
12. dessenungeachtet. Ich sitze beinahe immer, **dessenungeachtet** schadet es mir nicht, I sit almost always, nevertheless it does not hurt me.
13. dennoch. Ich besitze viele Güter, **dennoch** bin ich unzufrieden, I possess much property, still I am discontented.

Model-Drill 103.

1. *T. to Rob.* Ich gebe Ihnen und auch Karl dieselbe Aufgabe; was gebe ich Ihnen?
Rob. Sie geben mir und auch Karl dieselbe Aufgabe.

2. *T.* Ich gab vorhin Ihnen und auch Karl dieselbe Aufgabe, oder ich habe vorhin Ihnen und auch Karl dieselbe Aufgabe gegeben; was gab ich vorhin?
Rob. Sie gaben vorhin mir und auch Karl dieselbe Aufgabe, oder Sie haben vorhin mir und auch Karl dieselbe Aufgabe gegeben.

3. *T.* Ich werde sogleich Ihnen und auch Karl dieselbe Aufgabe geben; was werde ich geben?
Rob. Sie werden sogleich mir und auch Karl dieselbe Aufgabe geben.

4. *T.* Ich würde auch Karl dieselbe Aufgabe geben, die ich Ihnen gebe, wenn ich wüßte, daß er sie lernte; was würde ich thun?
Rob. Sie würden auch Karl dieselbe Aufgabe geben, die Sie mir geben, wenn Sie wüßten, daß er sie lernte.

5. *T.* Ich hätte auch Karl dieselbe Aufgabe gegeben (I should have given), die ich Ihnen gegeben habe, wenn ich gewußt hätte (had I known), daß er sie lernen könnte; was hätte ich gethan (what would I have done)?

Rob. Sie hätten auch Karl dieselbe Aufgabe gegeben, die Sie mir gegeben haben, wenn Sie gewußt hätten, daß er sie lernen könnte.

Model-Drill 104.

1. *Rob.* Wenn ich auch viel esse, es macht mich nicht stärker.
   T. Was sagt Robert?
   Class. Er sagt, wenn er auch viel ißt, es macht ihn nicht stärker.

2. *Rob.* Wenn ich auch auf dem Lande (in the country) viel aß, oder wenn ich auch auf dem Lande viel gegessen habe, es machte mich nicht stärker.
   T. Was sagt er?
   Class. Er sagt, wenn er auch auf dem Lande viel aß, oder wenn er auch auf dem Lande viel gegessen hat, es machte ihn nicht stärker.

3. *Rob.* Wenn ich auch viel essen werde, es wird mich nicht stärker machen.
   T. Was meint (believes) Robert?
   Class. Er meint, wenn er auch viel essen wird, es wird ihn nicht stärker machen.

4. *Rob.* Wenn ich auch viel essen würde, es würde mich nicht stärker machen.
   T. Was meint Robert?
   Class. Er meint, wenn er auch viel essen würde, es würde ihn nicht stärker machen.

5. *Rob.* Wenn ich auch viel gegessen hätte, es würde mich nicht stärker gemacht haben.
   T. Was sagt Robert?
   Class. Er sagt, wenn er auch viel gegessen hätte, es würde ihn nicht stärker gemacht haben.

Model-Drill 105.*

1. *Rob. and Chas.* Wir treten weder in sein Haus noch in seinen Laden.
   Class. Sie treten weder in sein Haus noch in seinen Laden.

---

* Class responds without being questioned.

2. *Rob. and Chas.* Wir traten weder in sein Haus noch in seinen Laden, oder wir sind weder in sein Haus noch in seinen Laden getreten.
   Class. Sie traten weder in sein Haus noch in seinen Laden, oder sie sie sind weder in sein Haus noch in seinen Laden getreten.

3. *Rob. and Chas.* Nachdem er es uns gesagt hatte, waren wir weder in sein Haus noch in seinen Laden getreten.
   Class. Nachdem er es ihnen gesagt hatte, waren sie weder in sein Haus noch in seinen Laden getreten.

4. *Rob. and Chas.* Wir werden weder in sein Haus noch in seinen Laden treten.
   Class. Sie werden weder in sein Haus noch in seinen Laden treten.

5. *Rob. and Chas.* Wir würden weder in sein Haus noch in seinen Laden treten, denn wir wissen, wie unehrlich (how dishonest) er ist.
   Class. Sie würden weder in sein Haus noch in seinen Laden treten, denn sie wissen, wie unehrlich er ist.

6. *Rob. and Chas.* Wir wären weder in sein Haus noch in seinen Laden getreten, hätten wir gewußt, wie unehrlich er ist.
   Class. Sie wären weder in sein Haus noch in seinen Laden getreten, hätten sie gewußt, wie unehrlich er ist.

Model-Drill 106.

1. *T.* Besitzen Sie nicht viele Güter, und sind Sie dennoch unzufrieden?
   P. Ja, ich besitze viele Güter, und dennoch bin ich unzufrieden.

2. *T.* Besaßen Sie nicht viele Güter, und waren Sie dennoch unzufrieden, oder haben Sie nicht viele Güter besessen, und sind Sie dennoch unzufrieden gewesen?
   P. Ja, ich besaß viele Güter, und dennoch war ich unzufrieden, oder ich habe viele Güter besessen, und dennoch bin ich unzufrieden gewesen.

3. *T.* Als Sie in N. waren, hatten Sie nicht viele Güter besessen, und waren Sie dennoch unzufrieden gewesen?
   P. Ja, als ich in N. war, hatte ich viele Güter besessen, und dennoch war ich unzufrieden gewesen.

4. *T.* Wenn Sie viele Güter besitzen werden, werden Sie dennoch unzufrieden sein?
   P. Ja, selbst wenn ich viele Güter besitzen werde, werde ich dennoch unzufrieden sein?

5. *T.* Wenn Sie viele Güter besäßen, würden Sie dennoch unzufrieden sein?
P. Ja, selbst wenn ich viele Güter besäße, würde ich dennoch unzufrieden sein.

6. *T.* Hätten Sie viele Güter besessen, würden Sie dennoch unzufrieden gewesen sein?
P. Ja, hätte ich viele Güter besessen, so würde ich dennoch unzufrieden gewesen sein.*

Model-Drill 107.†

1. *T.* Welche Aufgabe haben Sie mir gegeben?
A. Ich habe Ihnen dieselbe Aufgabe gegeben, die ich Karl gab.

2. *T.* Wenn Sie viel mehr gegessen hätten, wären Sie nicht stärker und kräftiger geworden?
B. Nein, wenn ich auch noch so viel (ever so much) gegessen hätte, ich wäre davon nicht stärker und kräftiger geworden.

3. *T.* Wissen Sie, daß Hunde sowohl als auch Katzen Fisch fressen?
C. Nein, das wußte ich nicht.

4. *T.* Woher wußten Sie das Maß (measure) meines Zimmers?
D. Ich maß es in seiner Länge und desgleichen in seiner Breite.

5. *T.* Was thaten Sie des Abends, als Sie auf dem Lande (in the country) waren?
E. Des Abends las ich theils englisch, theils deutsch, theils französisch.

6. *T.* Können Sie jenen Baum sehen?
F. O ja, ganz leicht (quite easily); ich sehe nicht allein den Baum, sondern auch den Mann darunter.

7. *T.* Sind Sie mit Herrn S. feind geworden (did you fall out with Mr. S.)?
G. Ja, schon lange bin ich weder in sein Haus noch in seinen Laden getreten.

8. *T.* Werden Sie Ihren Onkel inständig bitten, Ihnen hundert Thaler zu borgen?
H. Ich werde ihn darum bitten, aber ich glaube nicht, daß er mich hören wird.

---

* The teacher will now repeat this dialogue, or choose some other theme from the preceding ones, changing parts with the pupil.

† Questions on the preceding themes.

9. *T.* Kann das je geschehen, daß ich Euch vergesse, und Ihr mich?
I. Nein, das kann nie geschehen, daß wir uns vergessen.
10. *T.* Ist es wahr, daß Sie den ganzen Tag im Bette lagen?
K. Ja, das ist wahr; dagegen arbeitete ich die ganze Nacht.
11. *T.* Sie saßen den ganzen Winter in Ihrem Zimmer; hat das Ihnen nicht geschadet?
L. Ich mußte den ganzen Winter sitzen, dessenungeachtet hat es mir nicht geschadet.
12. *T.* Wenn ein Mensch viele Güter besitzt, kann er dennoch unzufrieden sein?
M. Ja, selbst wenn er viele Güter besäße, so kann er dennoch unzufrieden sein.

Jungfer Hannah.*

1. In einem lieblichen Dorfe, das an einem prachtvollen See liegt, stand ein freundliches Häuschen. Daneben war ein Garten voll von Obstbäumen. Vor dem Häuschen war ein großer, schattiger Baum, unter dem die Knaben des Dorfes an Sommerabenden spielten. An der Thür lagen gewöhnlich zwei Hunde, und wenn ein Knabe sich ihnen näherte, machten sie einen tollen Lärm und thaten, als wollten sie denselben auffressen; aber sobald er sich nicht fürchtete, legten sie sich wieder nieder. Die Kinder gewöhnten sich bald an diese Hunde, und da sie ganz harmlos waren, so bekümmerten sich die Knaben gar nicht mehr um sie. Wer nun in der Herrin des Hauses eine junge, hübsche Dame erwartet, der irrt sich. Jungfer Hannah war eine alte Jungfer (old maid) mit grauen Haaren und klein von Person; aber sie war so freundlich und gütig gegen (towards) alle Menschen, und hauptsächlich gegen Kinder, daß sie allgemein geliebt wurde. Sie war der Genius des Friedens im Dorfe. Sie besuchte reiche und arme Familien, freute sich mit den Glücklichen und weinte mit den Unglücklichen, die sie zu trösten suchte. Das Häuschen, in dem sie mit einer Magd wohnte, und der Garten nebenan, waren das ganze Eigenthum, das sie besaß.

2. Oft geschah es, daß Marie, die alte Magd, zankte, wenn die Knaben unter dem Baume vor dem Hause zu wild waren und lärmten, daß man sein eigenes Wort nicht hören konnte; aber dann war jedesmal Jungfer Hannah nicht zu

---

* This story repeats the stock of words comprised in the several previous stories, with the addition of those since introduced.

Hause. War sie zu Hause, so durften die Knaben sich amüsiren, wie sie wollten. Ja, an Sommerabenden saß sie oft unter ihnen, plauderte mit ihnen, oder las ihnen aus einem guten Buche vor, oder interessirte sich auch für ihre Schulaufgaben, oder fragte nach ihren Vätern, Müttern, Brüdern, Schwestern; wie es ihnen gehe (how they were), und ob sie gesund seien; und wenn sie hörte, daß eine Person krank war, so stand sie augenblicklich auf und besuchte dieselbe. Sie wachte bei dem Kranken, bis er genas. Sie gab ihm die Medizin, lüftete das Zimmer, wenn es zu heiß oder die Luft nicht frisch, oder heizte das Zimmer, wenn es zu kalt war, und deckte den Patienten zu. Wenn nothwendig, kochte sie auch eine gute kräftige Suppe; aber niemals Kaffee, denn sie wußte, daß derselbe für einen Kranken nicht gesund ist. Hatte sich der Patient erholt, so hatte Niemand (no one) eine größere Freude als sie. Belohnte man sie mit einem Geschenke, so bedankte sie sich sehr höflich und beeilte sich, es den Armen zu geben.

3. Jungfer Hannah war sehr wohlthätig. Näharbeiten, die sie machte, verkaufte sie, und das Geld gab sie den Armen. Legte man einen todten Bruder oder eine todte Schwester zu Grabe (into the grave), so war sie die tröstende Samariterin. Gab es eine Heirath im Dorfe, so freute sie sich mit den Freudigen, machte sich nützlich durch Nähen, Bügeln und Kochen, und wünschte den Glücklichen Gesundheit, Reichthum und langes Leben (life). Gab es einen Ball, so ging sie nicht dazu; aber sie war doch überglücklich, die Musik zu hören und zu wissen, daß ihre jungen Freunde sich amüsirten. Ging (if she went) sie auf die Straße, so folgten ihr die Kinder. Sie wußte die Namen Aller, streichelte ihre Haare oder ihre Wangen, gab ihnen die Hand und küßte die Kleinsten. Ja, man sagt, daß die Hunde und Katzen ihr folgten; aber das ist gewiß (sure), daß ihr Garten und die Bäume darin voll von Vögeln waren, die da hüpften und sangen und in allem Zutrauen ihre Nester daselbst (there) bauten. Marie, die alte Magd, fütterte sie täglich, und sie fürchteten sich nicht vor ihren Hunden und Katzen.

4. Die Armen suchte sie zu beschäftigen, — suchte ihnen Arbeit bei den Reichen. Diese bat sie, denselben Arbeit zu geben, sei es (be it): Kochen, Waschen, Bügeln, Hobeln im Hause oder Ausklopfen von Teppichen im Hofe, oder Pflügen im Felde, oder Kehren auf der Straße, oder Wachen als Wächter bei Nacht in den Gärten und Feldern, oder als Kutscher. Sie stellte ihnen vor, daß es gefährlich werden könnte, wenn die Armen nichts zu essen hätten und hungrig wären, und man sollte sie beschäftigen; Vorsicht sei zu allem gut. Von den Armen lobte sie die fleißigen und tadelte die trägen und leichtsinnigen, und ihr Bemühen hatte gewöhnlich den besten Erfolg. Sie befleißigte sich auch, mit

dem Elende die Grobheit aus dem Dorfe zu entfernen. Sie erlaubte nicht, wie es so oft geschieht, wenn Kinder von der Schule heimkehren, daß die starken die schwachen mißhandelten, oder daß Knaben die Mädchen neckten oder erschreckten. In gütiger aber ernster Sprache sagte sie ihnen, es gräme sie sehr, daß sie ihre Macht mißbrauchten, und sie sollten sich schämen; als gute Knaben sollten sie sich bestreben, täglich besser zu werden, so daß sie tüchtige, rechtschaffene Männer würden zur Freude der Eltern (parents) und des Dorfes.

5. Ferner sagte sie ihnen, daß sie dem guten Rufe ihrer Väter und Mütter schadeten, wenn sie unartig und wild in den Straßen wären; denn man muthmaße mit Recht (correctly), daß man zu Hause zu nachsichtig mit ihnen sei, uud daß sie daselbst für ihre Unschicklichkeiten (improprieties) und Unbescheidenheiten in öffentlichen Straßen weder gezankt noch bestraft würden. Und leider (I am sorry to say)! mit der öffentlichen Meinung zu sprechen, glaubt man, daß der Sohn und die Tochter die Charaktere des Vaters und der Mutter reflektiren; „so seht ihr," setzte sie fort, „wie ihr eueren Eltern Unrecht thun und ihnen in der öffentlichen Meinung schaden könnt." Gewöhnlich hörten die Knaben ihr höflich zu und bedankten sich bei ihr und baten sie, ihnen zu vergeben. Eines Tages sah Jungfer Hannah vor dem Schulhause einen großen, kräftigen Knaben, der ein armes Mädchen grausam bei den Haaren faßte, so daß sie weinte. Ihre Bücher lagen zerstreut auf dem Boden. Sie erkannte den Knaben als den Sohn ihres Nachbars. „Aber, Paul," sagte sie, „schämst du dich nicht, ein harmloses schwaches Mädchen so zu mißhandeln? Hebe augenblicklich die Bücher auf, gib sie ihr und bitte sie, dir zu vergeben, oder," sagte sie noch ernster, indem sie den Finger drohend erhob, „ich werde es deinem Vater berichten."

6. Paul jedoch lachte ihr in's Gesicht und sagte, sie wäre eine alte Jungfer, und sie möge sich um ihre Sachen bekümmern (to mind her own business). Mit Geduld hörte ihm Jungfer Hannah zu. „Paul," sagte sie zärtlich, „kannst du so schnell vergessen, daß ich letzten Winter (last winter), als du so gefährlich krank warst, an deinem Bette saß und Tag und Nacht bei dir wachte, bis du außer Gefahr warst? Kannst du das vergessen?" Paul trotzte ihr und antwortete, sie möge ihm drohen, so viel sie wollte, er würde die Bücher nicht aufheben. Jungfer Hannah war sehr empört über diese Sprache. Sie sagte einstweilen nichts, bückte sich, hob die Bücher auf und gab sie dem Mädchen, das noch immer weinte, tröstete es und schickte es nach Hause. Wohl wissend, daß Paul's Vater nicht zu Hause war, und daß seine Mutter viel zu schwach ist, um etwas über ihn zu vermögen (to have any power over him), besuchte sie des Abends den

Lehrer. Sie legte (laid) den Verhalt der Sache vor ihn. Der Lehrer wunderte sich gar nicht; er sagte, Paul sei einer der unartigsten Knaben im Dorfe. Der Hauptfehler aber läge bei den Eltern, die zu nachsichtig mit ihm seien; er habe ihn oft gewarnt, ihm oft gedroht, er werde ihn aus der Schule fortschicken, aber es nütze nichts; nach wie vor (after as before) mißhandle er die Kinder; er sei ein Feigling ohne Gewissensbisse, der sich nie bessern würde, und er habe aufgehört, sich seinetwegen zu ärgern und zu grämen; und da sein Vater weder die Fähigkeit noch die Macht besitze, ihn zahm zu machen, so sei es das Beste, er schicke ihn unter die Soldaten; dort könne er trommeln lernen und Tambour (drummer) werden.

7. Jungfer Hannah hegte nicht dieselbe Meinung; sie glaubte, daß Paul mit der Zeit sich bessern würde; sie wollte den Knaben noch nicht ganz aufgeben; sie wollte noch einmal versuchen, ob er seine Fehler nicht einsehen würde. Sie schickte die alte Marie nach ihm. Marie mußte ihm sagen, daß er anderen Tages (next day) mit ihr speisen sollte. Richtig (sure enough), zur Stunde (at the hour) trat er, etwas (somewhat) verzagt, durch die Gartenthür hinten in's Haus. Jungfer Hannah that, als ob alles vergessen wäre, fragte nach seiner Mutter und war sehr freundlich gegen ihn. Bald setzten sie sich zu Tische, und Paul aß so viel und so gut, als er noch nie gegessen hatte. Nach Tisch (after dinner) fragte sie ihn, was seine Absicht sei zu werden, und ob er sich schon darüber besonnen hätte; er wäre in den Jahren, wo er ein Geschäft lernen sollte. Er antwortete, er möchte gern Uhrmacher oder Kaufmann werden, aber er fürchte, keiner von diesen im Dorfe würde ihn haben wollen, da er arm sei, und sie die Armen verachten.

8. „Du irrst dich Paul," sagte Jungfer Hannah, „einem fleißigen, tüchtigen, höflichen Knaben giebt man immer gern eine Heimath. Sowohl Kaufleute als auch Uhrmacher haben tüchtige Arbeiter nothwendig, und diese wählen sie immer gern unter den Armen. Einen unwissenden, unartigen, unehrlichen Knaben wollen sie nicht im Hause haben. Wenn ein Geschäftsmann einen Knaben für sein Geschäft wünscht, so befragt er hauptsächlich Lehrer oder Nachbarn über dessen Charakter. Leichtsinnige, böse Knaben wundern sich oft, warum sie nicht beliebt sind; sie können nicht glauben, daß sie sich selbst schaden, und schwatzen ewig (eternally) von persönlichen Feinden. Glaube mir, Paul, die Menschen im Allgemeinen sind gerecht und oft nachsichtig; jedoch Grobheit, Unehrlichkeit, Unmäßigkeit und Trägheit entschuldigen sie nicht; und wenn ein Knabe des Nachts durch die Straßen lärmt und die Kinder in ihrem Schlafe aufschreckt oder am Tage ein Mädchen grausam bei den Haaren faßt, so kann er nicht erwarten, daß Eltern ihm so leicht vergeben. Wessen Fehler, Paul, glaubst du wohl, ist

es, daß du unbeliebt im Dorfe bist? So lange du nicht einsiehst, daß er bei dir zu suchen ist, so lange wirst du dich nicht bessern. Deine Lehrer beklagen sich sehr über dich! du seiest gar nicht gehorsam; widersetztest dich ihren Wünschen in Allem; beständig müßten sie die Mädchen warnen, sich vor dir zu hüten.

9. „Ja, man will wissen, daß du rauchest, daß du dich berauschest, wenn du Geld hättest; daß du dich gar nicht um die öffentliche Meinung bekümmertest! Lieber Paul, ich wünschte, du würdest dich bessern, noch ist es Zeit! Habe Mitleid mit deiner armen Mutter; sie grämt sich so sehr! Geh' morgen früh zu deinem Lehrer, sage ihm, du wolltest dich bessern und bitte ihn, dir noch einmal zu vergeben. Ich will ihn heute selbst besuchen und ihm vorstellen, dir noch einmal eine Gelegenheit zu geben, dich zu bessern. Sei stets höflich gegen ihn; lerne deine Aufgaben; sei nicht vorlaut, und suche ihn in Allem zu befriedigen; geh' zur Kirche; rauche nicht, und wenn du mir gehorchest, wird sich nach und nach der gute Wille der Leute dir wieder zuwenden, und in einem Jahre werde ich dann sehen, ob ich dir einen Platz bei einem Uhrmacher oder bei einem Kaufmann suchen kann. Willst du mir folgen?" Paul weinte, küßte ihre Hand und sagte ja, er wolle ihr folgen, und ein besserer Mensch werden; er werde sie diesmal nicht täuschen. Er dankte ihr aufrichtig und entfernte sich.

10. Jungfer Hannah war eine hohe Autorität im Dorfe, und gewissermaßen regierte sie es. Ihre Zeit und Fähigkeiten gab sie ganz und gar dem Dorfe. Die Muthlosen und Zaghaften, die Glücklichen und Unglücklichen waren in ihrem Häuschen willkommen. Und wo das Elend weinte und seufzte, da suchte sie es selbst auf und tröstete mit That und Worten, es durfte nun regnen, donnern, blitzen, hageln oder schneien; nichts schreckte sie ab. Man hätte sehen sollen, mit welchem Vergnügen und welcher Freude die Mädchen des Dorfes ihre kleinen Hausarbeiten thaten, wenn sie dieselbe besuchten. Sie kehrten ihre Zimmer und lüfteten sie, stäubten die Schränke, das Piano, die Kommode, die Stühle, die Portraits an den Wänden ab; nähten, wo es etwas zu nähen gab; beschäftigten sich in der Küche, eine mit Kochen, eine Andere mit Rösten, eine Andere mit Salzen des Fleisches, wieder eine Andere mit Schälen der Kartoffeln. Auch die Knaben vergaßen nicht das Ihrige zu thun (to do their part). Im Frühling arbeiteten sie im Garten; holten Holz und spalteten es im Hofe, und machten sich im Allgemeinen nützlich, so zum Beispiel, da Jungfer Hannah keinen Kutscher hatte, spannten sie das ganze Jahr durch ihr Pferdchen ein und aus, und fütterten es.

11. Um Mittag deckten die Mädchen den Tisch und holten die Speisen herbei. Alle setzten sich daran und aßen, als ob sie zu Hause wären; denn Jungfer

Hannah's Haus war praktisch und faktisch ein öffentliches Haus, und niemals war sie glücklicher, als wenn sie es voll hatte. Nach Tisch amüsirte sie die Mädchen und Knaben mit einer interessanten Erzählung. Sie erlaubte ihnen auch, zu tanzen und Piano zu spielen. Sie hatte sogar (even) Muße, des Abends eine Klasse armer, unwissender Schüler, die am Tage nicht Zeit hatten in die Schule zu gehen, buchstabiren, lesen und rechnen zu lehren. Man sagte von ihr, daß sie niemals zankte oder böse wurde. Einstmals (once) sang Paul absichtlich, um sich ein Vergnügen zu machen und um auch zu sehen, wie groß ihre Geduld sei, unter ihrem Zimmer:

   Ach wie bald, ach wie bald
   Schwinden Schönheit und Gestalt!

   (O how soon, O how soon,
   Vanish beauty and form!)

Da trat sie an die Thür, drohte lachend mit dem Finger und sagte: Paul! Paul! du bist außer dir (thou art beside thyself)!

12. Die alten Herren im Dorfe sagen, daß Jungfer Hannah ein schönes Mädchen und die beste Tänzerin ihrer Zeit gewesen wäre. Von sich sagte sie nie etwas. Einige sagen, daß sie ein vergessenes Blümchen war; Andere dagegen, daß sie geliebt habe — daß ihr Geliebter ein Offizier gewesen sei, der mit seinem Regimente eines Morgens in's Dorf marschirt kam. Er verliebte sich in Hannah, und sie war willens ihn zu heirathen; aber zum Unglück geschah es, daß er sich mit einem anderen Offizier duellirte; er tödtete seinen Gegner (antagonist), und er selbst (himself) wurde schwer verwundet. Die Sache machte zur Zeit großen Lärm und wurde berühmt. Der Offizier war dem Tode nahe, aber unter der Fürsorge (care) von Fräulein Hannah erholte er sich nach und nach hinlänglich, so daß er mit ihr spazieren gehen konnte. Da man wußte, daß er sich nur von Obst und Milch nähren durfte, so schickten ihm viele Leute des Dorfes beides, der Hannah zu lieb (for the love of Hannah). Aber der Mann war nicht leutselig, und auf seinem Gesichte lag immer ein kalter Ernst, und obschon er von edlem Blute und reich zu sein sich ausgab, so war er dennoch nicht mildthätig gegen die Armen; und man flüsterte, er habe kein Geld. Es war nicht lange, so machte er sich verhaßt im ganzen Dorfe.

13. Man wußte, daß er von Fräulein Hannah Geld borgte, und daß er sie auf seinen Vater, den Baron von Langsalm tröstete, der ihr alles auf einmal zurückzahlen würde. Im Frühling war er gänzlich geheilt; aber das Geld von dem alten Baron kam immer nicht. Unterdessen wurde sein Sohn verschwenderisch, spielte und war oft berauscht. Fräulein Hannah remonstrirte nicht mit

ihm, weil sie befürchtete, es möchte seiner Gesundheit (health) schaden. Er sagte ihr eines Tages, als er ihre letzten hundert Thaler geborgt hatte, er könne nicht verstehen, warum sein Vater die Sendung (remittance) des Geldes verspätete; er habe vor nach Hause zu reisen. Abends packte er seinen Koffer, schickte ihn an die Station, kaufte dann einen neuen Hut, Handschuhe und Cigarren, ließ sich (had himself) rasiren und kämmen, ohne diesen Leuten einen Cent dafür zu zahlen, und reiste ab. Das war das letzte, was man bis jetzt von ihm sah. Als er fort war (when he was gone), hörte man, daß er überall schuldete. Man hörte ferner, daß er verheirathet, und daß sein Name nicht Langsalm, sondern D'Jerum war, und daß er sich seiner Prellereien (cheating) rühme. Jedermann im Dorfe beklagte das arme Fräulein. Sie ruhte nicht, als bis sie alles bezahlt hatte, was D'Jerum im Dorfe schuldete.

14. Die Leute, als sie hörten mit welch' unehrlichem Menschen sie es zu thun hatten, nämlich (namely) mit einem Schurken, der ohne Mittel und gänzlich zahlungsunfähig war, ärgerten sich sehr darüber. Das Fräulein jedoch grämte sich, ob über den Verlust des Geldes oder des Geliebten, hat man bis jetzt noch nicht entdeckt.

Epilog.

Wir haben nur noch zu berichten, daß mit der Zeit Jungfer Hannah sich tröstete. Wir sahen, wie sie sich später nützlich und beliebt im Dorfe machte; wie sie bewundert wurde! Sie, die sich stets der Hungrigen und Unglücklichen erbarmte, und ihnen mit Rath und That (word and deed) beistand! Sie, die edle, gütige Jungfer, die die Mutter der Kinder und die Freundin der Eltern war, ist nicht mehr. — Sie ruht auf jenem Kirchhofe, beweint von Nah und Fern. In einer kalten Nacht, als sie von einem Kranken zurückkehrte, der außerhalb des Dorfes (outside the village) wohnte, verirrte sie sich. Die Nacht war dunkel; es regnete. Eine lange Zeit wanderte sie umher (about). Des Suchens müde (tired of searching), setzte sie sich endlich auf einen Stein am Wege, wo sie von Leuten des Dorfes am nächsten Morgen beinahe erfroren gefunden wurde (was found nearly frozen). Was zu erwarten war geschah. Sie hatte sich tödtlich (mortally) erkältet. Lange rang sie (she struggled) mit dem Tode, aber ihre schwache Konstitution mußte zuletzt unterliegen (succumb).

Wo im Kirchhofe zu jeder Stunde des Tages von Sonnenaufgang bis Sonnenuntergang dankende Menschen niederknieen und heiße Wünsche (ardent wishes) zum Himmel schicken, dort ist ihr Grab!

Analysis.

II. CLASS.—WITH TWO SUBDIVISIONS.

INFINITIVE.	INDICATIVE.		IMPERATIVE.		IND. & SUBJ.		
	PRESENT.				IMPERFECT.		PAST PART.
a)	2. and 3. pers.				a	ä	o
14. befehlen (dat.), to order, command	befiehlst	befiehlt	befiehl!	befehlet!	befahl	befähle	befohlen
15. verbergen, to hide, conceal	verbirgst	verbirgt	verbirg!	verberget!	verbarg	verbärge	verborgen
16. § bersten, to burst	birstest	birst	birst!	berstet!	barst	bärste	geborsten
17. brechen, to break	brichst	bricht	brich!	brechet!	brach	bräche	gebrochen
18. breschen, to thrash	brischest	brischt	brisch!	breschet!	brasch	bräsche	gebroschen
19. § erschrecken,[1] to be frightened	erschrickst	erschrickt	erschrick! erschrecket!		erschrak	erschräke	erschrocken
20. gelten, to be worth	giltst	gilt	gilt!	geltet!	galt	gälte	gegolten
21. gebären, to bring forth	gebierst	gebiert	—	—	gebar	gebäre	geboren
22. helfen (dat.), to help	hilfst	hilft	hilf!	helfet!	half	hälfe	geholfen
23. nehmen,[2] to take	nimmst	nimmt	nimm!	nehmet!	nahm	nähme	genommen
24. schelten, to scold	schiltst	schilt	schilt!	scheltet!	schalt	schälte	gescholten
25. sprechen,[3] to speak	sprichst	spricht	sprich!	sprechet!	sprach	spräche	gesprochen
26. stechen, to sting	stichst	sticht	stich!	stechet!	stach	stäche	gestochen
27. § stecken,[4] to stick	steckst	steckt	—	—	stak	stäke	gesteckt
28. stehlen, to steal	stiehlst	stiehlt	stiehl!	stehlet!	stahl	stähle	gestohlen
29. § sterben, to die	stirbst	stirbt	stirb!	sterbet!	starb	stärbe	gestorben
30. verderben, to spoil	verdirbst	verdirbt	verdirb!	verderbet!	verdarb	verdärbe	verdorben
31. werben, to levy, sue, to woo	wirbst	wirbt	wirb!	werbet!	warb	wärbe	geworben
32. werfen,[5] to throw	wirfst	wirft	wirf!	werfet!	warf	wärfe	geworfen
33. treffen,[6] to hit (the mark)	triffst	trifft	triff!	treffet!	traf	träfe	getroffen
34. beginnen, to begin	beginnst	beginnt	beginne!	beginnet!	begann	begänne	begonnen

[1] When erschrecken is an active verb, meaning to frighten some one, it is conjugated weak.

[2] Ebenso: ab-nehmen, to take off; an-nehmen, to accept; aus-nehmen, to take out, to except; unternehmen, to undertake, *past part.* unternommen; weg-nehmen, to take away; zurück-nehmen, to take back.

[3] Ebenso: aus-sprechen, to pronounce; versprechen, to promise; entsprechen, to correspond; widersprechen, to contradict.

[4] The active verb stecken, to put, is conjugated weak.

[5] Ebenso: um-werfen, to upset; verwerfen, to reject; vor-werfen, to reproach; weg-werfen, to throw away.

[6] Ebenso: ein-treffen, to arrive; über-treffen, to excel, *past part.* übertroffen; an-treffen (Acc.), to meet; zusammen-treffen (mit), to come together.

9

II. CLASS.—With two Subdivisions.—Continued.

INFINITIVE.	INDICATIVE.		IMPERATIVE.	IND. & SUBJ.		
	PRESENT.			IMPERFECT.		PAST PART.
	2. and 3. pers.			a ä		o
35. gewinnen,¹ to win	gewinnst	gewinnt	gewinne! gewinnet!	gewann	gewänne	gewonnen
36. § kommen, to come b)	kommst	kommt	komme! kommet!	kam	käme	gekommen
37. binden,² to bind, tie	bindest	bindet	binde! bindet!	band	bände	gebunden (u)
38. finden,³ to find	—	—	finde! findet!	fand	fände	gefunden
39. § verschwinden, to disappear, vanish	—	—	verschwinde! verschwindet!	verschwand	verschwände	verschwunden
40. winden,⁴ to wind	—	—	winde! windet!	wand	wände	gewunden
41. § bringen,⁵ to enter by force	—	—	bringe! bringet!	brang	bränge	gebrungen

Themes for Drill.

VERBS WITH SUBORDINATIVE CONJUNCTIONS.

1. damit. Ich befehle Ihnen, **damit** Sie Gehorsam lernen, I command you that you may learn obedience.
2. obgleich. Ich verberge meinen Unwillen, **obgleich** es mich viel kostet, I conceal my anger, although it costs me a good deal.
3. Ein allzu großer Druck berstet (birst) den Dampfkessel,* too great a pressure bursts the boiler.

---

¹ Ebenso: rinnen, to leak, to flow; sinnen, to meditate; spinnen, to spin; § schwimmen, to swim.

² Ebenso: an-binden, to attach; verbinden, to oblige, to dress a wound, *past part.* verbunden.

³ Ebenso: erfinden, to invent; empfinden, to feel.

⁴ Ebenso: überwinden, to overcome, *past part.* überwunden.

⁵ Ebenso: § durch-bringen, to penetrate; § ein-bringen, to penetrate by force; § gelingen (impers.), to succeed; es gelingt mir, I succeed. Klingen, to tingle, sound. Ringen, to strive for, struggle; erringen, to obtain, conquer. N.B. umringen, to surround, is conjugated weak. Verschlingen, to devour; schwingen, to swing, brandish; singen, to sing; § springen, to spring, jump; § heraus-springen, to jump out; § zerspringen, to burst; § sinken, to sink; § hinab-sinken, to sink down; § versinken, to sink; trinken, to drink; § ertrinken, to be drowned; sich betrinken, to get drunk; zwingen, to force, compel.

* As before said, of sentences in the third person, give only the changes of the third person through the verb.

4. wie. Ich breche den Stein ebenso leicht **wie** Glas, I break the stone as easily as glass.

5. ausgenommen. Ich erschrecke nicht leicht, **ausgenommen** wenn ich allein bin, I do not get frightened easily, except when I am alone.

6. indessen. Die Drescher dreschen in der Scheune, **indessen** draußen der Schnee das Land bedeckt, the thrashers thrash in the barn, meanwhile outside the snow covers the land.

7. soviel als. In den Augen des Lehrers gelten wir **soviel als** andere Knaben, in the eyes of the teacher we are worth as much as other boys.

8. obwohl. Ich helfe gern, **obwohl** ich selbst nicht viel besitze, I like to help, although I possess not much myself.

9. als was. Ich nehme nichts **als was** mir gehört, I take nothing but what belongs to me.

10. weil. Ich nehme mich des Kindes an, **weil** es verlassen ist, I interest myself in the child, because it is forsaken.

11. selbst wenn. Ich schelte niemals, **selbst wenn** ich Anlaß dazu habe, I never scold, even when I have provocation.

12. bevor. **Bevor** ich spreche, sammele ich meine Gedanken, before I speak, I gather my thoughts.

13. ehe. **Ehe** ich eine Meinung ausspreche, überlege ich sie zuerst reiflich, before I express an opinion, I consider it first maturely.

14. indem. Ich steche die Brandblase an meiner Hand auf, **indem** ich einfach eine Nadel dazu nehme, I prick the blister on my hand by simply using a needle.

15. während. **Während** ich in Schulden stecke, schwelgt mein Nachbar im Ueberfluß, while I am deeply in debt, my neighbor revels in abundance.

16. denn. Ich stehle nicht, **denn** ich bin kein Dieb, I do not steal, for I am no thief.

17. ehe. **Ehe** er stirbt, macht er sein Testament, before he dies, he makes his will.

18. wiewohl. Ich werbe um Ihre Gunst, **wiewohl** ich sie nicht verdiene, I sue for your favor, although I do not deserve it.

19. je — deſto. **Je** mehr ich werfe, **deſto** weiter kann ich werfen, the more I throw, the farther I can throw.
20. mithin. Ich treffe beinahe jedesmal das Centrum der Scheibe, **mithin** bin ich ein angehender Schütze, I hit almost every time the centre of the target, hence I am a fair marksman.
21. ohne daß. Ich nehme nichts in die Hand, **ohne daß** ich es zerbreche, I take nothing in my hand without breaking it.
22. je nachdem. Ich gewinne, **je nachdem** ich Glück habe, I win just as I have luck.
23. deßwegen. Ich ſchwimme mit Leichtigkeit, **deßwegen** fürchte ich mich nicht vor dem Waſſer, I swim with ease, consequently I do not fear the water.
24. Ich ſinne über die Vergänglichkeit alles Irdiſchen, I meditate upon the evanescence of every thing earthly.
25. demnach. Ich komme nicht mehr, **demnach** erwarten Sie mich nicht, I come no more, hence do not expect me.
26. erſt — dann. **Erſt** binde ich das Pferd an, **dann** nehme ich den Sattel ab, first I tie the horse, then I take off the saddle.
27. wenn — auch. **Wenn** ich **auch** noch ſo ſehr ſuche, ich finde nie etwas, though I search ever so much, I never find anything.
28. alſo. Der Nebel verſchwindet, **alſo** wird es lichter, the fog disappears, hence it becomes lighter.
29. Ich winde dir (thee) den Jungfernkranz mit veilchenblauer Seide, I wind for thee the bridal wreath with silk of violet blue.
30. Die Geduld überwindet die größten Schwierigkeiten, patience overcomes the greatest difficulties.
31. Der Feind bringt in die Stadt, ohne großen Widerſtand zu finden, the enemy forces his way into the city, without meeting any great resistance.
32. wie ſehr — auch. **Wie ſehr** ich mir **auch** Mühe gebe, es gelingt mir doch nicht, though I take ever so much pains, yet I never succeed.
33. ſowie. **Sowie** die Kloſterglocke des Abends erklingt, entblößt der Landmann ſein Haupt, as soon as the monastery-bell sounds in the evening, the yeoman uncovers his head.

34. Mit Begierde verschlinge ich die erhebenden Gedanken des greisen Redners, I eagerly devour the edifying thoughts of the venerable orator.

35. nicht nur — sondern auch. **Nicht nur** hasche ich nach dem Glücke, **sondern** ich ringe **auch** darnach, not only do I strive to seize fortune, but I also struggle for it.

36. folglich. Ich schwinge nicht die Fackel der Rebellion, **folglich** bin ich kein Rebelle, I do not brandish the torch of rebellion, consequently I am no rebel.

37. Mit Dankbarkeit singe ich das Lob des HERRN, with gratitude I sing the praise of the Lord.

38. darum. Wir haben Ferien, **darum** springen und singen wir vor Freude, we have vacation; therefore we jump and dance for joy.

39. Das lecke Schiff sinkt; es kann nicht mehr mit den Wogen ringen, the leaky vessel sinks; it can no longer struggle against the billows.

40. Im tiefen Keller sitze ich, und trinke von dem Besten, in the cellar deep I sit, and of the best I drink.

41. sowohl — als auch; deshalb. **Sowohl** Karl **als auch** Robert ist träge; ich zwinge sie **deshalb** nicht, fleißig zu sein, Charles as well as Robert is lazy; I do not, therefore, compel them to be diligent.

42. In Karl erringe ich einen holden, edlen Freund, in Charles I conquer a kind, noble friend.

Model-Drill 108.

1. *T.* Ich helfe gern, obwohl ich selbst nicht viel besitze.
   Class. Sie helfen gern, obwohl Sie selbst nicht viel besitzen.

2. *T.* Ich half gern, obwohl ich selbst nicht viel besaß, oder ich habe gern geholfen, obwohl ich selbst nicht viel besessen habe.
   Class. Sie halfen gern, obwohl Sie selbst nicht viel besaßen, oder Sie haben gern geholfen, obwohl Sie selbst nicht viel besessen haben.

3. *T.* Ich werde immer gern helfen, obwohl ich selbst nicht viel besitzen werde.
   Class. Sie werden immer gern helfen, obwohl Sie selbst nicht viel besitzen werden.

4. *T.* Sobald ich Karl geholfen haben werde, dann muß er mir auch helfen.
   Class. Sobald Sie Karl geholfen haben werden, dann muß er Ihnen auch helfen.

5. *T.* Ich würde immer gern helfen, selbst wenn ich nicht viel besitzen würde.
   Class. Sie würden immer gern helfen, selbst wenn Sie nicht viel besitzen würden.

6. *T.* Ich hätte immer gern geholfen, selbst wenn ich nicht viel besessen hätte.
   Class. Sie hätten immer gern geholfen, selbst wenn Sie nicht viel besessen hätten.

Model-Drill 109.

1. *T. to Rob.* Sie nehmen nichts, als was Ihnen gehört.
   Rob. Ich nehme nichts, als was mir gehört.

2. *T.* Sie nahmen nichts, als was Ihnen gehörte, oder Sie haben nichts genommen, als was Ihnen gehörte.
   Rob. Ich nahm nichts, als was mir gehörte, oder ich habe nichts genommen, als was mir gehörte.

3. *T.* Sie hatten gestern nichts genommen, als was Ihnen gehört hatte.
   Rob. Ich hatte gestern nichts genommen, als was mir gehört hatte.

4. *T.* Sie werden nichts nehmen, als was Ihnen gehören wird.
   Rob. Ich werde nichts nehmen, als was mir gehören wird.

5. *T.* Sie würden nichts nehmen, als was Ihnen gehören würde.
   Rob. Ich würde nichts nehmen, als was mir gehören würde.

6. *T.* Sie hätten nichts genommen, als was Ihnen gehört hätte.
   Rob. Ich hätte nichts genommen, als was mir gehört hätte.

7. *T.* Man sagt,* Sie nähmen nichts, als was Ihnen gehöre.
   Rob. Man sagt, ich nähme nichts, als was mir gehöre.

---

* From now on give also the subjunctive, according to above model.

8. *T.* Man sagt, Sie hätten nichts genommen, als was Ihnen gehörte.
Rob. Man sagt, ich hätte nichts genommen, als was mir gehörte.

Model-Drill 110.

1. *Rob. and Chas.* Ehe wir eine Meinung aussprechen, überlegen wir sie zuerst reiflich.
Class. Ehe sie eine Meinung aussprechen, überlegen sie dieselbe* zuerst reiflich.

2. *Rob. and Chas.* Ehe wir eine Meinung aussprachen, überlegten wir sie zuerst reiflich, oder ehe wir eine Meinung ausgesprochen haben, haben wir sie immer zuerst reiflich überlegt.
Class. Ehe sie eine Meinung aussprachen, überlegten sie dieselbe zuerst reiflich, oder ehe sie eine Meinung ausgesprochen haben, haben sie dieselbe immer zuerst reiflich überlegt.

3. *Rob. and Chas.* Ehe wir eine Meinung ausgesprochen hatten, hatten wir sie immer zuerst reiflich überlegt.
Class. Ehe sie eine Meinung ausgesprochen hatten, hatten sie dieselbe immer zuerst reiflich überlegt.

4. *Rob. and Chas.* Ehe wir eine Meinung aussprechen werden, werden wir sie immer zuerst reiflich überlegen.
Class. Ehe sie eine Meinung aussprechen werden, werden sie dieselbe immer zuerst reiflich überlegen.

5. *Rob. and Chas.* Ehe wir eine Meinung aussprechen würden, würden wir sie immer zuerst reiflich überlegen.
Class. Ehe sie eine Meinung aussprechen würden, würden sie dieselbe immer zuerst reiflich überlegen.

6. *Rob. and Chas.* Ehe wir eine Meinung ausgesprochen hätten, würden wir sie immer zuerst reiflich überlegt haben.
Class. Ehe sie eine Meinung ausgesprochen hätten, würden sie dieselbe immer zuerst reiflich überlegt haben.

7. *Rob. and Chas.* Man sagt von uns, ehe wir eine Meinung aussprächen, würden wir sie zuerst reiflich überlegen.
Class. Man sagt von ihnen, ehe sie eine Meinung aussprächen, sie dieselbe zuerst reiflich überlegen würden.

---

* To avoid a repetition of sie, the correlative is often used.

8. *Rob. and Chas.* Man sagt von uns ferner, daß, ehe wir eine Meinung ausgesprochen hätten, wir sie zuerst reiflich überlegt hätten.
Class. Man sagt ferner von ihnen, daß, ehe sie eine Meinung ausgesprochen hätten, sie dieselbe zuerst reiflich überlegt hätten.

Model-Drill 111.*

1. *T.* Warum befehle ich Ihnen?
   A. Sie befehlen mir, damit ich Gehorsam lerne.
2. *T.* Wer hat gestern in dieser Klasse befohlen?
   B. Sie haben gestern in dieser Klasse befohlen.
3. *T.* Und wer wird morgen hier befehlen?
   C. Sie werden auch morgen hier befehlen.
4. *T.* Würden Sie hier befehlen, wenn Sie befehlen sollten?
   D. Ja, wenn ich sollte, würde ich befehlen.
5. *T.* Verbergen Sie Ihren Unwillen?
   E. Ja, ich verberge meinen Unwillen, obgleich es mich viel kostet.
6. *T.* Verbargen Sie immer Ihren Unwillen?
   F. Ich verbarg ihn nicht immer, aber sehr oft.
7. *T.* Werden Sie auch in der Zukunft Ihren Unwillen verbergen?
   G. Ja, ich werde meinen Unwillen auch in der Zukunft verbergen.
8. *T.* Was würde den Dampfkessel bersten?
   H. Ein allzu großer Druck würde ihn bersten.
9. *T.* Wäre der Dampfkessel geborsten, wenn der Druck allzu groß gewesen wäre?
   I. Freilich (of course), der Dampfkessel wäre geborsten, wenn der Druck allzu groß gewesen wäre.
10. *T.* Brechen Sie diesen Stein ebenso leicht wie Glas?
    K. Nein, ich breche diesen Stein nicht so leicht wie Glas.
11. *T.* Hätten Sie diesen Stein gebrochen, wenn es leicht gewesen wäre?
    L. Ja, wenn es leicht gewesen wäre, hätte ich den Stein gern gebrochen.
12. *T.* Wer erschrak gestern im dunklen Zimmer?

---

* Questions on the preceding themes.

M. Ich weiß nicht; ich erschrecke nie, selbst wenn ich allein in einem dunklen Zimmer bin.

13. *T.* Was war draußen auf dem Lande, als die Drescher letzten Winter in der Scheune draschen?
N. Schnee bedeckte das Land.

14. *T.* Gelten Sie in den Augen Ihres Vaters und Ihrer Mutter ebenso viel wie Ihr Bruder?
O. Ja, in den Augen meines Vaters und meiner Mutter gelte ich ebenso viel wie mein Bruder.

15. *T.* Haben Sie auch immer bei Ihren Eltern (parents) ebenso viel gegolten wie Ihr Bruder?
P. Ja, ich habe auch immer bei meinen Eltern ebenso viel gegolten wie mein Bruder.

16. *T.* Werden Sie sich dieses Kindes annehmen?
Q. Ja, ich werde mich dieses Kindes annehmen, weil es verlassen ist.

17. *T.* Man sagte, Sie hätten sich dieses Kindes schon angenommen; ist das wahr?
R. Nein, das Gerücht (rumor) ist falsch; ich habe mich dieses Kindes noch nicht angenommen.

18. *T.* Würden Sie je (ever) schelten, wenn Sie Anlaß dazu hätten?
S. Nein, ich würde nicht schelten, selbst wenn ich Anlaß dazu hätte.

19. *T.* Man berichtet, Sie hätten Karl gescholten; ist das so?
U. Nein, das ist ein falscher Bericht (report); ich habe Karl nie gescholten.

20. *T.* Bevor Sie sprechen, sammeln Sie zuerst Ihre Gedanken?
V. Ja, bevor ich spreche, sammle ich immer zuerst meine Gedanken.

21. *T.* Wer sammelt noch seine Gedanken, bevor er spricht?
W. Ich sammele auch meine Gedanken, bevor ich spreche.

22. *T.* Wie würden Sie die Brandblase an meiner Hand aufstechen?
X. Ich würde sie aufstechen, indem ich einfach eine Nadel dazu nähme.

23. *T.* Ehe Ihr Onkel starb, machte er ein Testament?
Y. Nein, mein Onkel starb und machte kein Testament.

24. *T.* Man sagt, daß Unkraut nie verderbe; ist das so?
Z. Ja, das ist so; Unkraut verdirbt nie.

25. *T.* Hätten Sie um die Gunst Ihres angesehenen (respected) Nach=
bars geworben, wenn Sie dieselbe nicht verdient hätten?
A. Sicherlich nicht (surely not); ich hätte nicht um die Gunst meines
Nachbars geworben, wenn ich sie nicht verdient hätte.

26. *T.* Wer warf, und traf das Centrum der Scheibe?
B. Ich warf, und ich habe das Centrum getroffen.

27. *T.* Wer ist so ungeschickt (awkward), daß er alles zerbricht, was er
in die Hand nimmt?
C. Ich bin es nicht; es muß Karl sein; er zerbricht alles, was er in
die Hand nimmt.

28. *T.* Gewinnen Sie immer, wenn Sie spielen?
D. Nicht immer; ich gewinne, je nachdem ich Glück habe.

29. *T.* Wer gewann gestern?
E. Ich habe gestern gewonnen, denn ich hatte Glück.

30. *T.* Fürchten Sie sich vor tiefem Wasser?
F. Nein, ich fürchte mich nicht vor tiefem Wasser, denn ich schwimme
mit Leichtigkeit.

31. *T.* Wenn ich Sie gestern erwartet hätte, wären Sie gekommen?
G. Ja, wenn ich gewußt hätte, daß Sie mich erwarteten, so wäre ich
sicherlich gekommen.

32. *T.* Haben Sie je die Fackel der Rebellion geschwungen?
H. Nein, ich habe nie die Fackel der Rebellion noch irgend eine andere
(nor any other) geschwungen.

33. *T.* Werden Sie nächsten Sonntag das Lob des HERRN mit Dank=
barkeit singen?
I. Ja, ich werde es singen, wenn ich in die Kirche gehe.

34. *T.* Warum sprangen, sangen und tanzten Sie gestern so?
K. Weil der Lehrer uns sagte, wir hätten Ferien.

35. *T.* Was war die Ursache (cause), daß das Schiff sank?
L. Das Schiff sank, weil es einen Leck hatte.

36. *T.* In welchem Keller saßen Sie gestern, und was haben Sie daselbst
(there) getrunken?
M. Ich saß gestern im tiefen Keller und habe vom Besten getrunken.

37. *T.* Hätten Sie Karl und Robert gezwungen, fleißig zu sein, wenn sie träge gewesen wären?
N. Nein, wenn sie träge gewesen wären, hätte ich sie nicht gezwungen, fleißig zu sein.

38. *T.* In wem hat Robert einen holden und edlen Freund errungen?
O. In Karl hat er einen edlen Freund errungen, denn er ist werth, eines Freundes Freund zu sein.

39. *T.* Als Sie gestern Ihr Pferd anbanden, was thaten Sie?
P. Ich nahm seinen Sattel ab.

40. *T.* Hätten Sie etwas gefunden, wenn Sie gesucht hätten?
Q. Nein, wenn ich auch noch so sehr gesucht hätte, ich würde nichts gefunden haben.

41. *T.* Ich höre, der Nebel verschwinde; ist es so?
R. Ja, er verschwindet.

42. *T.* Haben Sie je einen Jungferntranz gewunden?
S. Ja, mit veilchenblauer Seide.

43. *T.* Würde der Feind in die Stadt dringen, wenn er großen Widerstand fände?
U. Nein, wenn er großen Widerstand fände, würde er sicherlich nicht in die Stadt dringen.

44. *T.* Ist Ihnen je alles gelungen, wenn Sie sich Mühe gaben?
V. Nicht immer, wenn ich mir Mühe gab, ist mir alles gelungen.

45. *T.* Wann entblößt der fromme Landmann sein Haupt?
W. Wenn die Abendglocke erklingt.

46. *T.* Karl sagt, er habe die erhebenden Gedanken des greisen Redners, den er gehört, mit Begierde verschlungen; haben Sie ihn auch gehört?
X. Ja, ich habe ihn gehört, und so wie Karl habe auch ich seine erhebenden Gedanken mit Begierde verschlungen.

47. *T.* Sollten die Menschen nicht mit Dankbarkeit das Lob des HERRN singen?
Y. Ja, sie sollten das immer thun.

48. *T.* Womit überwindet man die größten Schwierigkeiten?
Z. Man überwindet die größten Schwierigkeiten mit Geduld.

Analysis.

III. CLASS.—WITH TWO SUBDIVISIONS.

INFINITIVE.	INDICATIVE.	IMPERATIVE.	IND. & SUBJ.	
	PRESENT.		IMPERFECT.	PAST PART.
	2. and 3. pers.			
a)				
42. beißen, to bite	— —	beiße! beißet!	biß bisse	gebissen
43. befleißen¹ (sich), to apply one's self	— —	befleiße dich! befleißet euch!	befliß befliße	beflissen
44. § erbleichen,² to turn pale	— —	erbleiche! erbleichet!	erblich erbliche	erblichen
45. greifen,³ to grasp	— —	greife! greifet!	griff griffe	gegriffen
46. gleichen⁴ (dat.), to resemble	— —	gleiche! gleichet!	glich gliche	geglichen
47. § gleiten,⁵ to glide, slide	— —	gleite! gleitet!	glitt glitte	geglitten
48. leiden, to suffer	— —	leide! leidet!	litt litte	gelitten
49. pfeifen, to whistle	— —	pfeife! pfeifet!	pfiff pfiffe	gepfiffen
50. reißen,⁶ to rend	— —	reiße! reißet!	riß risse	gerissen
51. § reiten,⁷ to ride (on horseback)	— —	reite! reitet!	ritt ritte	geritten
52. schleifen,⁸ to grind, sharpen	— —	schleife! schleifet!	schliff schliffe	geschliffen
53. § schleichen, to sneak, to steal into	— —	schleiche! schleichet!	schlich schliche	geschlichen
54. streichen,⁹ to rub	— —	streiche! streichet!	strich striche	gestrichen
55. schneiden,¹⁰ to cut	— —	schneide! schneidet!	schnitt schnitte	geschnitten
56. § schreiten, to stride, step	— —	schreite! schreitet!	schritt schritte	geschritten
57. streiten,¹¹ to quarrel	— —	streite! streitet!	stritt stritte	gestritten

¹ Another form of this verb, sich befleißigen, is conjugated weak.

² Ebenso: verbleichen, to fade. The simple verb bleichen, to bleach, is weak, as: sie bleichte die Leinwand (linen).

³ Ebenso: begreifen, to understand; ergreifen, to seize; an-greifen, to attack.

⁴ Ebenso: vergleichen, to compare.

⁵ Begleiten, to accompany, is weak, and takes haben.

⁶ Ebenso: zerreißen, to tear; entreißen, to tear from, to snatch away.

⁷ Ebenso: § vorbei-reiten, to ride by; spazieren reiten, to take a ride; bereiten, to prepare, is conjugated weak.

⁸ Ebenso: schleifen, to drag along, demolish, is weak, as: die Pferde schleifen den Baum vom Felde; die Festung ist geschleift worden, the fort has been demolished.

⁹ Ebenso: aus-streichen, to scratch out; an-streichen, to paint (house); unterstreichen, to underline.

¹⁰ Ebenso: ab-schneiden, to cut off.

¹¹ Ebenso: bestreiten, to contest, dispute.

III. CLASS.—WITH TWO SUBDIVISIONS.—CONTINUED.

INFINITIVE.	INDICATIVE.	IMPERATIVE.	IND. & SUBJ.	
	PRESENT.		IMPERFECT.	PAST PART.
	2. and 3. pers.		i / i	i
58. weichen,¹ to yield, make room	— —	weiche! weichet!	wich / wiche	gewichen
59. schmeißen, to fling, turn out b)	— —	schmeiße! schmeiße!	schmiß / schmisse	geschmissen
			ie / ie	ie
60. § bleiben,² to remain, stay	— —	bleibe! bleibet!	blieb / bliebe	geblieben
61. schreiben, to write	— —	schreibe! schreibet!	schrieb / schriebe	geschrieben
62. reiben,³ to rub, grind	— —	reibe! reibet!	rieb / riebe	gerieben
63. treiben,⁴ to drive	— —	treibe! treibet!	trieb / triebe	getrieben
64. meiden,⁵ to shun	— —	meide! meidet!	mied / miede	gemieden
65. scheiden,⁶ to separate	— —	scheide! scheidet!	schied / schiede	geschieden
66. § gedeihen, to thrive	— —	gedeih! gedeihet!	gedieh / gediehe	gediehen
67. leihen, to lend	— —	leih! leihet!	lieh / liehe	geliehen
68. schreien, to cry, scream	— —	schrei! schreiet!	schrie / schriee	geschrieen
69. speien, to spit	— —	spei! speiet!	spie / spiee	gespieen
70. verzeihen, to pardon	— —	verzeih! verzeihet!	verzieh / verziehe	verziehen
71. preisen, to praise, extol	— —	preise! preiset!	pries / priese	gepriesen
72. weisen,⁷ to show	— —	weise! weiset!	wies / wiese	gewiesen
73. scheinen,⁸ to shine, seem	— —	scheine! scheinet!	schien / schiene	geschienen
74. schweigen,⁹ to be silent	— —	schweig! schweiget!	schwieg / schwiege	geschwiegen
75. § steigen,¹⁰ to mount	— —	steige! steiget!	stieg / stiege	gestiegen
76. heißen,¹¹ to be called, to order	— —	heiße! heißet!	hieß / hieße	geheißen ¹²

¹ Ebenso: § aus-weichen, to pass one, turn aside; § entweichen, to escape; § ab-weichen, to deviate; but weichen, to soak, is weak.

² Ebenso: § aus-bleiben, to stay away; § zurück-bleiben, to stay behind.

³ Ebenso: zerreiben, to rub to powder; auf-reiben, to extirpate.

⁴ Ebenso: vertreiben, to expel, to pass, as: ich vertreibe mir die Zeit mit Lesen, I pass my time reading; übertreiben, to exaggerate. ⁵ Ebenso: vermeiden, to avoid.

⁶ Ebenso: entscheiden, to decide; unterscheiden, to distinguish.

⁷ Ebenso: beweisen, to prove; erweisen, to show, to do, as: erweisen Sie mir die Gefälligkeit, do me the favor.

⁸ Ebenso: erscheinen, to appear.   ⁹ Ebenso: verschweigen, to conceal.

¹⁰ Ebenso: § ab-steigen, to alight; § hinab-steigen or herab-steigen, to descend, get down; § hinauf-steigen, to mount, ascend; ersteigen, to mount, climb up.

¹¹ Ebenso: verheißen, to promise, as: Gott hat uns das ewige Leben verheißen, God has promised us eternal life.   ¹² Makes a single exception in this division.

PREPOSITIONS WHICH GOVERN THE DATIVE AND THE ACCUSATIVE.

The nine prepositions: in, auf, unter, über, neben, vor, hinter, zwischen, an, previously shown as governing the dative with verbs implying rest or action in a specified place, will also govern the accusative, when the action of the verb implies motion.

Themes for Drill.

ACCUSATIVE.

1. in. Ich beiße mit Begierde **in den** saftigen Apfel, I bite with avidity into the juicy apple.

2. Ich befleiße mich, meinen Pflichten nachzukommen, I apply myself to keep up with my duties.

3. Ich erbleiche **in den** Tod, wenn* ich eine schreckliche Nachricht höre, I grow pale as death when I hear frightful news.

4. an. Ich greife **an meinen** Degen, bereit meine Ehre zu wahren, I grasp my sword, ready to protect my honor.

5. Ich gleiche mehr meinem Vater als meiner Mutter, I resemble my father more than my mother.

6. auf. Ich begleite meinen Freund **auf die** Jagd, I accompany my friend on his hunt.

7. Ich leide nicht, daß er den Hund mißhandelt, I do not suffer him to maltreat the dog.

8. Ich pfeife, Louise singt, und Karl schreit, I whistle, Louise sings, and Charles screams.

9. auf. Ich reite oft **auf den** Hügel (den Hügel hinauf) und erfreue mich des herrlichen Anblicks, I ride often upon the hill and enjoy the magnificent view.

---

* As indicated in Model-Drill 81, use wenn in the present, als in the imperfect, and nachdem in the pluperfect. In the latter flexion open the sentence with the dependent clause, thus: Nachdem ich die schreckliche Nachricht gehört hatte, erblich ich in den Tod.

10. hinter.   Ich schleiche **hinter die** Thür und warte auf Robert, I steal behind the door and lie in wait for Robert.

11. in.   Ich zerreiße den beleidigenden Brief und werfe ihn **in den** Papierkorb, I tear up the offensive letter and throw it into the waste-basket.

12.   Ich streiche das fehlerhafte Wort aus, I strike out the incorrect word.

13. neben.   Ich schneide meinen Namen **in den** Baum, **neben den** ihrigen, I cut my name into the tree beside hers.

14. unter.   Ich schreite **unter die** Knaben und untersuche ihre Arbeit, I step among the boys and examine their work.

15. über.   Unartige Knaben streiten **über jede** Kleinigkeit, bad boys quarrel about every trifle.

16. vor.   Ich schmeiße den schmählichen Miethskontrakt **vor die** Füße des habsüchtigen Hauseigeners, I fling the infamous lease at the feet of the greedy landlord.

17.   Ich weiche* keinen Fingerbreit von Gottes Wegen ab, I do not deviate a finger's breadth from the path of the Lord.

18. unter — zwischen.   Ich treibe die Schafe **unter** und **zwischen die** beiden schattigen Bäume, I drive the sheep under and between both shady trees.

19. in.   Bis **in den** Tod bleibe ich meinen Freunden treu, till death I remain faithful to my friends.

20. unter.   Ich reibe dem Schurken seine Schandthat **unter die** Nase, I rub the rascal's shameful act under his nose.

21. an.   Ich schreibe einen zärtlichen Brief **an meine** lieben Eltern, I write an affectionate letter to my parents.

22.   Ich meide immer die Gesellschaft böser Menschen, I always shun the company of bad men.

---

* Old hymn.

PREPOSITIONS WHICH GOVERN THE DATIVE ONLY.

The following prepositions govern the dative only, as: mit, zu, bei, aus, gemäß, von, nach, binnen, seit, außer, nebst, gegenüber.

Themes for Drill.

DATIVE.
1. mit. **Mit** Schmerzen scheide ich von meinen lieben Eltern, with grief I take leave of my dear parents.
2. zu. **Zu** Ende dieses Schuljahres leihe ich Ihnen meine Bücher, at the end of this school year I lend you my books.
3. bei. **Bei dieser** unnatürlichen Mutter gedeiht kein Kind geistig oder körperlich, with that unnatural mother no child thrives mentally or bodily.
4. aus — nach. Das Kind schreit **aus vollem** Halse **nach seiner** Mutter, the child screams for its mother with all its might (out of full throat).
5. gemäß. **Seiner** üblen Gewohnheit **gemäß** speit er ohne Rücksicht in Gesellschaft, according to his bad habit, he spits in company without consideration.
6. aus. **Aus** Rücksicht für seine arme, kränkliche Mutter verzeihe ich ihm, out of regard to his poor, sickly mother, I forgive him.
7. von. Der Präsident wird **von dem** Volke gepriesen,* the president is praised by the people.
8. nach. Ich weise dem Reisenden den Weg **nach der** Stadt, I show the traveler the way to the city.
9. binnen. **Binnen einer** Stunde beweise ich Ihnen die Richtigkeit meiner Angabe, within an hour I prove to you the correctness of my statement.
10. seit. **Seit einem** Jahre scheint mein Pferd abzunehmen, for a year past my horse seems to have failed.
11. außer. Auf meine Frage schweigen Alle, **außer dem** kleinen Karl, at my question all are silent, except little Charles.

---

* Give the flexion of the passive in the third person through all the tenses.

11. nebst. **Ich nebst meinem** Bruder besteige den Berg, I, together with my brother, ascend the mountain.
12. gegenüber. **Dem** Lehrer **gegenüber** heiße ich Karl die unwahrscheinliche Geschichte nochmals wiederholen, facing the teacher, I ask Charles to repeat once more that improbable story.

Model-Drill 112.

1. *T.* Ich beiße mit Begierde in den saftigen Apfel.
   Class. Sie beißen mit Begierde in den saftigen Apfel.
2. *T.* Ich biß mit Begierde in den saftigen Apfel, oder ich habe mit Begierde in den saftigen Apfel gebissen.
   Class. Sie bissen mit Begierde in den saftigen Apfel, oder Sie haben mit Begierde in den saftigen Apfel gebissen.
3. *T.* Ich hatte mit Begierde in den saftigen Apfel gebissen.
   Class. Sie hatten mit Begierde in den saftigen Apfel gebissen.
4. *T.* Ich werde mit Begierde in den saftigen Apfel beißen.
   Class. Sie werden mit Begierde in den saftigen Apfel beißen.
5. *T.* Ich würde mit Begierde in den Apfel beißen, wenn er saftig wäre.
   Class. Sie würden mit Begierde in den Apfel beißen, wenn er saftig wäre.
6. *T.* Ich hätte schon längst (some time ago) mit Begierde in den Apfel gebissen, wenn ich wüßte, daß er saftig wäre.
   Class. Sie hätten schon längst mit Begierde in den Apfel gebissen, wenn Sie wüßten, daß er saftig wäre.

Model-Drill 113.

1. *Rob.* Ich befleiße mich, meinen Pflichten nachzukommen.
   T. Was thut Robert?
   Class. Er befleißt sich, seinen Pflichten nachzukommen.
2. *Rob.* Ich befliß mich immer, oder ich habe mich immer beflissen, meinen Pflichten nachzukommen.
   Class. Er befliß sich immer, oder er hat sich immer beflissen, seinen Pflichten nachzukommen.
3. *Rob.* Ich hatte mich früher auch beflissen, meinen Pflichten nachzukommen.
   Class. Er hatte sich früher auch beflissen, seinen Pflichten nachzukommen.

4. *Rob.* Ich werde mich auch in Zukunft immer befleißen, meinen Pflich=
ten nachzukommen.

Class. Er wird sich auch in Zukunft immer befleißen, seinen Pflichten
nachzukommen.

5. *Rob.* Ich würde mich befleißen, meinen Pflichten nachzukommen, wenn
ich mehr Zeit hätte.

Class. Er würde sich befleißen, seinen Pflichten nachzukommen, wenn er
mehr Zeit hätte.

6. *Rob.* Ich hätte mich beflissen, meinen Pflichten nachzukommen, wenn
ich mehr Zeit gehabt hätte.

Class. Er hätte sich beflissen, seinen Pflichten nachzukommen, wenn er
mehr Zeit gehabt hätte.

Model-Drill 114.

1. *T. to Class.* Leidet Ihr, daß Fritz den Hund mißhandelt?

   Class. Nein, wir leiden nicht, daß Fritz den Hund mißhandelt.

2. *T.* Littet Ihr gestern, oder habt Ihr gestern gelitten, daß Fritz den
Hund mißhandelte?

   Class. Nein, wir litten auch gestern nicht, oder wir haben auch gestern
nicht gelitten, daß Fritz den Hund mißhandelte.

3. *T.* Werdet Ihr je (ever) leiden, daß Fritz den Hund mißhandelt?

   Class. Nein, wir werden nie leiden, daß Fritz den Hund mißhandelt.

4. *T.* Würdet Ihr nie leiden, daß Fritz den Hund mißhandelt?

   Class. Nein, wir würden nie leiden, daß Fritz den Hund mißhandelt.

5. *T.* Also (thus) hättet Ihr nie gelitten, daß Fritz den Hund miß=
handelte?

   Class. Nein, wir hätten nie gelitten, daß Fritz den Hund mißhandelte.

Model-Drill 115.

1. *Rob. and Chas.* Mit Schmerzen scheiden wir von unseren lieben Eltern.

   Class. Mit Schmerzen scheiden sie von ihren lieben Eltern.

2. *Rob and Chas.* Mit Schmerzen schieden wir von unseren lieben Eltern,
oder mit Schmerzen sind wir von unseren lieben Eltern geschieden.

   Class. Mit Schmerzen schieden sie oder sind sie von ihren lieben Eltern
geschieden.

3. *Rob. and Chas.* Mit Schmerzen werden wir immer von unseren lieben Eltern scheiden.
   Class. Mit Schmerzen werden sie immer von ihren lieben Eltern scheiden.
4. *Rob. and Chas.* Wir würden immer mit Schmerzen von unseren lieben Eltern scheiden.
   Class. Sie würden immer mit Schmerzen von ihren lieben Eltern scheiden.
5. *Rob. and Chas.* Wir wären mit Schmerzen von unseren lieben Eltern geschieden, wenn wir sie nicht mehr sehen würden.
   Class. Sie wären mit Schmerzen von ihren lieben Eltern geschieden, wenn sie dieselben nicht mehr sehen würden.

Model-Drill 116.*

1. *T.* Beißt Karl mit Begierde in einen saftigen Apfel?
   A. Ja, er beißt gern in einen saftigen Apfel.
2. *T.* Würden Sie in den Tod erbleichen, wenn Sie eine schreckliche Nachricht hörten?
   B. Nein, wenn ich eine schreckliche Nachricht hörte, würde ich nicht in den Tod erbleichen.
3. *T.* An welcher Seite griffen die Soldaten den Feind an?
   C. Die Soldaten griffen den Feind an seiner schwachen Seite an.
4. *T.* Wem gleichen Sie mehr, Ihrem Vater oder Ihrer Mutter?
   D. Ich gleiche meiner Mutter mehr.
5. *T.* Begleiteten Sie Ihren Freund gestern auf die Jagd?
   E. Ja, ich begleitete ihn.
6. *T.* Haben Sie gelitten, daß man den Hund mißhandelte?
   F. Nein, ich habe nicht gelitten, daß man ihn mißhandelte.
7. *T.* Wer pfiff, wer sang, und wer schrie vorhin?
   G. Ich pfiff, Louise sang, und Karl schrie.
8. *T.* Reiten Sie gern auf jenen Hügel?
   H. Ja, ich reite gern und oft auf jenen Hügel.
9. *T.* Wer schlich hinter die Thür und wartete auf Karl?
   I. Es war Robert, der hinter die Thür schlich und auf Karl wartete.

* Questions on the preceding themes.

10. *T.* Wer hat einen beleidigenden Brief zerrissen und in den Papierkorb geworfen?
    K. Ich war es; ich habe den Brief zerrissen und in den Papierkorb geworfen.
11. *T.* Man sagt, Sie hätten das fehlerhafte Wort geschrieben?
    L. Ja, ich habe es geschrieben; aber es ist jetzt ausgestrichen.
12. *T.* Wer hat seinen Namen in den Baum neben den meinigen geschnitten?
    M. Es war Fritz; er hat seinen Namen neben den Ihrigen in den Baum geschnitten.
13. *T.* Was that ich unter den (dat. rest) Knaben?
    N. Sie schritten unter die (motion) Knaben und untersuchten ihre Arbeit.
14. *T.* Wer streitet über jede Kleinigkeit?
    O. Die unartigen Knaben streiten über jede Kleinigkeit.
15. *T.* Man berichtet, Sie hätten den Miethskontrakt vor die Füße des habsüchtigen Hauseigeners geschmissen; ist das so?
    P. Ja, es ist so; ich habe ihn vor die Füße des Hauseigeners geschmissen, weil der Kontrakt schmählich ist.
16. *T.* Sind Sie nie von Gottes Wegen abgewichen?
    Q. Nein, ich bin nie von Gottes Wegen abgewichen.
17. *T.* Wohin (whither) trieben Sie die Schafe?
    R. Ich trieb sie unter und zwischen die beiden Bäume.
18. *T.* Werden Sie immer Ihren Freunden treu bleiben?
    S. Ja, ich werde meinen Freunden bis in den Tod treu bleiben.
19. *T.* Hätten Sie dem Schurken seine Schandthat unter die Nase gerieben?
    U. Ja, sicherlich hätte ich die Schandthat dem Schurken unter die Nase gerieben.
20. *T.* Wer ist mit Schmerzen von seinen Eltern geschieden?
    V. Ich bin mit Schmerzen von meinen lieben Eltern geschieden.
21. *T.* Wann werden Sie mir Ihre Bücher leihen?
    W. Ich werde Ihnen meine Bücher zu Ende des Schuljahrs leihen.
22. *T.* Wie (how) hat das Kind nach seiner Mutter geschrieen?
    X. Es hat aus vollem Halse nach seiner Mutter geschrieen.
23. *T.* Man flüstert (it is whispered), Sie spieen ohne Rücksicht in Geschäft; ist das so?

GERMAN VERB-DRILL.

Y. Das ist falsch; ich spiele nie in Gesellschaft.

24. *T.* Haben Sie auch den Präsidenten gepriesen?
Z. Ja, ich habe ihn auch gepriesen, denn er verdient es.

25. *T.* Binnen welcher Zeit werden Sie mir die Richtigkeit Ihrer Angabe beweisen?
A. Ich werde Ihnen die Richtigkeit meiner Angabe binnen einer Stunde beweisen.

26. *T.* Seit wann schien Ihr Pferd abzunehmen?
B. Es schien seit einem Jahre abzunehmen.

27. *T.* Hätten Sie auch geschwiegen, wenn ich Sie gefragt hätte?
C. Nein, wenn Sie mich gefragt hätten, hätte ich nicht geschwiegen.

28. *T.* Haben Sie den Berg allein oder mit ihrem Bruder bestiegen?
D. Ich habe ihn nebst meinem Bruder bestiegen.

29. *T.* Nachdem Karl die unwahrscheinliche Geschichte gesagt hatte, hießen Sie ihn dieselbe nochmals wiederholen?
E. Ja, ich hieß ihn, dem Lehrer gegenüber, die unwahrscheinliche Geschichte nochmals wiederholen.

30. *T.* Sind Sie je einen Berg (mountain) hinaufgestiegen?
F. Ja, ich bin schon einen Berg hinauf- und hinabgestiegen.

31. *T.* Wenn Sie spazieren reiten, weichen Sie den Gefährten (teams) rechts oder links (right or left) aus?
G. Ich weiche ihnen immer rechts aus.

32. *T.* Wer hat dieses Wort unterstrichen?
H. Sie haben es unterstrichen.

33. *T.* Hätten Sie Ihren Namen in mein Album geschrieben, wenn ich es Sie geheißen hätte?
I. Ja, wenn Sie es mich geheißen hätten, hätte ich sicherlich meinen Namen in Ihr Album geschrieben.

34. *T.* Wie vertrieben Sie Ihre Zeit, als Sie in N. waren?
K. Ich vertrieb sie mit Reiten, Lesen, Tanzen und Spielen.

35. *T.* Haben Sie immer böse Gesellschaft gemieden?
L. Nein, ich habe nicht immer böse Gesellschaft gemieden.

36. *T.* Ich hörte, Sie wären an meinem Hause vorbeigeritten; ist das so?
M. Ja, Sie haben recht gehört; ich bin an Ihrem Hause vorbeigeritten.

Käthchen's Briefe an Gretchen.*

I.

Liebstes Gretchen!

1. Meinem Versprechen gemäß, ergreife ich die Feder, um Dir, theuerste Freundin, zu schreiben. Du weißt gar nicht, wie sehr ich mich nach Dir sehne. Kannst Du Dich wundern? Wir waren vier Jahre in der Pension (boarding-school) gewesen, — hatten ein Zimmer daselbst. Zu gleicher Zeit (at the same time) standen wir des Morgens auf und legten uns des Abends nieder. Im Schulzimmer saßen wir beisammen, und bei Tische waren wir einander gegenüber (opposite to each other). Während des Tages studirten oder arbeiteten wir an unseren Aufgaben; und in den Freistunden spielten, lachten, sangen, tanzten wir zusammen. Seitdem ich zurück bin, fühle ich mich ganz verlassen, denn, obgleich Mamma die zärtlichste der Mütter ist, so scheint sie mich dennoch nicht zu verstehen. Wohin ich mich wende, da ist sie. Will ich spazieren gehen, so fragt sie, wohin ich gehe; schreibe ich, so will sie wissen, an wen ich schreibe; und schreibt Jemand an mich, so will sie wissen, wer mein Korrespondent ist. Dann schilt sie über jede Kleinigkeit; spricht mir beständig von Sparen, Sparen (saving), von Zuvielkosten, und wer weiß was noch (and of who knows what else)! Sie wirft mir vor, ich sei verschwenderisch, gebe zu viel Geld aus, zerreiße meine Kleider und Sachen, und sie wünschte, sie hätte mich nie in die Pension geschickt, denn ich hätte nichts Praktisches gelernt, und die Pension hätte mich nur verdorben.

2. Denke (think), Gretchen, bei all ihrem Zanken über vieles Geld ausgeben muß ich meine Studien hier fortsetzen. Stelle Dir vor, sie erwartet, daß ich täglich sechs Stunden auf dem Piano tüchtig übe (practise), nebst dem (besides) französisch (French), malen, zeichnen und singen lerne, und sie sagt, ich soll damit meine Zeit vertreiben, anstatt (instead) in die Thee-Gesellschaften (tea-parties) und Kaffee-Klatschen (coffee-sociable) zu gehen. Diese Stunden (lessons) kosten Mamma sehr viel Geld, und ich sollte denken, sie sollte gerade hier (just here) sparen. Du glaubst gar nicht, wie unglücklich ich bin! Ich habe Niemand (no one), mit dem ich traulich (confidingly) sprechen kann, und Du bist fern von hier. Mamma hat kein Zutrauen zu mir, und fürchtet immer (always), ich verberge etwas (something) vor ihr. Sie

---

* The words contained in *Johnny's Letter*, *Nannette's Lament*, *Hugo the Coachman*, and *Jungfer Hannah* are here reproduced with the addition of new words.

wird manchmal (some times) so böse, wenn ich ihr widerspreche, daß sie mir
droht, sie wolle sich wieder verheirathen. Ich bitte sie dann mir zu verzeihen;
wir weinen dann zusammen, und Alles wird vergessen.

3. Wenn ich mit meinen Studien fertig bin, hege ich die Absicht eine Gou=
vernanten=Stelle (governess' position) anzunehmen. Wie froh wäre ich
Mamma zu beweisen, daß ich nicht das leichtsinnige Mädchen bin, für welches
sie mich hält (that she takes me for); und wie würde ich mich bemühen, die
Leute zu befriedigen! Ich wäre so glücklich, selbst Geld zu verdienen, um
meiner armen Mutter zu helfen, und diesem ewigen Schelten, Weinen, Klagen
und Seufzen ein Ende zu machen.

Am Danksagungstage (thanksgiving-day) war ich mit Mamma in der
Kirche, und hörte den Pastor Selig. Er sprach mit so viel Gefühl über die
Vergänglichkeit alles Irdischen, daß wir uns, Mamma und ich, sehr getröstet
fühlten. Auf dem Heimweg versprach sie mir, sie werde sich nicht wieder ver=
heirathen, ausgenommen ich heirathete bald. Wie soll ich das verstehen! Wenn
ich bald heirathe, so heirathet Mamma auch!

Pastor Selig ist noch ein junger Mann und unverheirathet; er gilt als eine
gute Partie (match), und viele Mädchen sind in ihn verrückt. Ich schrieb seine
Predigt (sermon) theilweise nieder, und abends wollte ich das Geschriebene für
Dich in's Reine bringen (to make a clean copy of it); aber die Oper Don
Juan wurde gegeben, und Mamma dachte, die Musik könnte mir nützlich sein, und
so gingen wir dahin (so we went there). Odust und die Holla sangen
prachtvoll, ganz göttlich (divine)! Was ich sagen wollte, die Predigt will ich
Dir ein andermal abschreiben, wenn ich es noch lesen kann.

4. Mamma hat mir einen herrlichen Hut gekauft. Die Federn und Blumen
(flowers) machen ihn sehr theuer; aber Mamma sagt, es sei besser gespart, wenn
man gleich etwas Gutes und Rechtes nehme, und es ist wahr (true); die
theuern Rosen (roses), die sie mir voriges Jahr (last year) kaufte, sind so
gut wie neu. Mamma hat sich auch einen Hut, gerade wie der meine, gekauft.
Sie meint (she thinks), es wäre schicklich, daß sie als Mutter sich ebenso
elegant kleide, wie ich. Ich hatte ein seidenes Kleid nothwendig, und so hat
sie gleich von demselben Stoffe auch eins für sich gekauft — des Sparens wegen!
Sie schmeichelt sich, daß, wenn wir uns gleich kleiden, die Leute uns für
Schwestern nehmen würden.

Aber mein Papier geht zu Ende, und wie viel wüßt' ich Dir noch zu sagen
(and yet how much more I could tell you)! Die Mutter schilt, ich soll
nicht so viel sitzen; ich solle mich mehr bewegen, — im Garten spazieren . . .
ich sähe ohnedies (anyhow) kränklich aus u. s. w.

Ich muß aufhören; es ist sechs Uhr, und heute ist unser englisches Theekränzchen (tea-party), und, weißt Du, ich trinke gern meinen Thee warm.

Dein ewig treues Käthchen.

P. S. Liebstes Gretchen! denke nur, der Pastor Selig wird beim Kränzchen erwartet; und wie ärgere ich mich, daß mein neues Kleid noch nicht fertig ist!

II.

1. Höre, und freue Dich mit mir, meine Theuerste! das ist der letzte Brief, den ich Dir aus der Hauptstadt (capital) schreibe. Ich gehe auf's Land, liebes Herz (heart), auf's Land! Ja, Du wirst Dich wundern, wie sich das zusammengetroffen hat! Die Mutter und ich wußten nicht, oder mußten es vergessen haben, daß Vater vierzig Meilen von hier einen alten Onkel, Gutsbesitzer (farmer), hatte, mit dem er seit Jahren nicht zusammengekommen war. Er hat, glaub' ich, Vaters Heirath nicht gern gesehen. Nun, der Onkel kam vor zwei Wochen, seit vielen Jahren, wieder in Geschäften hierher, und wollte bei dieser Gelegenheit nach der Wittwe (widow) und den Kindern seines Neffen (nephew) sehen (look after). Er ist ein recht guter Mann, der Onkel, nur etwas excentrisch, etwas roh (rough), möchte ich sagen, aber wie man eben auf dem Lande wird (as any one becomes in the country)— ziemlich materiell (rather matter-of-fact). Er blieb nur kurze Zeit hier. Als er abgereist war, fanden wir in der Küche eine große Quantität Viktualien, als: Obst, Gemüse und geräuchertes Fleisch, nebst einigen Flaschen Wein. Wie er in unsere Küche bringen konnte, ohne daß wir es wußten, können wir nicht begreifen. Er konnte sicherlich seine Liebe für uns nicht besser beweisen!

2. Was mich aber am meisten erfreute, war seine Einladung (invitation), auf längere Zeit zu ihm auf sein Landhaus zu kommen. „Das kränkliche Töchterlein, Frau Nichte, (Mrs. niece)," sagte er Mamma beim Weggehen, „schicken Sie mir nach; sie soll sich rothe Backen (Wangen) holen; wird ihr auch nichts schaden, wenn sie sieht, wo das Brod wächst (grows), und daß die Milch nicht aus dem Brunnen geschöpft wird (is dipped out of the well), wie in der Stadt."

Unser Plan wird nun verwirklicht (realisirt). Schon längst sann Mamma darüber nach, wie sie mich auf das Land bringen könnte. Der Onkel reiste gleich ab; morgen werde ich nachfolgen. Nach vielen Mühen und Sorgen ist es uns gelungen, meine Sachen für die Reise fertig zu packen. Ich nehme sechs Koffer mit, drei Schachteln (boxes), nebst zwei Hutschachteln, eine Reisetasche (traveling-bag); dann die Guitarre. Ich nehme auch Peppi mit, das ist mein Kanarienvogel. Mamma hat mich mit Allem versehen. Sie und zwei Frauen nähten seit vierzehn Tagen (fortnight) an meiner Garderobe (wardrobe), und haben selbst ein weißes Musselinkleid (muslin dress) nicht vergessen, das ich aber im Koffer verborgen lassen will (leave hidden), damit man nicht denkt, ich suche nach Vergnügungen und Zerstreuungen; aber ich denke es doch auf ländlichen Tanzfesten auf der grünen Wiese, beim Ton der Schalmeien (at rural dancing-festivals, to the sound of reed-pipes) zu gebrauchen (to use). Dann hat mir Mutter auch einfache, starke Kleider (clothes) von Leinwand nebst zwei Dutzend weißer Schürzen (aprons) für die Küche gemacht, da ich das Kochen lernen und der Tante im Haushalte helfen soll.

3. Ich nehme auch meine Bücher mit. Ich werde die Kinder des Dorfes besuchen und später um mich sammeln und sie lesen lehren. Dann habe ich auch meine französischen, englischen und italienischen Bücher mitgenommen; auch meine Musikstücke sind bei mir.

Mein Gartenhut mit veilchenblauen Bändern (ribbons), die im Winde fliegen, ist prachtvoll, so idyllisch; Du solltest ihn einmal sehen, wie er wogt, wenn ich gehe. Fürchte nicht, Theuere, daß mir die ländlichen Arbeiten schwer sein werden. O wie freue ich mich, morgens die Hühner (the chickens) zu füttern! auch das Melken und Buttern (milking and churning) muß allerliebst sein! Und nun noch eins: Welch' süßer Schmerz! Indem ich von der Stadt scheide, scheide ich auch von ihm. Du weißt, von wem ich spreche; ich werde ihn Sonntags nicht mehr hören? Weißt Du, daß er schon zweimal mit mir gesprochen hat? Einmal in der Kirche, wo er mir einen guten Morgen wünschte, und das andere Mal im letzten Theekränzchen, wo er mich Piano spielen hieß (asked me to play piano).

Ich fürchte, ich werde ihn nie wieder sehen; und wenn ich daran denke, füllen sich meine Augen.

4. Ich träumte einmal, — wenn ich, — es will gar nicht aus der Feder, — wenn ich, — nun, Du weißt, was ich sagen will! Aber das wird niemals geschehen! O wie hätte ich arbeiten wollen! ich hätte Stunden (lessons) gegeben den ganzen Tag, — für ihn! Die Mutter hätten wir zu uns genom=
men, und — für alle Mühe ein freundliches Lächeln von ihm hätte mich reich=
lich belohnt. Es soll nicht sein!

> Was ist's, wenn er im Leben
> Von mir gewendet geht?
> Ich will ihm vergeben,
> Daß er mich nicht versteht!

Du kehrst bald in die Stadt zurück. Wenn Du ihn dann siehst im Kirchen=
Chor oder in den Theekränzchen, versprich es mir zu schreiben. Wird er
wohl nach mir fragen?

Dein getäuschtes (disappointed)
Käthchen.

P. S. Sei doch so gut und schicke mir Dein breites veilchenblaues Band zur
Guitarre. Ich denke, Hut= und Guitarrenband sollten gleich sein. Den
nächsten Brief von Froschweiler (Frogville). Welch' romantischer Name!
Ich kann mir des Onkels Schloß (castle), so wie es auf einem Berge steht,
ganz vorstellen und sehe im Geiste, wie die guten Landleute (country people),
wenn die Abendglocke in der Ferne tönt, ihre Häupter entblößen und beten!
Dann höre ich die holden Drescher, die, mit Bändern an den Hüten, in der
Scheune dreschen! Ist das nicht charmant?

III.
Froschweiler.

1. Endlich bin ich hier, meine Liebe; ich komme später zum Schreiben, als
ich geglaubt; — es ist Alles so viel anders wie ich mir vorgestellt, aber doch
freundlich und ländlich, — gewiß sehr ländlich. Ich bin letzten Freitag ange=
kommen; Onkels Gefährt hat mich an der Station abgeholt. Die Kutsche ist
grün angestrichen (painted) und hat keine Thürchen. Mittelst eines Stuhles
steigt man hinein; die Pferde sind groß, schwer und sehen sehr zahm aus. Es
ist Alles recht nett; aber ich freue mich doch, daß mich Niemand aus der Stadt
gesehen hat. Ich näherte mich dem lieben alten Manne, der mich kutschiren
sollte, — wollte ihm freundlich die Hand geben, als, — Du hättest ihn
schelten hören sollen! „Sie sind verrückt," sagte er, „mit Ihrem vielen Gepäck;
warum haben Sie nicht auch noch Ihren Schrank mitgeschleift? — und, gerechter
Himmel! dazu noch eine Geige (fiddle) und einen Kanarienvogel!" Es
gelang ihm endlich, meine Koffer und Sachen nebst Guitarre aufzuladen;
aber denke, ich mußte oben darauf (on top) sitzen; es wundert mich, daß er
nicht umgeworfen hat.

2. Wir kamen endlich an. Ach, Gretchen! das Schloß ist ganz anders, als
ich es erwartete, und entspricht gar nicht meiner Vorstellung. Es ist gar kein
Schloß, und ist nicht alt und massiv, und steht auch auf keinem Berge. Es
steht inmitten von Feldern, Wiesen und Gärten in einer Ebene (on a plain),
und dahinter ist ein grüner Wald (green wood). Onkel und Tante bewill=
kommten mich sehr freundlich unter der Hausthür. Es freute mich, daß ich

Onkel kannte. Die Tante sieht etwas ernsthaft aus; sie ist eine ältliche Frau, und ihre Kleider sind sehr einfach. Ich glaubte, der Onkel wollte sich krank lachen über mein Gepäck. Ein junger Mann, der mir als mein Vetter (cousin) vorgestellt wurde, half beim Ausladen. Es ist Onkels Enkelsohn (grandson), und seine Eltern sind tott. Er ist höchst einfach in Person und Kleidern. Denke nur, ich schäme mich es Dir zu schreiben, er heißt Peter. Das ist doch gar zu ländlich! Versprich mir es zu verschweigen. Wenn eines der Mädchen wüßte, daß ich einen Vetter habe, der Peter heißt!

3. Ich muß natürlich nachsichtig mit diesen Leuten sein. Sie können nicht begreifen, warum Mädchen heutzutage (of to-day) mehr Gepäck mitnehmen, als in ihren Tagen. Damals konnte man sich leicht mit einer Reisetasche begnügen, aber das geht nun heute nicht mehr. Ich werde mich bestreben, diesen guten Leuten moderne Ideen beizubringen (convey). Ich habe mich dazu vorbereitet und werde ihnen abends aus meinem „Buch über Etiquette" vorlesen. Es ist höchst unwahrscheinlich, daß sie nicht die Richtigkeit dieser Gesellschafts=Regeln einsehen werden, und ich schmeichele mir, daß sie in Zukunft Personen, die sie besuchen, schicklich und nicht mit lautem, rohem Lachen bewillkommnen werden. Mein Zimmer ist recht nett, und der Anblick von da auf den Wald, die Felder, ist prachtvoll, und — dort, die Wiesen, auf denen die weißen Schäfchen ruhen, und der Schäfer mit seiner Schalm ... ich muß aufhören, sonst werde ich nicht fertig! Lebewohl! und denke an
Deine einsame (lonely)
Käthe.

P. S. Tausend Grüße an Alle; und wenn Du in den Kirchen=Chor kommst und in die dunklen Augen siehst, in deren Tiefen mein Glück versunken ist, so denke an mich; aber grüßen darfst Du mir ihn nicht! Wenn Du Etwas Neues in Schürzen siehst, so schreibe mir es; man geht hier in Schürzen aus. Noch etwas: daß Du Dich nicht in ihn verliebst!

IV.

1. Ich bin jetzt vierzehn Tage (a fortnight) hier und fange an, mich heimisch zu fühlen (begin to feel at home). Nur was mich ärgert ist, daß die Leute immer lachen, wenn sie mich sehen. Ich habe meine Sachen ausgepackt, — habe meine Kleider gelüftet und einige ausgebügelt, — und heute begann ich zum ersten Male zu malen. Ich will auch die Sprachen und die Musik fortsetzen. Ich versuchte, die Hühner zu füttern; aber wenn ich aufstehe, sind sie schon gefüttert. Ich wollte auch im Stalle melken helfen, aber, Gret=

chen, bist Du schon in einem Stalle gewesen? Pfui (whew)! das ist schreck=
lich! Ich griff nach meiner Nase und entwich so schnell ich konnte. Ich war
auch in der Küche, aber Tante kocht meistens allein und schickt die Mägde auf's
Feld; dann lege ich nicht gern meine Handschuh ab, und um (about) den
Kochofen ist es doch immer ein wenig schmutzig, und heißes Wasser, wie Du
weißt, macht die Hände roth (red). Zum Pianospielen sollten die Hände zart
und weiß sein. Das Buttern (churning) habe ich auch versucht, aber das
ist eine schwere Arbeit. Ich sehe, ich bin im Wege, und Alles geht so hübsch
voran ohne mich (every thing goes along nicely without me)! So
bleibe ich in der Gesellschaft meines Peppi und meiner Bücher.

2. Denke, der Onkel versteht gar nichts von der Musik. Er kam gestern
vom Felde heim, wohin er selbst geht (walks), und bat mich, vergnügt die
Hände reibend: „Bäschen (cousin), spielen Sie was (something)!" Ich
sagte, daß ich meine Noten noch nicht ausgepackt habe. „Was!" schrie er,
„Du kannst keinen Walzer oder Polka ohne Noten spielen?" Ich war dem
Weinen nahe, so sehr hatte er mich erschreckt, und sagte ihm zögernd, daß ich
nur Sonaten und Variationen und längere Musikstücke spiele. Er nahm mich
gleich bei der Hand, streichelte mir die Wange, küßte mich und sagte, er hätte
es nicht böse gemeint (he did not mean any harm). Er ist ein guter,
edler Mann, aber rauh wie ein ungeschliffener Diamant. Den Vetter sehe ich
wenig. Morgens vor Sonnenaufgang ist er meistens schon auf dem Felde
oder sonst in Arbeit; auch mittags bleibt er nicht lange da, nur abends, wo er
nach Tische (after supper) vorliest. Er liest meistens Biographien oder
Sachen über Agrikultur, die mich nicht interessiren, und Sonntags liest er die
Bibel. Ich glaube nicht, daß er das Buch über Etiquette gelesen hat. Nun,
ja! er heißt Peter, und von einem Peter kann man nichts Besseres erwarten.

3. Tante macht nicht viele Worte; sie thut ihre Arbeit in der Stille und
geht so leicht auf ihren Füßen, wie ein Mädchen. Wie gesagt, ihre Kleider
sind nicht modern, aber sie sehen höchst reinlich und frisch aus. Der Onkel setzt
großes Zutrauen in sie. „Ja," rühmt er sich oft, „meine Frau hat eine
Methode in häuslichen Sachen, wie keine. Bäschen, wenn Du was Rechtes ler=
nen willst, von ihr kannst Du es lernen." Im Ganzen genommen, bin ich gern
hier, obgleich ich manchmal weine und seufze. Mein Appetit hat sich gebessert;
aber beim Onkel da muß man essen, er zwingt einen. Bei Tische sitze ich
neben ihm; und Du solltest sehen, wie er meinen Teller (plate) anfüllt.
Tante erbarmt sich meiner oft und nimmt ihn weg. Zerstreuungen außer dem
Hause habe ich bis jetzt noch keine. Die Gesellschaft, die sich hier sammelt,
sind meistens Frauen aus der Nachbarschaft (neighborhood). Da wird

nichts geschwatzt, als von Milch, Buttern, Obst, Kochen, Waschen, Bügeln. Die wenigen (few) jungen Mädchen, die ich sah, sind unwissend und verstehen weder Musik noch Sprachen, und vom „Buch über Etiquette" verstehen sie gar nichts. Ein wenig kochen, nähen, bügeln und im Haushalt helfen, das ist Alles, was sie können. Der geistige Zustand auf dem Lande ist sehr niedrig. Aber mein Brief ist lang geworden. Gute Nacht! Lebe wohl, Theuerste!

Dein

Käthchen.

P. S. Sag', bist Du in der Singstunde gewesen, und hat Niemand nach mir gefragt? Du Glückliche!

V.

1. Ich muß Dir berichten, was ich gestern entdeckt habe. Niemand schien zu Hause zu sein; um mir die Zeit zu vertreiben, untersuchte ich das ganze Haus. Denke, als ich ganz oben (on the top floor) an eine Thüre kam, hörte ich Jemand von innen (from within) husten. Von Begierde getrieben zu wissen, wer hier wohnen könnte, machte ich die Thür auf, und . . . wie erschrak ich! Da saß eine greise Frau mit schneeweißem Haar, die mit Nähen beschäftigt war. Ich bat sie, mich zu entschuldigen, und wollte mich schnell wieder entfernen; aber sie bat mich zu bleiben und wies mir einen Stuhl neben ihr an. Ich setzte mich. „Ich sehe, Sie kennen mich nicht und wünschen zu wissen, wer ich bin. Lise heiße ich und bin die alte Magd, die seit sechzig Jahren in dieser Familie ist. Schon lange arbeite ich nicht mehr; ich kann nur noch ein wenig nähen. Ich kam in's Haus, als der junge Herr (so heißt sie Onkel) noch ein Knabe war." Die alte Lise kennt die ganze Familien=Geschichte. Sie hat auch meinen Vater gekannt. Sie ist so freundlich und gut, und sagte mir, wenn ich etwas zu nähen oder zu flicken (mend) hätte, so soll ich es ihr nur bringen. Ich plaudere gern mit ihr und besuche sie oft, und da sie besser als ich näht und flickt, so werde ich ihr meine zerrissenen Sachen bringen. Lise preist Onkel und Tante als die besten Leute, die es in der Welt gäbe.

2. Ich fragte Tante über Lise; ich sagte, ich hätte sie oben, ganz oben, in einem verborgenen Zimmer entdeckt. „Aber warum habe ich nie von ihr gehört, Tante?" „Ja, was hättest Du von ihr hören sollen?" antwortete Tante lachend. „Und warum sitzt sie so hoch oben, und so allein, und kommt nie herunter?" „Sie bleibt am liebsten (she prefers) in ihrem Zimmerchen, weil sie nicht mehr Treppen (stairs) steigen kann," war ihre Antwort. Ich muß

Dir gestehen (confess), meine Theuere, daß, obgleich Onkel und Tante herzensgute Leute sind, ich mich dennoch nicht so heimisch fühle, wie bei meiner Mutter; man scheint mich nicht zu verstehen. Tante ist beständig beschäftigt, und ich sehe nicht ein, wozu sie Mägde hat, wenn sie Alles selbst thut. Wenn ich mit meinem Buche unter einem schattigen Baume im Garten sitze, und Tante arbeitet so um mich herum und entfernt mit schneller (flinker) Hand das Unkraut und wirft es in den Weg, so scheint es mir immer, als thue sie es absichtlich, als Beispiel für mich (as an example for me). Ich will ihr dann helfen, und sie weist mich an das Unkraut; aber wenn ich meine Handschuhe nicht sogleich abnehme, so sagt Tante, ich solle wieder aufhören, sie könne schon allein mit der Arbeit fertig werden. Aber, liebstes Gretchen, Tante kann doch nicht erwarten, daß ich meine Handschuhe abnehme und mit entblößten Händen das schmutzige Unkraut angreife!

3. Vetter Peter inkommodirt mich auch. Er folgt mir mit seinen großen Augen; ob er dabei etwas denkt, weiß ich nicht. Vorgestern, als der Onkel mir hieß, die Suppe hereinzubringen, sagte Peter: „O nein, Käthchen würde ihre Handschuhe verderben, das ist nur für Großmutter." Ist das nicht vorlaut? Er sollte sich um seine Sachen bekümmern. Ich bin nicht träge und bin den ganzen Tag beschäftigt, entweder mit Lesen, Schreiben, Pianospielen, oder mit Studiren der Sprachen. Peter kann noch nicht einmal französisch, was doch jeder feine Herr sprechen und verstehen sollte. Von der Musik ist Alles was er kann: „O Du lieber Augustin!" (buy a broom) pfeifen; da höre ich lieber Peppi! Vor einigen Tagen (a few days ago) fragte er mich, was mein Ideal einer Frau sei. „Ich höre lieber vorher das Ihrige," antwortete ich ihm etwas kalt; denn ich sah nicht ein, warum ich ihm das beschreiben soll, was er nicht begreifen kann. „Mein Ideal," sagte er, „das ist nicht weit zu suchen, es ist meine Großmutter." „Natürlich (of course)," sagte ich, „ist Ihnen die häuslichste Frau auch die beste; je mehr eine wäscht, näht, stickt, kocht, pflanzt, spinnt, desto besser ——." „Nicht, weil Großmutter näht, kocht, pflanzt, spinnt und noch viel mehr thut, was Sie, Bäschen, nicht einmal wissen," unterbrach er mich (he interrupted me) in ernstem Tone, „sondern weil sie Alles thut, was sie kann, um Andere glücklich zu machen, und als treue Christin stets ihre Pflicht thut. Und wenn ich Ihnen sagen soll, welche nach meiner Meinung die beste Frau ist, so sage ich, es ist die, welche sich am meisten selbst vergißt im Umgang mit den Ihrigen (in the intercourse of her family)."

4. Diese Sprache von Peter, die ich von ihm gar nicht erwartet hatte, empörte mich sehr. Ich suchte meinen Unwillen zu verbergen, aber es gelang mir nicht. Beinahe weinend sagte ich: „Und weibliche Talente, Kenntnisse

(knowledge) von Musik, Sprachen, Zeichnen, Malen gelten nichts bei Ihnen; diese verwerfen Sie als unnütz." „Sie irren sich," antwortete er mir ganz ruhig, „ich verwerfe sie nicht, ich schätze sie (I appreciate them); aber sie dürfen den Pflichten gegen unsere Mitmenschen nicht in den Weg treten; und wer sich nicht selbst vergessen lernt, wird weder als Hausfrau noch als Lehrerin glücklich sein und glücklich machen. Da kam gerade Tante herein, und Onkel sagte lachend: „Gut, daß Du kommst, die zwei hätten sich beinahe bei den Haaren gefaßt; da sieh, wie Käthchen ein rothes Gesicht hat, weil Peter nicht die Mädchen bewundert, die vier Sprachen sprechen und Astronomie verstehen." Ich verließ (left) augenblicklich das Zimmer. Ich war auf's Höchste erregt (I was greatly excited) und mußte das Freie (open air) suchen. Ich begreife nicht, warum Peter mich beständig angreift (attacks) und mich beleidigt. Während ich schreibe, treibt der Gedanke daran mir nochmals das Blut in's Gesicht. Gute Nacht für heute, meine Liebe; Du allein verstehst mich, wenn Alle mich mißverstehen. Lebewohl! Vergiß nicht, mir das neueste Modejournal (fashion-journal) zu schicken.

Dein armes, mißverstandenes
Käthchen.

P. S. Hast Du keine süße Nachricht für mich? Bist Du in der S.. gst.... gewesen?

VI.

1. Weißt Du, liebes Gretchen, daß ich mit mir gar nicht zufrieden bin? Das Ideal meines Vetters hat mich denken machen, und es scheint mir beinahe, ich sei im Unrecht. Diese Familie ist nicht so ohne Gefühl, als ich bis jetzt glaubte. Hier ein Beispiel davon. Gestern hatten wir ein schreckliches Wetter; es regnete den ganzen Abend und die Nacht durch. Das Donnern und Blitzen hatte mich so sehr erschreckt, daß ich mich in meinem Zimmer verbarg. Als ich heute Morgen spät aufstand, hörte ich, daß Onkel krank sei und an einem heftigen (violent) Fieber darniederliege. Eine Magd berichtete mir Folgendes: Der Onkel sei gestern Nachmittag, begleitet von Phylax, seinem treuen Hofhunde, in einem entfernten Felde gewesen. Als der Sturm kam, war es schon dunkel, und er beeilte sich, vor Nacht nach Hause zu kommen. Er schritt schnell vorwärts, und nach vieler Mühe kam er endlich an. Es war Mitternacht. Man kann sich vorstellen, in welchem Zustande. Er befahl augenblicklich, ehe er an sich dachte, Phylax zu füttern; aber wie wunderte er sich, als man den Hund nicht finden konnte. Er besann sich nicht lange, nahm

seinen Hut und ging nochmals fort in die Nacht, ohne auf der Tante Bitten zu hören. Heute morgen um sechs Uhr kehrte er heim; aber er mußte sich gleich legen, da er sich sehr stark erkältet hatte. Es war ihm gelungen, Phylax zu retten, der in einen Brunnen gefallen war.

2. Was denkst Du von solch einem Heroismus? Wer hätte das von dem strengen, rauhen (rough) Manne erwartet? Noch ein Anderes. Vor einigen Tagen (a few days ago) stand ein alter Mann unter dem Baume vor dem Hause, der Geige spielte. Ach, Gretchen! wenn ich daran denke, werden mir die Augen wieder trübe (dim). Ein solches Spiel habe ich in meinem Leben nicht gehört. Der Mann schien wie in sich selbst versunken und spielte mit so vielem Gefühle die herzzerreißendsten Adagios, daß sich ein Stein hätte erbarmen mögen (that a stone might have been moved to pity). Ich warf ihm all das Geld zu, das ich besaß, und wunderte mich, wie Onkel, Tante und Vetter so hartherzig und grausam sein könnten, den Mann ohne ein Geschenk weggehen zu lassen. Ich irrte mich. Onkel war im Hofe; und es schien mir, als ob er nicht gesehen sein wollte, denn er hatte sein Taschentuch (handkerchief) in der Hand und rieb sich die Augen damit. Er winkte dem Manne, der auch sogleich zu ihm kam; und da sah ich, wie Tante und Vetter Peter hinter der Hofthür hervorkamen und, gleich Onkel, dem Manne eine Handvoll Geld gaben. Bei Tische sprach Niemand davon, und Alle thaten, als ob nichts geschehen sei. Sind das nicht kuriose Leute? Weißt Du, daß ich anfange, an Peter großes Interesse zu nehmen? Er ist sehr beliebt im Dorfe, und wenn er (er ist sechs Fuß hoch) so einherschreitet, solltest Du sehen, wie die Dorfleute ihre Hüte abnehmen und ihm nachsehen. Wir stehen noch immer sehr ernst zu einander. O, wie wünsche ich, daß er mich verstände! Seine Worte treffen mich so schwer!

3. Vor einigen Tagen war Gesellschaft aus der Stadt hier— eine Frau mit ihren zwei Töchtern. Ich ging sogleich aus dem Wege in den Garten und amüsirte mich mit einem französischen Buche. Auf einmal (all at once) stand Vetter Peter vor mir und sagte in einem befehlenden Tone, der mir in's Herz stach: „Bäschen, es ist Gesellschaft oben (up-stairs)!" „Ich weiß es," antwortete ich kalt. „Man weiß, daß Sie da sind, und es ist doch höchst unschicklich, wenn Sie allein im Garten sitzen." „Ich denke," sagte ich etwas unartig, „es ist nicht nothwendig, meine Zeit in einer Gesellschaft wegzuwerfen, in der ich nicht verstanden werde, und in der ich nichts gewinnen kann." „Wissen Sie das gewiß?" begann er wieder, „diese Mädchen kommen eben aus der Pension und sollen sehr gelehrt sein." „Nun, wenn das ist," sagte ich, ihm in's Gesicht lachend, „dann gehen Sie und finden Sie Ihr Ideal."

Er maß mich mit den Augen und ging, aber im Gehen sagte er noch: „Es wäre doch freundlich gewesen, wenn Sie der Großmutter in der Küche oder im Speisesaal geholfen hätten." Das war richtig, ich hatte das nicht überlegt; aber er hätte mir das nicht gerade vorwerfen sollen. Tante kam nachher mit den Damen in den Garten. Ich schämte mich ein wenig und ging zuletzt zu ihnen. Ich sammelte den Mädchen Blumen und band einen Strauß (bouquet) daraus für die Eine, und wand einen Kranz für die Andere. Die Mädchen sind sehr liebenswürdig, sprechen deutsch und französisch mit großer Leichtigkeit; aber ihre Kleider sind nicht nach der (according to) letzten Mode.

Gute Nacht, Gretchen! Ich bin so unzufrieden mit mir selbst und weiß gar nicht, wie mir zu helfen ist. Wenn ich mich mit diesen Leuten vergleiche, so ärgere ich mich über mich selbst. Ich möchte mich bessern; möchte gern geliebt und liebenswürdig sein; möchte meine Fehler vermeiden, wenn ich sie kennte. Ich wundere mich gar nicht, daß die Leute mich hassen.

Dein unglückliches
Käthchen.

VII.

1. Liebstes Gretchen, lache nur nicht! Ich habe gestern morgen in allem Ernste angefangen im Garten zu arbeiten. Ich habe dadurch meine Handschuhe ganz verdorben, denn sie barsten in den ersten Augenblicken, als ich mit dem Spaten arbeitete; aber deren Verlust macht mir keine Sorgen und keine Schmerzen. Vetter Peter half mir, und später kamen auch Onkel und Tante; und Du hättest sehen sollen, wie sie meinen Fleiß bewunderten und lobten. Du glaubst gar nicht, wie viel Freude mir auf einmal die Arbeit machte. Es ist wahr, das beständige Bücken beim Arbeiten fällt mir schwer (is hard for me); auch sind meine Hände beim Abschneiden des todten Holzes von den Bäumchen rauh geworden; aber meine Wangen solltest Du jetzt sehen, und welchen Appetit ich mir errang! Das sind alles unpraktische Ideen, die wir in der Pension vom Landleben erlernten. Welch verrückte Illusionen machte ich mir, ehe ich hierher kam! Meine kindischen Träume über Schäfchen, Schäfer, Bänder, und Tanz auf der grünen Wiese, nach der Musik der Schalmeien, sind alle zu Wasser geworden. Ich bin heute zum ersten Male auf der Wiese gewesen. Ich half Tante mit ihrer Leinwand, die sie daselbst zum Bleichen hatte.

2. Vetter Peter ist sehr freundlich gegen mich geworden, seitdem ich seiner Großmutter helfe; auch hat er mir dafür gedankt. Ich sehe, es war reiner

Egoismus von mir; ich wollte, daß Andere mich verstehen sollten, anstatt daß ich mich bestrebte, Andere zu verstehen. Ich bin so glücklich, daß ich anfange, meine Fehler selbst einzusehen. Der Vetter Peter ist ein charmanter Junge — mit seinen prachtvollen blonden Haaren. Der Pastor Selig hat schwarze; aber ich denke, blonde sind viel schöner. Ich habe Dir von meiner Absicht gesprochen, die armen Kinder und die Kranken des Dorfes zu besuchen. Tante geht manchmal dahin, aber sie sagt nie etwas davon. Es scheint mir, man weiß hier nichts von Werken der Barmherzigkeit (works of charity). Selbst Vetter scheint mir ein wenig hartherzig. Ich hörte ihn einmal, wie er arme Kinder ausschalt und aus dem Hofe schickte. Ich eilte ihnen sogleich nach (I hastened after them) und gab ihnen etwas Geld. Vetter Peter ärgerte sich sehr darüber und sagte, das sei träges Volk und verdiene nicht, daß man ihnen etwas gebe; er hätte sie früher auf einem Felde mit dem Wegräumen (removal) der Steine beschäftigen wollen, aber sie widersetzten sich und gingen weg.

3. Gestern sprach Tante von einer greisen, kranken Frau, die im Dorfe wohne und sehr arm sei. Ich fragte sie, ob sie mir erlaube, dieselbe zu besuchen. „Was," sagte sie und machte große Augen, „Du willst die alte Marie besuchen; was willst Du denn bei ihr thun?" „Ich will sie trösten, ihr vorlesen, sie unterhalten," sagte ich etwas verzagt. „Nun, so geh'; die Magd kann Dir den Weg zeigen (show) und die Flasche Wein mitnehmen, die ich ihr schicken wollte; ich wünsche Dir Glück auf den Weg!" Auf dem Wege dahin fand ich die Kinder des Dorfes nicht so höflich und arglos, als ich es erwartete. Sie schienen sich über meine Kleider zu amüsiren, und lachten und schrieen wie verrückt. Somit verschwand wieder eine andere meiner theuren Illusionen. Wir kamen an das Häuschen und traten ein. Aber welch schreckliche Luft kam aus dem Zimmer. Da lag das alte Weib auf einem schmutzigen Bette. Welch ein Anblick! Nein, solches Elend hätte ich mir nie vorgestellt! Sehen denn die alten Frauen, die Ihr vom Wohlthätigkeits=Verein (benevolent society) in der Stadt besucht, auch so aus? Ich hatte mir eine ehrliche, rechtschaffene Alte gedacht, ärmlich, aber reinlich gekleidet (poorly, but cleanly dressed).

4. Es waren noch andere Frauen mit rohen Gesichtern in dem niedrigen Zimmer. Sie besahen mich von oben bis unten (top to bottom), als ob sie noch nie ein Mädchen gesehen hätten. Endlich gab mir eine einen Stuhl; aber da ich fürchtete, mein Kleid zu beschmutzen, so legte ich zuerst ein Stück Papier darauf, ehe ich mich setzte. Ich stellte den Wein hin und fragte die kranke Frau, wie es ihr gehe; ich wußte gar nicht was, ich weiter sagen sollte. Zuletzt nahm

ich mein Buch und fragte, ob ich etwas vorlesen sollte. Sie sagten Alle: „ja." Ich hustete ein wenig, um mir ein Ansehen (air) zu geben, und begann dann aus Mommsen's prachtvoller „Geschichte der römischen Civilisation" zu lesen. Gretchen, ich las eine Stunde; aber, willst Du mir's glauben, meine Mühe war ganz für nichts. Dieses unwissende Volk gähnte, ohne sich zu schämen. Welch grelle Ignoranz! Diese Leute sind geistig todt, und alles Gefühl ist fort (gone). Ich fragte sie, ob sie verstanden hätten, was ich las; sie sagten: „nein!" Sie wußten nicht einmal, wer die Römer waren, und was Rom war, und was es heute ist.

5. Sie sagten, sie hörten gern aus Robinson Krusoe, aus Münchhausen, oder von der schönen Genoveva. Wie habe ich mich getäuscht! Schreibe mir von den Erfolgen Eurer Armen= und Krankenbesuche, und wie Ihr es mit dieser Klasse Menschen macht. Ist es denn nicht möglich, die Leute dieser grellen Ignoranz zu entreißen? Mit all dem Guten, daß man ihnen erweist, beklagen sie sich über die Hartherzigkeit der Welt. Was nützen öffentliche Schulen, wenn man dieses Volk nicht zwingt, seine Kinder hineinzuschicken? Ich fürchte, eine andere schöne Illusion ist dahin (gone).

Dein
Käthchen.

P. S. Es muß doch göttlich sein, als Frau eines Pastors, an seiner Seite die Kranken und die Armen zu besuchen. Ich habe jetzt eine Idee, wie eine solche Frau sein sollte. Sie muß mildthätig, nachsichtig, leutselig, freundlich, hold, verständig sein. O, wenn der Pastor Selig mich heute gesehen hätte!

> Ende Himmel dieses Schwanken;*
> Ach! ich hab es nicht gekonnt.
> Stets verwirr'n† sich die Gedanken—
> Bald zu schwarz und bald zu blond.
> Will das Eine ich erfassen,
> Kann das Andre ich nicht lassen!

VIII.

1. Ich habe wieder etwas Neues entdeckt. Onkel und Tante sind doch nicht so habsüchtig (greedy), als ich dachte. Im Dorfe haben sie den Ruf als sehr wolthätige Leute. Sie thun Alles im Stillen (in secret). Ich habe den

---

* May heaven end this vacillation!   † Sich verwirren, to confuse, tangle.

Onkel, wenn es dunkel war, aus dem Hause schleichen sehen; und man sagt mir, daß er dann ausgehe und das Elend selbst aufsuche. Seinen Ueberfluß an geräuchertem Fleisch und Brod gibt er jedes Jahr an die Armen weg. Und manchen Acker (many an acre) läßt er für die Leute pflügen (he is having plowed for people), die keine Pferde haben, und die die Mittel nicht haben, dafür zu bezahlen. Ist das nicht edel? Wenn ich ihn darüber befrage, so thut er, als wisse er nichts davon. Vetter Peter ist gerade so. Da höre ich, daß er im Winter Holz zum Heizen aus dem Walde hole und es den Armen gebe; und, die es verdienen (and those who deserve it), können immer auf seine Hülfe (help) rechnen. Ich habe die häuslichen Arbeiten sehr lieb gewonnen (learned to like), und Tante dankt mir für die Hülfe. Sie ist alt und fühlt, daß sie sich schonen muß. Jedoch wünscht sie, daß ich meine Musik und andere Studien nicht vergesse. Peter ist mein Schüler im Französischen geworden; „damit ich es nicht vergesse," sagt er. Und wie schäme ich mich, Gretchen! ich, die sich so sehr ihrer Kenntnisse rühmte.

2. In der ersten Stunde (lesson) habe ich ausgefunden, daß er mehr weiß, als ich. Er hat das Gymnasium absolvirt (graduated) und versteht lateinisch, griechisch, und hauptsächlich in der Geschichte und Literatur ist er die Autorität im Hause. Er lehrt mich lateinisch, und ich kann schon das Zeitwort amo konjugiren. Ich hätte nicht gedacht, daß Lateinisch so interessant wäre. Ich befleißige mich auch sehr, sein Lob zu verdienen. Peter scheint gern in meiner Gesellschaft zu sein. Hinter dem Hause ist ein hoher Hügel. Des Abends steigen wir manchmal mit unseren Büchern hinauf; und es wird oft spät, ehe wir herabsteigen. Tante zankt dann, wenn wir uns zu sehr verspäten. Sie befürchtet, ich möchte mich erkälten und mir Halsweh oder einen Husten holen; hauptsächlich warnt sie mich vor der kühlen Abendluft. Ich habe Tante versprochen, ihr zu gehorchen, und daß ich ihr von nun an keinen Anlaß mehr zum Zanken geben wolle. Ich gehe sehr gern mit Peter spazieren. Er ist so unterhaltend und weiß über Alles so gelehrt zu sprechen, daß es eine wahre Freude ist, ihm zuzuhören; und ich bin sicher, daß ich im Umgang mit ihm nur gewinnen kann.

3. Ich habe auch reiten gelernt, und wenn es sein muß, kann ich auch mein Pferd selbst satteln und zäumen; ich kann auch ohne Hülfe auf= und absteigen; habe auch schon versucht, an= und auszuspannen. Mein Reitpferd kennt mich und ist so zahm, daß es Aepfel aus meiner Hand frißt und mir wie ein Hund folgt. Ich hätte nicht geträumt, daß Pferde so verständig sein könnten.

O theuerstes Gretchen! ich möchte Dir gern meine Gefühle beschreiben. Ich bin von so tiefer Dankbarkeit für diese Familie durchdrungen, daß es mich zwingt, mir in Worten Luft zu machen. Meine Freunde sind so freundlich und zärtlich gegen mich; und da ich habe einsehen lernen, daß ich ihre gütigen Aufmerksamkeiten nicht verdiene, so wundere ich mich, wie sie Alle so nachsichtig gegen mich sein konnten, hauptsächlich in der ersten Zeit meines Hierseins (arrival). Denn zu jener Zeit hatte ich übertriebene Gedanken von meinem Wissen und glaubte, daß das Landvolk nur halb civilisirt sei. Das Blut steigt mir jetzt noch in die Wangen, wenn ich daran denke, was für verrückte Ideen ich im Kopfe hatte. Vergleiche meine große Unbescheidenheit, meinen grellen Egoismus, mit ihrer Geduld und zarten Rücksicht auf meine Person. Ihre Mission war, mich meine Fehler selbst einsehen zu machen, ohne durch wiederholtes Tadeln und Schelten mein Ehrgefühl (pride) zu beleidigen.

4. Ich wollte verstanden sein, und man verstand mich nur zu gut. Ich, die sich rühmte, vorurtheilsfrei zu sein, war es am wenigsten. Es gelang endlich dem stillen, mächtigen Beispiel des häuslichen Fleißes und Friedens, mich von falschen städtischen Ideen (city notions) und Gewohnheiten zu heilen. Noch muß ich mich vor mir selbst hüten; es ist gar so schwer (so very difficult), sich an eine neue Ordnung (order of things) zu gewöhnen. Wie leicht verirrt man sich wieder! Welch beständige Vorsicht hat man nothwendig! Man sagt zwar, man solle nur auf die Stimme seines Gewissens (conscience) hören, und man werde keinen Fingerbreit vom Wahren und Rechten abweichen. Aber wie ist's, wenn das Gewissen selbst fehlerhaft ist? wenn die Gefühle, die man empfindet, falsche sind? Ach, wie schwer ist's, immer das Gute zu erkennen! Es ist, wie Vetter Peter mir einmal sagte: „Nur wenn man sich selbst vergißt und in dem Glücke Anderer sein eigenes sucht, kann man glücklich sein." Und das ist wahr. Seitdem ich lateinisch lerne, habe ich mich gänzlich selbst vergessen, und suche nur meinen Lehrer zu befriedigen. Weißt Du auch, daß „Peter" nicht so übel klingt (does not sound so bad), und daß ich blonde Haare hübscher finde, als schwarze? In der Singstunde lasse ich Dir jetzt freies Feld. Siehst Du, wie edelmüthig ich geworden bin?

Deine glückliche

Freundin.

P. S. Noch etwas, Theuerste! Verbrenne (burn) alle die Briefe, in welchen ich auch nur entfernt von ihm spreche. Versprich mir, Alles zu verschweigen. Es war nur kindisches Träumen.

IX.

1. Liebes, herziges Gretchen! Die Mutter und Bruder Eduard sind hier. Ach, Gretchen, es ist Alles entschieden! Ich bin ganz außer mir (I am beside myself). Habe Geduld! Denk' .... ich kann es nicht aussprechen. Die Poesie, die göttliche, muß mir helfen:

> Wem der große Wurf gelungen,
> Eines Freundes Freund zu sein;
> Die einen edlen Mann errungen,
> Mische ihren Jubel ein!

Ja, ich möchte schreien vor Freude, wenn man mich nicht hörte. Der Peter, Gretchen! der Peter ist mein eigen — total errungen! Nach Tische werde ich die Einsamkeit des Waldes aufsuchen und einen Solotanz für mich aufführen (execute), um mein übervolles Herz zu erleichtern. Ich werde jubeln (shout for joy), daß die Vögel erschrecken. Der Peter hat gestern um meine Hand geworben (sued = asked), und da ich schon längst auf diesen Moment wartete und ihn reiflich überlegt hatte, so habe ich gleich „ja" gesagt. Die Mutter wünschte diese Heirath sehr, und Du weißt, ich war immer gern gehorsam, und so war es für mich keine Schwierigkeit, zu wissen, was ich zu thun hatte.

2. Kurz, wir sind versprochen (promised = engaged), und in vierzehn Tagen soll die Hochzeit sein. Natürlich kommst Du dazu; die förmliche Einladung werde ich Dir später schicken. Denke, all das große Eigenthum, das Onkel besitzt, wird einstens (some time) dem Peter gehören, und ich werde seine Fr..! Ist das nicht zum Tollwerden? Der Peter hat auch einen anderen Namen: Maximilian. Gib diesen als den Namen meines Bräutigams (affianced) an. Die Mutter ist überglücklich, und Eduard ist in seinem Element. Sein Wunsch, reiten zu können und auf die Jagd zu gehen, kann jetzt erfüllt werden. Ob Mutter auch einen Wunsch hat? ... Du weißt, was ihre Absicht war, ehe ich hierher kam. Ich traue ihr nicht; sie, die mir immer von Sparen sprach, hat sich wieder ein neues seidenes Kleid nebst Hut mit prachtvollen Federn machen lassen; das Ganze nach der neuesten Mode. Und der schrecklichste der Schrecken! denke, ein altes, dickes Herrchen hat sie hierher begleitet, der einen Kopf niedriger als sie ist, — um sie herumhüpft und sie Mariechen (Mamie) heißt! Sieht das nicht verdächtig (suspicious) aus?

Deine ewige Freundin,

Käthe.

Analysis.
IV. CLASS.

INFINITIVE.	INDICATIVE.		IMPERATIVE.		IND. & SUBJ.		PAST PART.
	PRESENT.				IMPERFECT.		
	2. and 3. pers.				ie	i	a
77. blaſen,* to blow	bläſeſt	bläſt	blaſe!	blaſet!	blies	blieſe	geblaſen
78. braten, to roast	—	—	brate!	bratet!	briet	briete	gebraten
79. § fallen,¹ to fall	fällſt	fällt	falle!	fallet!	fiel	fiele	gefallen
80. fangen,² to catch	fängſt	fängt	fange!	fanget!	fing	fing	gefangen
81. halten,³ to hold	hältſt	hält	halte!	haltet!	hielt	hielte	gehalten
82. hangen,⁴ to hang	hängſt	hängt	hange!	hanget!	hing	hinge	gehangen
83. laſſen,⁵ to let	läſſeſt	läßt	laſſe!	laſſet!	ließ	ließe	gelaſſen
84. rathen,⁶ to advise	räthſt	räth	rathe!	rathet!	rieth	riethe	gerathen
85. ſchlafen,⁷ to sleep	ſchläfſt	ſchläft	ſchlafe!	ſchlafet!	ſchlief	ſchliefe	geſchlafen
86. § laufen,⁸ to run	läufſt	läuft	laufe!	laufet!	lief	liefe	gelaufen
87. hauen,⁹ to hew, hit	—	—	haue!	hauet!	hieb	hiebe	gehauen
88. § gehen,¹⁰ to go	—	—	gehe!	gehet!	ging	ginge	gegangen†
89. ſtoßen,¹¹ to push	ſtößeſt	ſtößt	ſtoße!	ſtoßet!	ſtieß	ſtieße	geſtoßen†
90. rufen,¹² to call	—	—	rufe!	rufet!	rief	riefe	gerufen†

* Observe that all these verbs which have a in their infinitive retain this vowel in the past participle.

¹ Ebenſo: § herab-fallen, to fall down; gefallen, to please; § ein-fallen, to occur to the mind; mißfallen, to displease; § zerfallen, to decay.

² Ebenſo: an-fangen, to begin; empfangen, to receive.

³ Ebenſo: ab-halten, to prevent; auf-halten, to detain; ein-halten, to stop; behalten, to keep; erhalten, to receive. Halten, with the preposition für, answers to the English, to take for, as: ich halte ihn für einen ehrlichen Mann, I take him for an honest man.

⁴ Ebenſo: ab-hängen (von), to depend; but hängen, to hang up, is weak.

⁵ Ebenſo: verlaſſen, to leave (a place); zurück-laſſen, to leave back; hinterlaſſen, to leave behind. To let a house, vermiethen.

⁶ Ebenſo: errathen, to guess; ab-rathen, to dissuade.

⁷ Ebenſo: § ein-ſchlafen, to fall asleep.

⁸ Ebenſo: entlaufen, to run away.

⁹ Ebenſo: ab-hauen, to cut off; zerhauen, to cut to pieces.

¹⁰ Ebenſo: § aus-gehen, to go out; § hinein-gehen, to go in; § fort-gehen, to go away; § vorbei-gehen, to pass by.

¹¹ Ebenſo: an-ſtoßen, to hurt; verſtoßen, to reject, cast out.

¹² Ebenſo: aus-rufen, to exclaim; zurück-rufen, to call back.

† Gehen, ſtoßen, rufen are an exception to this class; however, as they conform to its general aspect, they are here added. Gehen changes its radical vowel to a in the past participle and ſtoßen and rufen retain theirs.

PREPOSITIONS WHICH GOVERN THE ACCUSATIVE ONLY.

The following prepositions govern the accusative only, as: durch, um, gegen, wider, für, ohne, bis.

Themes for Drill.

ACCUSATIVE.

1. durch. Ich blase das Horn, und der Schall tönt **durch den** Wald, I blow the horn, and its note resounds through the woods.
2. Ich brate mein Fleisch immer **durch** und **durch**, I always roast my meat through and through.
3. Ich falle nur **durch meine** eigene Unvorsichtigkeit, I fall only through my own carelessness.
4. um. Karoline gefällt mir am besten mit weißem Tüll **um den** Hals, Caroline pleases me best with white tulle around her neck.
5. Ich fange jeden Morgen **um** fünf Uhr an, meine Aufgabe zu lernen, I begin every morning at five o'clock to learn my lesson.
6. Mit Freuden empfange ich die Glückwünsche meiner Freunde, with joy I receive the good wishes of my friends.
7. Meine kranke Mutter hat Niemand **um sich**, daher halte ich mich nicht lange auf, my sick mother has no one about her, hence I do not stay long.
8. Ich hänge den Kopf, weil ich mich schäme, I hang my head, because I am ashamed.
9. **Um keinen** Preis lasse ich diesem Manne mein Pferd, at no price will I let this man have my horse.
10. gegen. **Gegen** Ende des Jahres verlasse ich die Stadt, toward the end of the year I leave the city.
11. Nur **gegen meinen** Schein empfange ich das Geld, only in exchange for my receipt do I receive the money.

12. Ich rathe Niemand, **gegen das** Unvermeidliche zu kämpfen, I advise no one to fight against the inevitable.

13. wider. Ich schlafe so ungern in einem kalten Zimmer, daß ich es nur **wider** Willen thue, I so much dislike sleeping in a cold room, that I do it only against my will.

14. Ich schlafe des Nachts gewöhnlich **um** elf Uhr ein, wenn ich den Tag über arbeite, I fall asleep at night usually at eleven o'clock, when I work through the day.

15. für. **Für mein** Alter laufe ich schneller als Karl, for my age, I run faster than Charles.

16. Ich haue den tollen Jungen, und er nimmt es **für** Scherz, I cut the mad-cap boy, and he takes it for a joke.

17. Ich halte denjenigen **für einen** Dummkopf, der mehr gibt als er hat, I take him for a dunce, who gives more than he has.

18. ohne. Ich gehe **ohne meinen** Hund auf die Jagd, I go hunting without my dog.

19. **Ohne (einen)** Hut gehe ich im Sommer nicht in die Sonne, without a hat I do not walk in the sun in summer.

20. bis. Ich stoße Robert **bis an die** Knie in's Wasser, I push Robert into the water up to his knees.

21. Ich rufe meinen jüngsten Bruder nicht eher zum Frühstück, als **bis** er aufwacht, I do not call my youngest brother to breakfast till he wakens.

22. Ich schlafe jeden Morgen **bis** sechs Uhr, ohne aufzuwachen, I sleep every morning till six o'clock without awakening.

Model-Drill 117.

1. *T.* Ich blase das Horn, und der Schall tönt durch den Wald.
   Rob. Sie blasen das Horn, und der Schall tönt durch den Wald.

2. *T.* Ich blies das Horn, und der Schall tönte durch den Wald.
   Rob. Sie bliesen das Horn, und der Schall tönte durch den Wald.

3. *T.* Ich habe das Horn geblasen, und der Schall hat durch den Wald getönt.

Rob. Sie haben das Horn geblasen, und der Schall hat durch den Wald getönt.

4. *T.* Ich werde das Horn blasen, und der Schall wird durch den Wald tönen.
Rob. Sie werden das Horn blasen, und der Schall wird durch den Wald tönen.

5. *T.* Wenn ich das Horn bliese, würde der Schall durch den Wald tönen.
Rob. Wenn Sie das Horn bliesen, würde der Schall durch den Wald tönen.

6. *T.* Hätte ich das Horn geblasen, so hätte der Schall durch den Wald getönt.
Rob. Hätten Sie das Horn geblasen, so hätte der Schall durch den Wald getönt.

Model-Drill 118.

1. *Rob.* Meine kranke Mutter hat Niemand um sich, daher halte ich mich nicht lange auf.
T. Was sagt Robert?
Class. Er sagt, seine kranke Mutter hat Niemand um sich, daher hält er sich nicht lange auf.

2. *Rob.* Meine kranke Mutter hatte Niemand um sich, daher hielt ich mich nicht lange auf, oder meine kranke Mutter hat Niemand um sich gehabt, daher habe ich mich nicht lange aufgehalten.
Class. Seine kranke Mutter hatte Niemand um sich, daher hielt er sich nicht lange auf, oder seine kranke Mutter hat Niemand um sich gehabt, daher hat er sich nicht lange aufgehalten.

3. *Rob.* Meine kranke Mutter wird Niemand um sich haben, daher werde ich mich nicht lange aufhalten.
Class. Seine kranke Mutter wird Niemand um sich haben, daher wird er sich nicht lange aufhalten.

4. *Rob.* Sobald meine kranke Mutter Jemand (somebody) um sich haben wird, werde ich mich länger aufhalten.
Class. Sobald seine kranke Mutter Jemand um sich haben wird, wird er sich länger aufhalten.

5. *Rob.* Wenn meine kranke Mutter Jemand um sich hätte, würde ich mich länger aufhalten.

Class. Wenn seine kranke Mutter Jemand um sich hätte, würde er sich länger aufhalten.

6. *Rob.* Hätte meine kranke Mutter Jemand um sich gehabt, so hätte ich mich länger aufgehalten, oder so würde ich mich länger aufgehalten haben.

Class. Hätte seine kranke Mutter Jemand um sich gehabt, so hätte er sich länger aufgehalten, oder so würde er sich länger aufgehalten haben.

7. *Rob.* Man meldet mir, meine kranke Mutter habe Niemand um sich, daher halte ich mich nicht länger auf.

Class. Man meldet ihm, seine kranke Mutter habe Niemand um sich, daher hält er sich nicht länger auf.

Model-Drill 119.

1. *Rob. and Chas.* Wir schlafen so ungern in einem kalten Zimmer, daß wir es nur wider Willen thun.

T. Was thun sie ungern?

Class. Sie schlafen so ungern in einem kalten Zimmer, daß sie es nur wider Willen thun.

2. *Chas. and Rob.* Wir schliefen so ungern in einem kalten Zimmer, daß wir es nur wider Willen thaten, oder wir haben so ungern in einem kalten Zimmer geschlafen, daß wir es nur wider Willen gethan haben.

Class. Sie schliefen so ungern in einem kalten Zimmer, daß sie es nur wider Willen thaten, oder sie haben so ungern in einem kalten Zimmer geschlafen, daß sie es nur wider Willen gethan haben.

3. *Rob. and Chas.* Wir hatten so ungern in einem kalten Zimmer geschlafen, daß wir es nur wider Willen gethan hatten.

Class. Sie hatten so ungern in einem kalten Zimmer geschlafen, daß sie es nur wider Willen gethan hatten.

4. *Rob. and Chas.* Wir werden so ungern in einem kalten Zimmer schlafen, daß wir es nur wider Willen thun werden.

Class. Sie werden so ungern in einem kalten Zimmer schlafen, daß sie es nur wider Willen thun werden.

5. *Rob. and Chas.* Wir würden so ungern in einem kalten Zimmer schlafen, daß wir es nur wider Willen thun würden.

Class. Sie würden so ungern in einem kalten Zimmer schlafen, daß sie es nur wider Willen thun würden.

6. *Rob. and Chas.* Wir hätten so ungern in einem kalten Zimmer geschlafen, daß wir es nur wider Willen gethan hätten.

Class. Sie hätten so ungern in einem kalten Zimmer geschlafen, daß sie es nur wider Willen gethan hätten.

7. *Rob. and Chas.* Man sagt uns, wir schliefen so ungern in einem kalten Zimmer, daß wir es nur wider Willen thäten.

Class. Man sagt ihnen, sie schliefen so ungern in einem kalten Zimmer, daß sie es nur wider Willen thäten.

Model-Drill 120.

1. *T. to Class.* Haltet Ihr Denjenigen für einen Dummkopf, der mehr gibt, als er hat?

Class. Ja, wir halten Denjenigen für einen Dummkopf, der mehr gibt, als er hat.

2. *T.* Hieltet Ihr Denjenigen für einen Dummkopf, der mehr gab, als er hatte, oder habt Ihr Denjenigen für einen Dummkopf gehalten, der mehr gab, als er gehabt hat?

Class. Ja, wir hielten Denjenigen für einen Dummkopf, der mehr gab, als er hatte, oder wir haben Denjenigen für einen Dummkopf gehalten, der mehr gab, als er gehabt hat.

3. *T.* Werdet Ihr immer Denjenigen für einen Dummkopf halten, der mehr gibt, als er hat?

Class. Ja, wir werden immer Denjenigen für einen Dummkopf halten, der mehr gibt, als er hat.

4. *T.* Würdet Ihr Denjenigen für einen Dummkopf halten, der mehr gäbe, als er hat?

Class. Ja, wir würden Denjenigen für einen Dummkopf halten, der mehr gäbe, als er hat.

5. *T.* Hättet Ihr Denjenigen für einen Dummkopf gehalten, der mehr gegeben hätte, als er hatte?

Class. Ja, wir hätten Denjenigen für einen Dummkopf gehalten, der mehr gegeben hätte, als er hatte.

Model-Drill 121.*

1. *T.* Haben Sie je das Horn geblasen, daß der Schall durch den Wald tönte?
   A. Nein, ich habe nie das Horn geblasen, daß der Schall durch den Wald tönte.
2. *T.* Wie würden Sie Ihr Fleisch immer braten?
   B. Ich würde mein Fleisch immer durch und durch braten.
3. *T.* Wie fällt man gewöhnlich?
   C. Man fällt gewöhnlich durch seine eigene Unvorsichtigkeit.
4. *T.* In welchem Tüll hätte Ihnen Karoline am besten gefallen?
   D. Sie hätte mir am besten gefallen, wenn sie weißen Tüll um den Hals gehabt hätte.
5. *T.* Als Sie auf der Universität waren, um wie viel Uhr fingen Sie an, Ihre Aufgaben zu lernen?
   E. Als ich auf der Universität war, fing ich jeden Morgen um fünf Uhr an, meine Aufgaben zu lernen.
6. *T.* Wer empfängt mit Freuden die Glückwünsche seiner Freunde?
   F. Karl empfängt mit Freuden die Glückwünsche seiner Freunde.
7. *T.* Hatten Sie sich je lange aufgehalten, wenn Ihre kranke Mutter Niemand um sich gehabt hatte?
   G. Nein, ich hatte mich nie lange aufgehalten, wenn meine kranke Mutter Niemand um sich gehabt hatte.
8. *T.* Man sagt, Sie hingen den Kopf, wenn Sie sich schämten; ist es so?
   H. Nein, das ist falsch; wenn ich mich schäme, hänge ich niemals den Kopf.
9. *T.* Um welchen Preis hätten Sie diesem Manne Ihr Pferd gelassen?
   I. Um keinen Preis hätte ich diesem Manne mein Pferd gelassen.
10. *T.* Wann verließen Sie die Stadt?
    K. Ich verließ die Stadt gegen Ende des Jahres.
11. *T.* Wie hatten Sie Ihr Geld empfangen?
    L. Ich hatte mein Geld nur gegen einen Schein empfangen.

---

* Questions on the preceding themes.

12. *T.* Hätten Sie Jemand gerathen, gegen das Unvermeidliche zu kämpfen?
M. Nein, ich hätte Niemand gerathen, gegen das Unvermeidliche zu kämpfen.

13. *T.* Schliefen Sie ebenso ungern in einem kalten Zimmer wie Karl?
N. Nein, ich schlief immer gern in einem kalten Zimmer.

14. *T.* Wer läuft schneller, für sein Alter, als Karl?
O. Ich laufe schneller als Karl.

15. *T.* Schlafen Sie sogleich ein, wenn Sie zu Bette gehen?
P. Wenn ich den Tag über fleißig gearbeitet habe, schlafe ich gewöhnlich ein, sobald ich mich gelegt habe.

16. *T.* Wie nahm es der Junge, nachdem Sie ihn gehauen hatten?
Q. Nachdem ich ihn gehauen hatte, nahm er es für einen Scherz.

17. *T.* Für was würden Sie Denjenigen halten, der mehr gäbe, als er hat?
R. Ich würde ihn für einen Dummkopf halten, wenn er mehr gäbe, als er hat.

18. *T.* Sind Sie je ohne einen Hund auf die Jagd gegangen?
S. O ja, ich bin sehr oft schon ohne einen Hund auf die Jagd gegangen.

19. *T.* Ich höre, Sie wären ohne Hut im Sommer in die Sonne gegangen; ist es so?
U. Das ist nicht so; ich bin im Sommer nie ohne Hut in die Sonne gegangen.

20. *T.* Wer neckte und stieß Robert, bis er seine Geduld verlor?
V. Ich habe Robert geneckt und gestoßen; aber ich that es nur aus Scherz.

21. *T.* Warum hat Karl den Robert bis an die Kniee in's Wasser gestoßen?
W. Er that es, um sich ein Vergnügen zu machen.

22. *T.* Wann werden Sie Ihren jüngsten Bruder zum Frühstück rufen?
X. Ich werde ihn nicht eher zum Frühstück rufen, als bis er aufwacht.

23. *T.* Wie spät (how late) schlafen Sie jeden Morgen?
Y. Ich schlafe jeden Morgen bis sechs Uhr.

Analysis.
V. CLASS.

INFINITIVE.	INDICATIVE. PRESENT. 2. and 3. pers.	IMPERATIVE.	IND. & SUBJ. IMPERFECT.		PAST PART.
			o	ö	o
91. betrügen, to cheat, deceive	— —	betrüge! betrüget!	betrog	betröge	betrogen
92. biegen, to bend	— —	biege! bieget!	bog	böge	gebogen
93. bieten,[1] to offer	— —	biete! bietet!	bot	böte	geboten
94. § fliegen,[2] to fly	— —	fliege! flieget!	flog	flöge	geflogen
95. § fliehen,[3] to flee	— —	fliehe! fliehet!	floh	flöhe	geflohen
96. § fließen, to flow	— —	fließe! fließet!	floß	flösse	geflossen
97. frieren,[4] to freeze, to be cold	— —	friere! frieret!	fror	fröre	gefroren
98. genießen, to enjoy, to eat	— —	genieße! genießet!	genoß	genösse	genossen
99. gießen,[5] to pour	— —	gieße! gießet!	goß	gösse	gegossen
100. § kriechen, to creep	— —	krieche! kriechet!	kroch	kröche	gekrochen
101. riechen, to smell	— —	rieche! riechet!	roch	röche	gerochen
102. schießen,[6] to shoot	— —	schieße! schießet!	schoß	schösse	geschossen
103. schließen,[7] to lock	— —	schließe! schließet!	schloß	schlösse	geschlossen
104. verdrießen, to vex	— —	verdrieße! verdrießet!	verdroß	verdrösse	verdrossen
105. verlieren, to lose	— —	verliere! verlieret!	verlor	verlöre	verloren
106. wiegen,[8] to weigh	— —	wiege! wieget!	wog	wöge	gewogen
107. ziehen,[9] to draw	— —	ziehe! ziehet!	zog	zöge	gezogen
108. schieben, to shove	— —	schiebe! schiebet!	schob	schöbe	geschoben
109. sieden, to boil	— —	siede! siedet!	sott	sötte	gesotten
110. §sprießen, to sprout	— —	sprieße! sprießet!	sproß	sprösse	gesprossen
111. bewegen,[10] to induce	— —	bewege! beweget!	bewog	bewöge	bewogen
112. beklemmen,[11] to oppress (impers.)	es beklemmt		beklomm		beklommen

[1] Ebenso: an-bieten, to offer; verbieten, to forbid.
[2] Ebenso: § fort-fliegen, to fly off; § weg-fliegen, to fly away.
[3] Ebenso: § entfliehen, to run away, escape.
[4] Ebenso: § gefrieren, to freeze; § erfrieren, to freeze to death.
[5] Ebenso: aus-gießen, to pour out; begießen, to water; sich ergießen, to empty one's self; vergießen, to shed.
[6] Ebenso: beschießen, to bombard; erschießen, to shoot (to kill).
[7] Ebenso: beschließen, to resolve; ein-schließen, to shut up; aus-schließen, to exclude; verschließen, to lock up; auf-schließen, to unlock; zu-schließen, to lock.
[8] Ebenso: erwägen, to consider; wiegen, to rock, is weak.
[9] Ebenso: an-ziehen, to put on; aus-ziehen, to take off; erziehen, to educate.
[10] bewegen, to move, put in motion, is weak.
[11] Is usually conjugated weak, as: es beklemmte mich, it oppressed me.

V. CLASS.—Continued.

INFINITIVE.	INDICATIVE.		IMPERATIVE.	IND. & SUBJ.		
	PRESENT.			IMPERFECT.		PAST PART.
	2. and 3. pers.			o	ö	o
113. § erlöschen,[1] to become extinct	erlischeſt,	erliſcht	erliſch! erlöſchet!	erloſch	erlöſche	erloſchen
114. § erſchallen,[2] to resound	—	—	erſchalle! erſchallet!	erſcholl	erſchölle	erſchollen
115. fechten, to fight, fence	—	—	fechte! fechtet!	focht	föchte	gefochten
116. flechten, to twist	—	—	flechteſt! flechtet!	flocht	flöchte	geflochten
117. § gähren, to ferment	—	—	gähre!	gohr	göhre	gegohren
118. glimmen, to burn faintly	—	—	glimme!	glomm	glömme	geglommen
119. heben,[3] to lift, raise	—	—	hebe! hebet!	hob	höbe	gehoben
120. lügen, to lie	—	—	lüge! lüget!	log	löge	gelogen
121. melken, to milk	—	—	melke! melket!	molk	mölke	gemolken
122. ſaugen,[4] to suck	—	—	ſauge! ſauget!	ſog	ſöge	geſogen
123. ſcheeren, to shear	—	—	ſcheere! ſcheeret!	ſchor	ſchöre	geſchoren
124. § ſchmelzen,[5] to melt (intransitive)	ſchmilzeſt	ſchmilzt	ſchmelze! ſchmelzet!	ſchmolz	ſchmölze	geſchmolzen
125. §ſchwellen, to swell	ſchwillſt	ſchwillt	ſchwelle!	ſchwoll	ſchwölle	geſchwollen
126. ſchwören,[6] to swear	—	—	ſchwöre! ſchwöret!	ſchwor	ſchwöre	geſchworen
127. weben, to weave	—	—	webe! webet!	wob	wöbe	gewoben
128. ſchnauben, to snort	—	—		ſchnob	ſchnöbe	geſchnoben
129. ſaufen, to drink (applied to animals)	ſäufſt	ſäuft	ſaufe! ſaufet!	ſoff	ſöffe	geſoffen

PREPOSITIONS WHICH GOVERN THE GENITIVE.

The following prepositions govern the genitive, as: unweit, unfern, außerhalb, innerhalb, oberhalb, jenſeit, längs, während, laut, zufolge, anſtatt, mittelſt, vermöge, halber, trotz, ungeachtet.

---

[1] löſchen, to quench, and aus-löſchen, to put out, are weak.
[2] The simple verb ſchallen, to sound, is weak.
[3] Ebenſo: auf-heben, to lift up, to pick up; erheben, to raise.
[4] ſäugen, to suckle, is weak.
[5] As a transitive it is weak, as: ich ſchmelzte das Blei und goß Kugeln daraus, I melted the lead and molded it into balls.
[6] Ebenſo: beſchwören, to confirm by an oath.

Themes for Drill.

GENITIVE.

1. unweit. **Unweit der** Kirche wohnt der Mann, der betrügt, not far from the church lives the man who cheats.

2. Der Baum biegt sich im Sturme, so lange er jung und geschmeidig ist, the tree bends in the storm, as long as it is young and supple.

3. außerhalb — unfern. Für das Haus, das **außerhalb der** Stadt **unfern des** Waldes steht, biete ich zehntausend Thaler, for the house that stands outside the city, not far from the woods, I offer ten thousand dollars.

4. innerhalb. Da der Hof zu klein ist, verbiete ich Euch **innerhalb desselben** Ball zu spielen, as the yard is too small, I forbid you to play ball in it.

5. Oft, in Gedanken, fliege ich auf den Flügeln der Phantasie in die heimathlichen Berge zurück, often, in thought, I fly on the wings of fancy back to my native mountains.

6. oberhalb. **Oberhalb des** Dorfes bricht der schwellende Strom über die Ufer, und ich fliehe mit den Meinigen vor der drohenden Gefahr, above the village the swelling stream breaks over the banks, and I fly with my family from the threatening danger.

7. Ich entfliehe nicht dem Schicksale, das mir zugedacht ist, I do not escape the destiny that is allotted me.

8. Von Sorgen frei, und unberührt vom Kampfe um's Dasein, fließe ich sanft in dem Strome des Lebens dahin, free from care, and unconcerned at the fight for existence, I float along smoothly on the stream of life.

9. Im Winter friere ich im Freien jedesmal, wenn ich mich ruhig verhalte, oder wenn ich mir keine Bewegung mache, in winter I get cold in the open air everytime I keep still, or when I do not move about.

10. jenseit. Von der Anhöhe, die wir **jenseit des** Waldes sehen, genieße ich oft die reizende Aussicht auf die Landschaft, from the height which we see near yonder woods I often enjoy the charming view of the landscape.

12

11. längs. **Jeden Morgen, im Frühling, begieße ich die Blumenbeete, die sich längs meines Hauses hinziehen,** every morning, in spring, I water the flower-beds, that extend the length of my house.

12. **Ich krieche nicht im Staube, um die Gunst der Mächtigen zu erlangen,** I do not creep in the dust to gain the favor of the powerful.

13. **Mit Wonne rieche ich die ersten Blumen des Frühlings,** with delight I smell the first flowers of spring.

14. während. **Während des Winters, wenn das Wildpret an Nahrung leidet, schieße ich keines davon,** during the winter, when game is suffering for food, I shoot none of it.

15. **Ich sehe, es verdrießt Euch, wenn ich Eurem Willen nicht freien Lauf lasse,** I see it vexes you, if I do not give full rein to your will.

16. laut. **Laut der Aussage meines Aufsehers verliere ich die Hälfte der Ernte, weil es nicht regnet,** according to the statement of my overseer, I lose half of my crop, because it does not rain.

17. zufolge. **Zufolge* zunehmender Kälte ziehe ich wärmere Kleider an,** owing to the increasing cold, I put on warmer clothes.

18. anstatt or statt. **Statt meines Dieners schiebe ich die Möbel selbst an ihre Plätze,** instead of my servant, I myself shove the furniture into their places.

19. **Ich scheere meine Schafe nicht eher als bis warmes Wetter eintritt,** I do not shear my sheep until warm weather sets in.

20. vermöge. **Vermöge böswilliger Verleumdung verliere ich meinen guten Ruf,** by means of wicked defamation, I lose my good name.

21. halber. **Seines schädlichen Bestandtheils halber siede ich mein**

---

* When standing before its substantive, it governs the genitive; when after it, the dative, as: gen., **zufolge meines Auftrages**; dat., **meinem Auftrage zufolge**, according to my request.

Trinkwasser täglich, owing to its injurious element, I boil my drinking-water daily.

22. trotz. **Trotz seines** schlechten Erfolges bewege ich ihn, seine Studien nicht aufzugeben, despite his ill success, I induce him not to give up his studies.

23. Ungeachtet ich das Licht mit meiner Hand schütze, erlischt es, wenn ich durch den Gang gehe, notwithstanding I protect the light with my hand, it goes out, when I go through the hall.

24. Das Jagdhorn erschallt im Walde, und die Thiere fliehen vor Schrecken, the hunting-horn resounds through the woods, and the animals fly in affright.

25. ungeachtet. **Ungeachtet des** Verbotes fechtet (ficht) die tolle Jugend noch immer, um ihre Zwiste auszugleichen, notwithstanding the prohibition, mad-cap youths still fight (fence), in order to settle their quarrels.

26. Von Laub und Blumen flechte ich einen Kranz, der zum Geburtstag meiner Mutter bestimmt ist, of leaves and flowers I braid a wreath, which is intended for the birthday of my mother.

27. Rache gährt in der Brust des gefallenen Bösewichts, vengeance ferments in the breast of the wicked fallen man.

28. In der Ferne glimmt ein Licht, und wir schreiten getrost darauf zu, in the distance glimmers a light, and we proceed confidently towards it.

29. Ich erhebe meine Stimme und singe dem Schöpfer aller Dinge, I raise my voice and sing to the Creator of all things.

30. Ich lüge nicht, da ich weiß, es führt zum Schlimmeren, I do not lie, as I know it leads to worse.

31. Ich melke die Kühe gehörig aus, weil die Erfahrung zeigt, daß es das Beste ist, I milk the cows thoroughly, because experience shows it is the best.

32. Ich sauge das Blut aus der Wunde, aus Furcht, es möge vergiftet sein, I suck the blood from the wound, for fear it may be poisoned.

33. mittelst. **Mittelst einer** genauen Wage wiege ich den kräftigen Jungen meines glücklichen Nachbars, by means of accurate scales, I weigh the robust boy of my happy neighbor.

34. Im Frühling schmilzt der Schnee in den Höhen, und die Bergwasser schwellen dann die Ströme in den Thälern, in spring the snow melts in the heights, and the mountain waters swell the streams in the valley.

35. Ich schwöre, daß ich nur die reine Wahrheit sage, I swear that I say only the pure truth.

36. Ich webe Gebilde der Phantasie, während der Weber auf dem Webstuhl Tuch webt, I weave pictures of imagination, while the weaver, upon his loom, weaves cloth.

37. Die Pferde triefen von Schweiß und schnauben vom scharfen Ritte, the horses drip with sweat, and snort from the hard ride.

38. Während unser Pferd im Flusse säuft, trinken wir aus unserer Flasche, while our horse is drinking in the river, we drink from our bottle.

Model-Drill 122.

1. *A.* Unweit der Kirche wohnt der Mann, der betrügt.
2. *B.* Unweit der Kirche wohnte der Mann, der betrog.
3. *C.* Unweit der Kirche hat der Mann gewohnt, der betrogen hat.
4. *D.* Unweit der Kirche wird der Mann wohnen, der betrügen wird.
5. *E.* Unweit der Kirche würde der Mann wohnen, der betrügt, wenn er daselbst wohnen dürfte.
6. *F.* Der Mann, der betrügt, hätte unweit der Kirche gewohnt, wenn er daselbst hätte wohnen dürfen.
7. *G.* Man sagt, der Mann, der unweit der Kirche wohnt, betrüge.

Model-Drill 123.

1. *T.* Für das Haus, das außerhalb der Stadt unfern des Waldes steht, biete ich zehntausend Thaler.

   Rob. Für das Haus, das außerhalb der Stadt unfern des Waldes steht, bieten Sie zehntausend Thaler.

2. *T.* Für das Haus, das außerhalb der Stadt unfern des Waldes stand, bot ich zehntausend Thaler.
   Rob. Für das Haus, das außerhalb der Stadt unfern des Waldes stand, boten Sie zehntausend Thaler.

3. *T.* Für das Haus, das außerhalb der Stadt unfern des Waldes gestanden hatte, hatte ich zehntausend Thaler geboten.
   Rob. Für das Haus, das außerhalb der Stadt unfern des Waldes gestanden hatte, hatten Sie zehntausend Thaler geboten.

4. *T.* Für das Haus, das außerhalb der Stadt unfern des Waldes stehen wird, werde ich zehntausend Thaler bieten.
   Rob. Für das Haus, das außerhalb der Stadt unfern des Waldes stehen wird, werden Sie zehntausend Thaler bieten.

5. *T.* Für das Haus, das außerhalb der Stadt unfern des Waldes steht, würde ich zehntausend Thaler bieten.
   Rob. Für das Haus, das außerhalb der Stadt unfern des Waldes steht, würden Sie zehntausend Thaler bieten.

6. *T.* Für das Haus, das außerhalb der Stadt unfern des Waldes steht, hätte ich zehntausend Thaler geboten.
   Rob. Für das Haus, das außerhalb der Stadt unfern des Waldes steht, hätten Sie zehntausend Thaler geboten.

Model-Drill 124.

1. *Rob.* Oft, in Gedanken, fliege ich auf den Flügeln der Phantasie in die heimathlichen Berge zurück.
   T. Was sagt Robert?
   Class. Er sagt, oft, in Gedanken, fliege* (fliegt, fact) er auf den Flügeln der Phantasie in die heimathlichen Berge zurück.

2. *Rob.* Oft, in Gedanken, flog ich auf den Flügeln der Phantasie in die heimathlichen Berge zurück.
   Class. Oft, in Gedanken, flog er auf den Flügeln der Phantasie in die heimathlichen Berge zurück.

3. *Rob.* Oft, in Gedanken, bin ich (war ich) auf den Flügeln der Phantasie in die heimathlichen Berge zurückgeflogen.

---

* Subjunctive, because what he says is questioned.

Class. Oft, in Gedanken, ist er (war er) auf den Flügeln der Phantasie in die heimathlichen Berge zurückgeflogen.

4. *Rob.* Oft, in Gedanken, werde ich auf den Flügeln der Phantasie in die heimathlichen Berge zurückfliegen.

Oft, in Gedanken, wird er auf den Flügeln der Phantasie in die heimathlichen Berge zurückfliegen.

Model-Drill 125.

1. *Rob. and Chas.* Wir entfliehen nicht dem Schicksale, das uns zugedacht ist.
   T. Wem entfliehen sie nicht?
   Class. Sie entfliehen nicht dem Schicksale, das ihnen zugedacht ist.

2. *Rob. and Chas.* Wir entflohen nicht dem Schicksale, das uns zugedacht war.
   Class. Sie entflohen nicht dem Schicksale, das ihnen zugedacht war.

3. *Rob and Chas.* Wir sind nicht dem Schicksale entflohen, das uns zugedacht gewesen war.
   Class. Sie sind nicht dem Schicksale entflohen, das ihnen zugedacht gewesen war.

4. *Rob. and Chas.* Wir werden nicht dem Schicksale entfliehen, das uns zugedacht sein wird.
   Class. Sie werden nicht dem Schicksale entfliehen, das ihnen zugedacht sein wird.

5. *Rob. and Chas.* Man sagt uns, wir würden nicht dem Schicksale entfliehen, das uns zugedacht ist.
   Class. Man sagt ihnen, sie würden nicht dem Schicksale entfliehen, das ihnen zugedacht ist.

6. *Rob. and Chas.* Man sagt uns ferner, wir wären nicht dem Schicksale entflohen, das uns zugedacht war.
   Class. Man sagt ihnen ferner, sie wären nicht dem Schicksale entflohen, das ihnen zugedacht war.

Model-Drill 126.

1. *T. to Class.* Ihr kriechet nicht im Staube, um die Gunst der Gewaltigen zu erlangen; was thut Ihr nicht?

Class. Wir kriechen nicht im Staube, um die Gunst der Gewaltigen zu erlangen.

2. *T.* Ihr krochet nicht im Staube, um die Gunst der Gewaltigen zu erlangen.
Class. Wir krochen nicht im Staube, um die Gunst der Gewaltigen zu erlangen.

3. *T.* Ihr seid nicht im Staube gekrochen, um die Gunst der Gewaltigen zu erlangen.
Class. Wir sind nicht im Staube gekrochen, um die Gunst der Gewaltigen zu erlangen.

4. *T.* Ihr waret nicht im Staube gekrochen, um die Gunst der Gewaltigen zu erlangen.
Class. Wir waren nicht im Staube gekrochen, um die Gunst der Gewaltigen zu erlangen.

5. *T.* Ihr werdet nie im Staube kriechen, um die Gunst der Gewaltigen zu erlangen.
Class. Wir werden nie im Staube kriechen, um die Gunst der Gewaltigen zu erlangen.

6. *T.* Ihr wäret nie im Staube gekrochen, um die Gunst der Gewaltigen zu erlangen.
Class. Wir wären nie im Staube gekrochen, um die Gunst der Gewaltigen zu erlangen.

Model-Drill 127.*

1. *T.* Wo wohnt der Mann, der betrügt?
A. Er wohnt unweit der Kirche.

2. *T.* Wie lange wird sich der Baum im Sturme biegen?
B. Er wird sich so lange biegen, als er jung und geschmeidig ist.

3. *T.* Wie viel boten Sie für das Haus, das außerhalb der Stadt unfern des Waldes steht?
C. Für das Haus, das außerhalb der Stadt unfern des Waldes steht, bot ich zehntausend Thaler.

4. *T.* Warum haben Sie verboten, innerhalb des Hofes Ball zu spielen?
D. Ich habe es verboten, weil der Hof zu klein ist.

---

* Questions on the preceding themes.

5. *T.* Wohin fliegen Sie oft in Gedanken?
   E. In Gedanken fliege ich oft in die heimathlichen Berge zurück.
6. *T.* Würden Sie mit den Ihrigen fliehen, wenn der schwellende Strom oberhalb Ihres Dorfes bräche?
   F. Ja, ich würde mit den Meinigen fliehen, wenn der schwellende Strom oberhalb meines Dorfes bräche.
7. *T.* Sind Sie dem Schicksale entflohen, das Ihnen zugedacht war?
   G. Nein, ich bin dem Schicksale nicht entflohen, das mir zugedacht war.
8. *T.* Man sagte mir, Sie wären von Sorgen frei, und unberührt vom Kampfe um's Dasein, sanft in dem Strome des Lebens dahingeflossen; ist es so?
   H. Nein, das ist nicht so; ich bin nicht von Sorgen frei und bin nicht unberührt vom Kampfe um's Dasein sanft in dem Strome des Lebens dahingeflossen.
9. *T.* Wann und wo froren Sie im Winter?
   I. Im Winter fror ich im Freien jedesmal, wenn ich mich ruhig verhielt, oder wenn ich mir keine Bewegung machte.
10. *T.* Von welcher Anhöhe genossen Sie die Aussicht auf die Landschaft?
    K. Von der Anhöhe, die wir jenseit des Waldes sehen.
11. *T.* Begießen Sie die Blumen, die sich längs Ihres Hauses hinziehen?
    L. Ja, ich begieße die Blumen, die sich längs meines Hauses hinziehen.
12. *T.* Würden Sie im Staube kriechen, um die Gunst der Gewaltigen zu erlangen?
    M. Nein, ich würde nie im Staube kriechen, um sie zu erlangen.
13. *T.* Welche Blumen haben Sie mit Wonne gerochen?
    N. Die ersten Blumen des Frühlings habe ich immer mit Wonne gerochen.
14. *T.* Wann werden Sie kein Wildpret schießen?
    O. Im Winter, wenn das Wildpret an Nahrung leidet, werde ich keins davon schießen.
15. *T.* Hätte es Euch verdrossen, wenn ich Eurem Willen nicht freien Lauf gelassen hätte?
    P. Nein, es hätte uns nicht verdrossen, wenn Sie unserem Willen nicht freien Lauf gelassen hätten.

16. *T.* Wie viel hatten Sie von der Ernte verloren, weil es nicht regnete?
    Q. Laut der Aussage meines Aufsehers, hatte ich die Hälfte meiner Ernte verloren.
17. *T.* Hätten Sie wärmere Kleider angezogen, wenn es kälter geworden wäre?
    R. Ja, wenn es kälter geworden wäre, würde ich wärmere Kleider angezogen haben.
18. *T.* Anstatt wessen haben Sie die Möbel an ihre Plätze geschoben?
    S. Anstatt meines Dieners habe ich die Möbel selbst an ihre Plätze geschoben.
19. *T.* Mittelst was wogen Sie den kräftigen Jungen Ihres Nachbars?
    U. Mittelst einer Wage wog ich ihn.
20. *T.* Man sagt mir, Sie hätten Ihren guten Ruf verloren; ist das so?
    V. Ja, vermöge böswilliger Verleumdung habe ich meinen guten Ruf verloren.
21. *T.* Warum sieden Sie Ihr tägliches Trinkwasser?
    W. Ich siede es, seiner schädlichen Bestandtheile halber.

Analysis.

VI. CLASS.

INFINITIVE.	INDICATIVE.		IMPERATIVE.		IND. & SUBJ.		PAST PART.
	PRESENT.				IMPERFECT.		
	2. and 3. pers.				u	ü	a
130. backen,* to bake	bäckest backst	bäckt backt	backe!	backet!	buk (buckte)	büke (bäckte)	gebacken
131. § fahren,¹ to drive, to go in a carriage	fährst	fährt	fahre!	fahret!	fuhr	führe	gefahren
132. graben,² to dig	gräbst	gräbt	grabe!	grabet!	grub	grübe	gegraben
133. laden,³ to load	—	—	lade!	ladet!	lud	lüde	geladen
134. schaffen,⁴ to create	—	—	schaffe!	schaffet!	schuf	schüfe	geschaffen

* See foot-note *, p. 167.

¹ Ebenso: § aus-fahren, spazieren fahren, to take a drive; § ab-fahren, to start, to set out; Schlitten fahren, to go sleighing.

² Ebenso: begraben, to bury.

³ Ebenso: beladen, to load; ein-laden, to invite (past part. eingeladen).

⁴ schaffen, to work, and its compounds are weak, as: an-schaffen, verschaffen, to procure; ab-schaffen, to give up, to dismiss.

VI. CLASS.—Continued.

INFINITIVE.	INDICATIVE.	IMPERATIVE.	IND. & SUBJ.	
	PRESENT.		IMPERFECT.	PAST PART.
	2. and 3. pers.		u ü	a
135. erschaffen, to create	— —	erschaffe!	erschuf	erschaffen
136. schlagen,¹ to beat, to strike	schlägst schlägt	schlage! schlaget!	schlug schlüge	geschlagen
137. tragen,² to carry, to wear, take	trägst trägt	trage! traget!	trug trüge	getragen
138. § wachsen, to grow	wächsest wächst	wachse! wachset!	wuchs wüchse	gewachsen
139. waschen,³ to wash	wäschest wäscht	wasche! waschet!	wusch wüsche	gewaschen
140. stehen,⁴ to stand	— —	stehe! stehet!	stund stünde (stand stände)	gestanden

Themes for Drill.

1. Ich backe lieber mein eigenes Brod, als daß ich Bäckerbrod kaufe, I bake my own bread rather than buy baker's bread.

2. Ich fahre nicht gern allein spazieren, deswegen nehme ich einen vertrauten Freund mit, I do not like riding alone, hence I take a trusty friend along with me.

3. Ich fahre ab, sobald ich den Befehl erhalte, abzureisen, I start as soon as I receive the order to go.

4. Mit der Jugend begrabe ich die Täuschungen des Lebens, with my youth I bury the disappointments of life.

5. Ich grabe ein Loch im Garten und pflanze ein Bäumchen hinein, I dig a hole in the garden and plant a small tree in it.

6. Wir laden den Kahn mit Proviant, und dann fahren wir an's jenseitige Ufer, we load the canoe with provision, and then row to the opposite shore.

---

¹ Ebenso: ab-schlagen, to knock off, to refuse; erschlagen, to slay; aus-schlagen, to decline; zerschlagen, to knock to pieces.

² Ebenso: ertragen, to endure, to bear; sich betragen, to behave; bei-tragen, to contribute; ab-tragen, to clear the table, to pull down.

³ Ebenso: ab-waschen, to wash off; aus-waschen, to wash out.

⁴ Ebenso: bestehen, to consist; entstehen, to arise, originate; verstehen, to understand.

7. Ich lade alle meine Freunde ein, an meinem Geburtstage zu mir zu kommen, I invite all my friends to come to me at my birthday.
8. Ich schaffe den Plan, und Andere verwirklichen ihn, I create the plan, and others embody it.
9. Wenn* ich gesund bin, schaffet ich immer gern, ob im Felde oder im Hause, when I am well, I always like to work, either in the field or in the house.
10. Ich schlage Kinder nie, selbst wenn sie unartig sind, I never beat children, even when they are bad.
11. Den unehrlichen Antrag, den man mir macht, schlage ich ein= für alle= mal aus, the dishonest propositon that is offered me I refuse once for all.
12. Ich zerschlage das Fenster und flüchte aus dem brennenden Hause, I smash the window, and fly from the burning house.
13. Mit Geduld und Ergebung ertrage ich mein hartes Schicksal, with patience and resignation I bear my hard lot.
14. Im Herbst und Frühling trage ich leichtere Kleider, als im Winter, in autumn and spring I wear lighter clothes than in winter.
15. Ich betrage mich immer so, daß ich das Wohlwollen meiner Mit= menschen verdiene, I always behave so as to earn the good-will of my fellow-men.
16. Für gemeinnützige Zwecke trage ich gern mein Scherflein bei, for purposes of public utility I will willingly contribute my mite.
17. Wenn* ich zwanzig Jahre alt bin, wachse ich nicht mehr, when I am twenty years old, I grow no more.
18. Ich wasche Gesicht und Hände jeden Morgen, sobald ich aufstehe, I wash my face and hands every morning as soon as I get up.
19. Ich wasche nicht die Wandtafel ab, denn das ist die Arbeit des Dieners, I do not wash off the blackboard, for that is the work of the man servant.

---

* In the imperfect, substitute als; and in the pluperfect, nachdem.
† Weak.

Model-Drill 128.

1. *T.* Ich backe lieber mein eigenes Brod, als daß ich Bäckerbrod kaufe.
   Rob. Sie backen lieber Ihr eigenes Brod, als daß Sie Bäckerbrod kaufen.

2. *T.* Ich backte lieber mein eigenes Brod, als daß ich Bäckerbrod kaufte.
   Rob. Sie backten lieber Ihr eigenes Brod, als daß Sie Bäckerbrod kauften.

3. *T.* Ich habe lieber mein eigenes Brod gebacken, als daß ich Bäckerbrod gekauft habe.
   Rob. Sie haben lieber Ihr eigenes Brod gebacken, als daß Sie Bäckerbrod gekauft haben.

4. *T.* Ich hatte lieber mein eigenes Brod gebacken, als daß ich Bäckerbrod gekauft hatte.
   Rob. Sie hatten lieber Ihr eigenes Brod gebacken, als daß Sie Bäckerbrod gekauft hatten.

5. *T.* Ich werde immer lieber mein eigenes Brod backen, als daß ich Bäckerbrod kaufen werde.
   Rob. Sie werden immer lieber Ihr eigenes Brod backen, als daß Sie Bäckerbrod kaufen werden.

6. *T.* Sobald ich einmal mein eigenes Brod gebacken haben werde, werde ich nie mehr Bäckerbrod kaufen.
   Rob. Sobald Sie einmal Ihr eigenes Brod gebacken haben werden, werden Sie nie mehr Bäckerbrod kaufen.

7. *T.* Ich würde lieber mein eigenes Brod backen, als daß ich Bäckerbrod kaufte.
   Rob. Sie würden lieber Ihr eigenes Brod backen, als daß Sie Bäckerbrod kauften.

8. *T.* Ich hätte lieber mein eigenes Brod gebacken, als daß ich Bäckerbrod gekauft hätte.
   Rob. Sie hätten lieber Ihr eigenes Brod gebacken, als daß Sie Bäckerbrod gekauft hätten.

Model-Drill 129.

1. *Rob.* Ich fahre nicht gern allein spazieren, deßwegen nehme ich einen vertrauten Freund mit.
   T. Was thut Robert nicht gern?
   Class. Er fährt nicht gern allein spazieren, deßwegen nimmt er einen vertrauten Freund mit.

2. *Rob.* Ich fuhr nicht gern allein spazieren, deßwegen nahm ich einen vertrauten Freund mit.
   Class. Er fuhr nicht gern allein spazieren, deßwegen nahm er einen vertrauten Freund mit.

3. *Rob.* Ich bin nicht gern allein spazieren gefahren, deßwegen habe ich einen vertrauten Freund mitgenommen.
   Class. Er ist nicht gern allein spazieren gefahren, deßwegen hat er einen vertrauten Freund mitgenommen.

4. *Rob.* Ich war nicht gern allein spazieren gefahren, deßwegen hatte ich einen vertrauten Freund mitgenommen.
   Class. Er war nicht gern allein spazieren gefahren, deßwegen hatte er einen vertrauten Freund mitgenommen.

5. *Rob.* Ich werde nicht gern allein spazieren fahren, deßwegen werde ich einen vertrauten Freund mitnehmen.
   Class. Er wird nicht gern allein spazieren fahren, deßwegen wird er einen vertrauten Freund mitnehmen.

6. *Rob.* Ich würde nicht gern allein spazieren fahren, deßwegen würde ich einen vertrauten Freund mitnehmen.
   Class. Er würde nicht gern allein spazieren fahren, deßwegen würde er einen vertrauten Freund mitnehmen.

7. *Rob.* Ich wäre nicht gern allein spazieren gefahren, deßwegen hätte ich einen vertrauten Freund mitgenommen.
   Class. Er wäre nicht gern allein spazieren gefahren, deßwegen hätte er einen vertrauten Freund mitgenommen.

8. *Rob.* Man berichtet recht, wenn man sagt, ich führe nicht gern allein spazieren, und daß ich deßwegen einen vertrauten Freund mitnähme.
   Class. Man berichtet recht, wenn man sagt, er führe nicht gern allein spazieren, und daß er deßwegen einen vertrauten Freund mitnähme.

Model-Drill 130.

1. *Rob. and Chas.* Wir laden (beladen) den Kahn mit Proviant, und dann fahren wir an's jenseitige Ufer.
   T. Was laden sie, und wohin fahren sie?
   Class. Sie laden den Kahn mit Proviant, und dann fahren sie an's jenseitige Ufer.

2. *Rob. and Chas.* Wir luden den Kahn mit Proviant, und dann fuhren wir an's jenseitige Ufer.
   Class. Sie luden den Kahn mit Proviant, und dann fuhren sie an's jenseitige Ufer.

3. *Rob. and Chas.* Wir haben den Kahn mit Proviant geladen, und dann sind wir an's jenseitige Ufer gefahren.
   Class. Sie haben den Kahn mit Proviant geladen, und dann sind sie an's jenseitige Ufer gefahren.

4. *Rob. and Chas.* Nachdem wir den Kahn mit Proviant geladen hatten, fuhren wir an's jenseitige Ufer.
   Class. Nachdem sie den Kahn mit Proviant geladen hatten, fuhren sie an's jenseitige Ufer.

5. *Rob. and Chas.* Wir werden den Kahn mit Proviant laden, und dann werden wir an's jenseitige Ufer fahren.
   Class. Sie werden den Kahn mit Proviant laden, und dann werden sie an's jenseitige Ufer fahren.

6. *Rob. and Chas.* Sobald wir den Kahn mit Proviant geladen haben werden, werden wir an's jenseitige Ufer fahren.
   Class. Sobald sie den Kahn mit Proviant geladen haben werden, werden sie an's jenseitige Ufer fahren.

7. *Rob. and Chas.* Wenn wir dürften, würden wir den Kahn mit Proviant laden, und würden an's jenseitige Ufer fahren.
   Class. Wenn sie dürften, würden sie den Kahn mit Proviant laden, und würden an's jenseitige Ufer fahren.

8. *Rob. and Chas.* Wir hätten den Kahn mit Proviant geladen, und wären an's jenseitige Ufer gefahren, wenn wir gedurft hätten.
   Class. Sie hätten den Kahn mit Proviant geladen, und wären an's jenseitige Ufer gefahren, wenn sie gedurft hätten.

Model-Drill 131.

1. *T. to Class.* Ihr betraget Euch immer so, daß Ihr das Wohlwollen Euerer Mitmenschen verdient; wie betraget Ihr Euch?
Class. Wir betragen uns immer so, daß wir das Wohlwollen unserer Mitmenschen verdienen.

2. *T.* Ihr betruget Euch immer so, daß Ihr das Wohlwollen Euerer Mitmenschen verdientet.
Class. Wir betrugen uns immer so, daß wir das Wohlwollen unserer Mitmenschen verdienten.

3. *T.* Ihr habt Euch immer so betragen, daß Ihr das Wohlwollen Euerer Mitmenschen verdient habt.
Class. Wir haben uns immer so betragen, daß wir das Wohlwollen unserer Mitmenschen verdient haben.

4. *T.* Ihr hattet Euch immer so betragen, daß Ihr das Wohlwollen Euerer Mitmenschen verdient hattet.
Class. Wir hatten uns immer so betragen, daß wir das Wohlwollen unserer Mitmenschen verdient hatten.

5. *T.* Ihr werdet Euch immer so betragen, daß Ihr das Wohlwollen Euerer Mitmenschen verdienen werdet.
Class. Wir werden uns immer so betragen, daß wir das Wohlwollen unserer Mitmenschen verdienen werden.

6. *T.* Ich bin überzeugt, Ihr würdet Euch immer so betragen, daß Ihr das Wohlwollen Euerer Mitmenschen verdienen würdet.
Class. Sie sind überzeugt, wir würden uns immer so betragen, daß wir das Wohlwollen unserer Mitmenschen verdienen würden.

7. *T.* Wäret Ihr bedachtsam (considered) gewesen, so hättet Ihr Euch immer so betragen, daß Ihr das Wohlwollen Euerer Mitmenschen verdient hättet.
Class. Wären wir bedachtsam gewesen, so hätten wir uns immer so betragen, daß wir das Wohlwollen unserer Mitmenschen verdient hätten.

8. *T.* Man sagt mir, Ihr betrüget Euch immer so, daß Ihr das Wohlwollen Euerer Mitmenschen verdientet.
Class. Man sagte Ihnen, wir betrügen uns immer so, daß wir das Wohlwollen unserer Mitmenschen verdienten.

Model-Drill 132.*

1. *T.* Was thun Sie lieber, Ihr eigenes Brod backen oder Bäckerbrod kaufen?
   A. Ich backe lieber mein eigenes Brod.

2. *T.* Wenn Sie nicht gern allein fuhren, was thaten Sie dann?
   B. Dann nahm ich immer einen vertrauten Freund mit.

3. *T.* Sind Sie abgefahren, sobald Sie den Befehl abzureisen erhielten?
   C. Ja, sobald ich den Befehl erhielt abzureisen, bin ich abgefahren.

4. *T.* Haben Sie auch mit Ihrer Jugend die Täuschungen des Lebens begraben?
   D. Nein, ich habe sie noch nicht begraben, denn meine Jugend hat erst (only) begonnen.

5. *T.* Wie und wo werden Sie das Bäumchen pflanzen?
   E. Ich werde im Garten zuerst (first) ein Loch graben, und dann werde ich das Bäumchen hineinpflanzen.

6. *T.* Nachdem Sie den Kahn mit Proviant geladen hatten, was thaten Sie?
   F. Nachdem ich den Kahn mit Proviant geladen hatte, fuhr ich an's jenseitige Ufer damit.

7. *T.* Wozu luden Sie alle Ihre Freunde ein?
   G. Ich lud alle meine Freunde ein, an meinem Geburtstage zu mir zu kommen.

8. *T.* Man behauptet, Sie hätten den Plan geschaffen, aber Andere hätten ihn in Eisen ausgeführt; ist dem so?
   H. Ja, leider ist dem so; ich habe den Plan geschaffen, und Andere haben ihn in Eisen ausgeführt und verwerthet (and made valuable).

9. *T.* Wo haben Sie immer lieber geschafft, im Felde oder zu Hause?
   I. Bei gutem Wetter habe ich immer lieber im Felde geschafft, aber bei schlechtem lieber zu Hause.

10. *T.* Sollten Kinder geschlagen werden, wenn sie unartig sind?
    K. Nein, sie sollten nicht geschlagen werden, selbst wenn sie unartig sind.

---

* Questions on the preceding themes.

11. *T.* Was würden Sie thun, machte man Ihnen einen unehrlichen Antrag?
L. Ich würde ihn ein= für allemal ausschlagen.

12. *T.* Was würden Sie thun, wären Sie in einem brennenden Hause, in dem Fenster und Thüren geschlossen sind?
M. Ich würde entweder eine Thür oder ein Fenster zerschlagen (einschlagen), und mich flüchten.

13. *T.* Ertrugen Sie stets mit Geduld und Ergebung Ihr hartes Schicksal?
N. Mein Schicksal war nicht sehr hart, und daher ertrug ich es stets leicht.

14. *T.* Wann trägt man leichtere Kleider, als im Winter?
O. Im Frühling und Herbst trägt man leichtere Kleider, aber im Sommer die leichtesten.

15. *T.* Werden Sie sich immer so betragen, daß Sie das Wohlwollen Ihrer Mitmenschen verdienen werden?
P. Ja, ich werde mich immer so betragen, daß ich das Wohlwollen meiner Mitmenschen verdienen werde.

16. *T.* Für welche Zwecke hätten Sie gern Ihr Scherflein beigetragen?
Q. Für gemeinnützige Zwecke hätte ich gern mein Scherflein beigetragen.

17. *T.* Nachdem Sie zwanzig Jahre alt geworden sind, werden Sie dann noch mehr wachsen?
R. Nein, nachdem ich zwanzig Jahre alt geworden bin, werde ich nicht mehr wachsen.

18. *T.* Schufen Sie den Plan und haben Sie ihn selbst verwirklicht?
S. Ja, ich schuf den Plan, aber habe ihn nicht selbst verwirklicht.

19. *T.* Was ist das erste, was Sie thun, wenn Sie von Ihrer Arbeit aufstehen?
U. Wenn ich von der Arbeit aufstehe, wasche ich Gesicht und Hände.

20. *T.* In wieviel Tagen hat Gott die Welt geschaffen?
V. Er hat sie in sechs Tagen geschaffen.

21. *T.* Wissen Sie, ob Robert seinen bösen Hund abgeschafft hat?
W. Nein, ich weiß nicht, ob er ihn abgeschafft hat.

Analysis.

Irregular Verbs.

INFINITIVE.	INDICATIVE.			IMPERATIVE.		IND. & SUBJ.		PAST PART.
	PRESENT.					IMPERFECT.		
	1., 2., and 3. pers.					a / e		a
141. brennen,[1] to burn	—		—	brenne!	brennet!	brannte	brennete	gebrannt
142. kennen,[2] to know	—		—	kenne!	kennet!	kannte	kennete	gekannt
143. nennen,[3] to name, to call	—		—	nenne!	nennet!	nannte	nennete	genannt
144. § rennen,[4] to run	—		—	renne!	rennet!	rannte (rennte)	rennete	gerannt (gerennt)
145. senden,[5] to send	—		—	sende!	sendet!	sandte (sendete)	sendete	gesandt (gesendet)
146. wenden,[6] to turn	—		—	wende!	wendet!	wandte (wendete)	wendete	gewandt (gewendet)
						ä		
147. denken,[7] to think	—		—	denke!	denket!	dachte	dächte	gedacht
148. bringen, to bring	—		—	bringe!	bringet!	brachte	brächte	gebracht
149. thun, to do	thust		thut	thue!	thut!	that	thäte	gethan
						u / ü		u
150. wissen, to know	weiß	weißt	weiß	wisse!	wisset!	wußte	wüßte	gewußt
Modal Auxiliaries.[8]								
151. dürfen, to be permitted	darf	darfst	darf			durfte	dürfte	gedurft
152. müssen, to be obliged	muß	mußt	muß			mußte	müßte	gemußt
						o / ö		o
153. können, to can, be able	kann	kannst	kann			konnte	könnte	gekonnt
154. mögen, may	mag	magst	mag			mochte	möchte	gemocht
155. sollen, shall	soll[9]	sollst	soll			sollte	sollte	gesollt
156. wollen, to wish, will, want	will	willst	will			wollte	wollte	gewollt

[1] Ebenso: ab-brennen, to burn down, let off; an-brennen, to set on fire; verbrennen, to burn up.

[2] Ebenso: bekennen, to acknowledge; erkennen, to recognize; verkennen, to mistake, to take for another; bekennen, to confess. [3] Ebenso: ernennen, to appoint.

[4] Ebenso: § fort-rennen, § weg-rennen, to run away; § an-rennen, to run against; § davon-rennen, to run off.

[5] Ebenso: zu-senden, to forward; versenden, to send away; ab-senden, to send off.

[6] Ebenso: um-wenden, to turn back, over; an-wenden, to use, to apply; verwenden, to bestow upon, to expend.

[7] Ebenso: bedenken, to consider; erdenken, to devise, to think out; verdenken, to blame. [8] With these the auxiliaries haben, sein, and werden may be classed.

[9] sollen does not change its vowel, and but for its irregular 1st pers. pres. ind. might belong to the weak conjugation.

Themes for Drill.

RELATIVE CONJUNCTIONS.

1. wann. Karl will wissen, **wann** ich das Feuerwerk abbrenne,* Charles wishes to know when I let off the fireworks.
2. warum. Sie fragen mich noch, **warum** ich Sie einen Dummkopf nenne, you still ask me why I call you a dunce.
3. weßhalb. Es ist selbstverständlich, **weßhalb** ich meine Fehler bekenne, it is self-evident why I acknowledge my faults.
4. woran. Sie wollen wissen, **woran** ich einen fleißigen, ordentlichen Schüler erkenne, you want to know by what I recognize a diligent, orderly student.
5. wie. Sie wünschen zu wissen, **wie** schnell und **wie** weit das Pferd rennt, you wish to know how far and how fast the horse runs.
6. wohin. Ich sage Ihnen nicht, **wohin** ich den Strauß sende, I do not tell you where I send the bouquet.
7. wieviel. Ich lasse es Ihnen später wissen, **wieviel** ich von dem Saatkorn an die Farmer versende, I will let you know later, how much of the seed-corn I send to the farmers.
8. womit. Ich mag Ihnen nicht sagen, **womit** ich mir die Zeit vertreibe, I care not to tell you how I spend my time.
9. woher. Sie fragen mich, **woher** ich weiß, daß die Sache sich so verhält, you ask me whence I know that the matter stands thus.
10. weßwegen. Man begreift nicht, **weßwegen** ich mich in dieser Sache so lange bedenke, people cannot understand why I ponder over this matter so long.
11. wodurch. Sie möchten gern wissen, **wodurch** ich die Angelegenheit in's Reine bringe, you would like to know how I bring about this affair.
12. worin. Sie dürfen mir sagen, **worin** ich fehle, you may tell me in what respect I am wrong.

---

* Give the tenses of the verb of the last clause only.

13. wovon. Sie erzählen mir Vieles, **wovon** ich nichts weiß, you tell me a good deal of which I know nothing.

14. worauf. Manches habe ich zu fragen, **worauf** ich sehr begierig bin, many things I have to ask about which I am very curious.

15. wo. Es ist zu Hause, **wo** ich meinen Freund erwarte, it is at home, where I expect my friend.

16. Das ist die Stadt, **wo** meine Eltern wohnen, **woher** ich komme, und **wohin** ich zurückkehre, that is the city in which my parents live, from which I come, and to which I return.

17. worunter. Sie begreifen nicht die Schwierigkeiten, **worunter** ich leide, you do not conceive the difficulties under which I suffer.

Model-Drill 133.

1. *T.* Karl will wissen, wann ich das Feuerwerk abbrenne.
   Rob. Karl will wissen, wann Sie das Feuerwerk abbrennen.

2. *T.* Karl will wissen, wann ich das Feuerwerk abbrannte.
   Rob. Karl will wissen, wann Sie das Feuerwerk abbrannten.

3. *T.* Karl will wissen, wann ich das Feuerwerk abgebrannt habe.
   Rob. Karl will wissen, wann Sie das Feuerwerk abgebrannt haben.

4. *T.* Karl will wissen, wann ich das Feuerwerk abgebrannt hatte.
   Rob. Karl will wissen, wann Sie das Feuerwerk abgebrannt hatten.

5. *T.* Karl will wissen, wann ich das Feuerwerk abbrennen werde.
   Rob. Karl will wissen, wann Sie das Feuerwerk abbrennen werden.

6. *T.* Karl will wissen, wann ich das Feuerwerk abgebrannt haben werde.
   Rob. Karl will wissen, wann Sie das Feuerwerk abgebrannt haben werden.

7. *T.* Karl will wissen, wann ich das Feuerwerk abbrennen würde.
   Rob. Karl will wissen, wann Sie das Feuerwerk abbrennen würden.

8. *T.* Karl will wissen, wann ich das Feuerwerk abgebrannt hätte.
   Rob. Karl will wissen, wann Sie das Feuerwerk abgebrannt hätten.

Model-Drill 134.

1. *Rob.* Es ist selbstverständlich, weßhalb ich meine Fehler bekenne.
   T. Was sagt Robert?
   Class. Er sagt, es ist selbstverständlich, weßhalb er seine Fehler be=
   kennt.

2. *Rob.* Es ist selbstverständlich, weßhalb ich meine Fehler bekannte.
   Class. Es ist selbstverständlich, weßhalb er seine Fehler bekannte.

3. *Rob.* Es ist selbstverständlich, weßhalb ich meine Fehler bekannt habe.
   Class. Es ist selbstverständlich, weßhalb er seine Fehler bekannt hat.

4. *Rob.* Es ist selbstverständlich, weßhalb ich meine Fehler bekannt hatte.
   Class. Es ist selbstverständlich, weßhalb er seine Fehler bekannt hatte.

5. *T.* Es ist selbstverständlich, weßhalb ich meine Fehler bekennen werde.
   Class. Es ist selbstverständlich, weßhalb er seine Fehler bekennen wird.

6. *T.* Es ist selbstverständlich, weßhalb ich meine Fehler bekennen würde.
   Class. Es ist selbstverständlich, weßhalb er seine Fehler bekennen würde.

7. *Rob.* Es ist selbstverständlich, weßhalb ich meine Fehler bekannt hätte.
   Class. Es ist selbstverständlich, weßhalb er seine Fehler bekannt hätte.

Model-Drill 135.

1. *Rob. and Chas.* Man begreift nicht, weßwegen wir uns in dieser
   Sache so lange bedenken.
   T. Was sagen Robert und Karl?
   Class. Sie sagen, man begreift nicht, weßwegen sie sich in dieser Sache
   so lange bedenken.

2. *Rob. and Chas.* Man begreift nicht, weßwegen wir uns in dieser
   Sache so lange bedachten.
   Class. Man begreift nicht, weßwegen sie sich in dieser Sache so lange
   bedachten.

3. *Rob. and Chas.* Man begreift nicht, weßwegen wir uns in dieser
   Sache so lange bedacht haben.
   Class. Man begreift nicht, weßwegen sie sich in dieser Sache so lange
   bedacht haben.

4. *Rob. and Chas.* Man begreift nicht, weßwegen wir uns in dieser Sache so lange bedacht hatten.
   Class. Man begreift nicht, weßwegen sie sich in dieser Sache so lange bedacht hatten.

5. *Rob. and Chas.* Man begreift nicht, weßhalb wir uns in dieser Sache so lange bedenken werden.
   Class. Man begreift nicht, weßhalb sie sich in dieser Sache so lange bedenken werden.

6. *Rob. and Chas.* Man begreift nicht, weßhalb wir uns in dieser Sache so lange bedenken würden.
   Class. Man begreift nicht, weßhalb sie sich in dieser Sache so lange bedenken würden.

7. *Rob. and Chas.* Man begreift nicht, weßhalb wir uns in dieser Sache so lange bedacht hätten.
   Class. Man begreift nicht, weßhalb sie sich in dieser Sache so lange bedacht hätten.

Model-Drill 136.

1. *T. to Class.* Ihr möchtet gern wissen, wodurch ich die Angelegenheit in's Reine bringe.
   Class. Wir möchten gern wissen, wodurch Sie die Angelegenheit in's Reine bringen.

2. *T.* Ihr möchtet gern wissen, wodurch ich die Angelegenheit in's Reine brachte.
   Class. Wir möchten gern wissen, wodurch Sie die Angelegenheit in's Reine brachten.

3. *T.* Ihr möchtet gern wissen, wodurch ich die Angelegenheit in's Reine gebracht habe.
   Class. Wir möchten gern wissen, wodurch Sie die Angelegenheit in's Reine gebracht haben.

4. *T.* Ihr möchtet gern wissen, wodurch ich die Angelegenheit in's Reine gebracht hatte.
   Class. Wir möchten gern wissen, wodurch Sie die Angelegenheit in's Reine gebracht hatten.

5. *T.* Ihr möchtet gern wissen, wodurch ich die Angelegenheit in's Reine bringen werde.

Class. Wir möchten gern wissen, wodurch Sie die Angelegenheit in's Reine bringen werden.

6. *T.* Ihr möchtet gern wissen, wodurch ich die Angelegenheit in's Reine bringen würde.
   Class. Wir möchten gern wissen, wodurch Sie die Angelegenheit in's Reine bringen würden.

7. *T.* Ihr möchtet gern wissen, wodurch ich die Angelegenheit in's Reine gebracht hätte (oder gebracht haben würde).
   Class. Wir möchten gern wissen, wodurch Sie die Angelegenheit in's Reine gebracht hätten (oder gebracht haben würden).

Model-Drill 137.*

1. *T.* Wer will wissen, wann ich das Feuerwerk abbrenne?
   A. Karl will es wissen.

2. *T.* Ich frage Sie, warum haben Sie Fritz einen Dummkopf genannt?
   B. Sie irren sich; ich habe ihn nicht so genannt.

3. *T.* Können Sie begreifen, weßhalb ich meine Fehler bekenne?
   C. O ja, das ist selbstverständlich; Sie wollen sich bessern.

4. *T.* Wissen Sie, woran ich einen fleißigen, ordentlichen Schüler erkennen würde?
   D. Ich sollte denken, an seinem Fleiße und an seinem Betragen (by his industry and diligence).

5. *T.* Möchten Sie mir sagen, wie schnell und wie weit das Pferd gerannt ist?
   E. Ich kann es Ihnen nicht sagen.

6. *T.* Sagen Sie mir nicht, wohin Sie den Strauß senden werden?
   F. Ja, ich sage es Ihnen; ich werde ihn an Fräulein Mina senden.

7. *T.* Wollen Sie mich wissen lassen, wieviel von dem Saatkorn Sie an die Farmer versandt (versendet) haben?
   G. Nicht jetzt, aber später will ich es Sie wissen lassen.

8. *T.* Sagen Sie mir nicht, womit Sie Ihre Zeit vertreiben?
   H. Nein, ich mag Ihnen nicht sagen, womit ich sie vertreibe.

---

* Questions on the preceding themes.

9. *T.* Darf ich Sie fragen (may I ask you), woher Sie wissen, daß die Sache sich so verhält?
I. Ich weiß es von Fritz.

10. *T.* Begreifen Sie nicht, weßwegen ich mich in dieser Sache so lange bedacht hatte?
K. Ja, ich begreife es jetzt.

11. *T.* Möchten Sie gern wissen, wodurch ich die Angelegenheit in's Reine gebracht hätte?
L. Ja, das möchte ich gern wissen.

12. *T.* Darf man Ihnen sagen, worin Sie fehlen?
M. Ja, das darf man mir immer sagen.

13. *T.* Wissen Sie Alles, wovon ich Ihnen erzähle?
N. Nein, Sie erzählen mir Vieles, wovon ich nichts weiß.

14. *T.* Wenn Sie begierig auf etwas sind, fragen Sie darnach?
O. Ja, wenn es schicklich ist.

15. *T.* Wo sollen Sie Ihren Freund erwarten?
P. Ich soll ihn zu Hause erwarten.

16. *T.* Was sagten Sie mir über diese Stadt?
Q. Sie ist es, wo meine Eltern wohnten, woher ich kam, und wohin ich zurückkehren werde.

17. *T.* Können Sie die Schwierigkeiten begreifen, worunter ich gelitten habe?
R. Ja, ich denke, ich kann sie begreifen.

VERBS REQUIRING THE REFLEXIVE PRONOUN IN THE DATIVE.

Analysis.

ich bilde **mir** ein, I imagine, fancy
Sie bilden **sich** ein
du bildest **dir** ein
er bildet **sich** ein

wir bilden **uns** ein
ihr bildet **euch** ein
sie bilden **sich** ein

ich thue mir weh, I hurt myself
ich that mir weh
ich habe mir weh gethan
ich hatte mir weh gethan

man glaubt, ich thue (thäte) mir weh

ich werde mir weh thun
ich werde mir weh gethan haben
ich würde mir weh thun
ich würde mir weh gethan haben,
or ich hätte mir weh gethan

man berichtet, ich habe mir weh gethan

Themes for Drill.

1. sich an=maßen, to presume;   Ihnen zu befehlen, to command you.
2. sich aus=bitten, to request; das Vergnügen, Sie zu besuchen.
3. sich nehmen;   die Freiheit, Ihnen zu schreiben.
4. sich getrauen, to dare;   Ihnen die Wahrheit zu sagen.
5. sich verschaffen, to procure; nützliche Kenntnisse, useful knowledge.
6. sich schmeicheln, to flatter one's self; die Sache durchaus zu verstehen, to understand the matter thoroughly.
7. sich vorstellen, to imagine; ein tüchtiger Musiker zu sein, to be an able musician.
8. sich vornehmen, to make up one's mind; die deutsche Sprache zu erlernen.
9. sich einbilden, to fancy;   ein großer Gelehrter zu sein, to be a great scholar.

Model-Drill 138.

1. *T.* Sie sind mein Schüler, und ich maße mir an, Ihnen zu befehlen.
   Rob. Ich bin Ihr Schüler, und Sie maßen sich an, mir zu befehlen.

2. *T.* Sie waren mein Schüler, und ich maßte mir an, Ihnen zu befehlen.
   Rob. Ich war Ihr Schüler, und Sie maßten sich an, mir zu befehlen.

3. *T.* Sie sind mein Schüler gewesen, und ich habe mir angemaßt, Ihnen zu befehlen.
   Rob. Ich bin Ihr Schüler gewesen, und Sie haben sich angemaßt, mir zu befehlen.

4. *T.* Sie waren mein Schüler gewesen, und ich hatte mir angemaßt, Ihnen zu befehlen.
Rob. Ich war Ihr Schüler gewesen, und Sie hatten sich angemaßt, mir zu befehlen.

5. *T.* Sie werden mein Schüler sein, und ich werde mir anmaßen, Ihnen zu befehlen.
Rob. Ich werde Ihr Schüler sein, und Sie werden sich anmaßen, mir zu befehlen.

6. *T.* Wenn Sie mein Schüler wären, so würde ich mir anmaßen, Ihnen zu befehlen.
Rob. Wenn ich Ihr Schüler wäre, so würden Sie sich anmaßen, mir zu befehlen.

7. *T.* Wenn Sie mein Schüler gewesen wären, so würde ich mir angemaßt haben, Ihnen zu befehlen (oder hätte ich mir angemaßt, Ihnen zu befehlen).
Rob. Wenn ich Ihr Schüler gewesen wäre, so würden Sie sich angemaßt haben, mir zu befehlen (oder hätten Sie sich angemaßt, mir zu befehlen).

Model-Drill 139.

1. *Rob.* Ich nehme mir die Freiheit, Sie zu besuchen.
T. Was sagt Robert?
Class. Er sagt, er nehme sich die Freiheit, Sie zu besuchen.

2. *Rob.* Ich nahm mir die Freiheit, Sie zu besuchen.
Class. Er nahm sich die Freiheit, Sie zu besuchen.

3. *Rob.* Ich habe mir die Freiheit genommen, Sie zu besuchen.
Class. Er hat sich die Freiheit genommen, Sie zu besuchen.

4. *Rob.* Ich hatte mir die Freiheit genommen, Sie zu besuchen.
Class. Er hatte sich die Freiheit genommen, Sie zu besuchen.

5. *Rob.* Ich werde mir die Freiheit nehmen, Sie zu besuchen.
Class. Er wird sich die Freiheit nehmen, Sie zu besuchen.

6. *Rob.* Ich würde mir die Freiheit nehmen, Sie zu besuchen, wenn ich wüßte, daß ich willkommen sei.
Class. Er würde sich die Freiheit nehmen, Sie zu besuchen, wenn er wüßte, daß er willkommen sei.

7. *Rob.* Ich hätte mir die Freiheit genommen, Sie zu besuchen, wenn ich gewußt hätte, daß ich willkommen wäre.
Class. Er hätte sich die Freiheit genommen, Sie zu besuchen, wenn er gewußt hätte, daß er willkommen wäre.

8. *Rob.* Ich nähme mir die Freiheit, Sie zu besuchen, wenn ich wüßte, ich wäre willkommen.
Class. Er nähme sich die Freiheit, Sie zu besuchen, wenn er wüßte, er wäre willkommen.

Model-Drill 140.

1. *Rob. and Chas.* Wir getrauen uns immer, die Wahrheit zu sagen.
T. Was getrauen sich Robert und Karl?
Class. Sie getrauen sich immer, die Wahrheit zu sagen.

2. *Rob. and Chas.* Wir getrauten uns immer, die Wahrheit zu sagen.
Class. Sie getrauten sich immer, die Wahrheit zu sagen.

3. *Rob. and Chas.* Wir haben uns immer getraut, die Wahrheit zu sagen.
Class. Sie haben sich immer getraut, die Wahrheit zu sagen.

4. *Rob. and Chas.* Wir hatten uns immer getraut, die Wahrheit zu sagen.
Class. Sie hatten sich immer getraut, die Wahrheit zu sagen.

5. *Rob. and Chas.* Wir werden uns immer getrauen, die Wahrheit zu sagen.
Class. Sie werden sich immer getrauen, die Wahrheit zu sagen.

6. *Rob. and Chas.* Wir werden uns immer getraut haben, die Wahrheit zu sagen.
Class. Sie werden sich immer getraut haben, die Wahrheit zu sagen.

7. *Rob. and Chas.* Wir würden uns immer getrauen, die Wahrheit zu sagen.
Class. Sie würden sich immer getrauen, die Wahrheit zu sagen.

8. *Rob. and Chas.* Wir hätten uns immer getraut, die Wahrheit zu sagen.
Class. Sie hätten sich immer getraut, die Wahrheit zu sagen.

Model-Drill 141.

1. *T. to Class.* Ihr nehmt Euch vor, die deutsche Sprache zu erlernen.
   Class. Wir nehmen uns vor, die deutsche Sprache zu erlernen.

2. *T.* Ihr nahmt Euch vor, die deutsche Sprache zu erlernen.
   Class. Wir nahmen uns vor, die deutsche Sprache zu erlernen.

3. *T.* Ihr habt Euch vorgenommen, die deutsche Sprache zu erlernen.
   Class. Wir haben uns vorgenommen, die deutsche Sprache zu erlernen.

4. *T.* Ihr hattet Euch vorgenommen, die deutsche Sprache zu erlernen.
   Class. Wir hatten uns vorgenommen, die deutsche Sprache zu erlernen.

5. *T.* Ihr werdet Euch vornehmen, die deutsche Sprache zu erlernen.
   Class. Wir werden uns vornehmen, die deutsche Sprache zu erlernen.

6. *T.* Ihr werdet Euch vorgenommen haben, die deutsche Sprache zu erlernen.
   Class. Wir werden uns vorgenommen haben, die deutsche Sprache zu erlernen.

7. *T.* Ihr würdet Euch vornehmen, die deutsche Sprache zu erlernen, wenn Ihr die Gelegenheit dazu hättet.
   Class. Wir würden uns vornehmen, die deutsche Sprache zu erlernen, wenn wir die Gelegenheit dazu hätten.

8. *T.* Ihr hättet Euch vorgenommen, die deutsche Sprache zu erlernen, wenn Ihr die Gelegenheit dazu gehabt hättet.
   Class. Wir hätten uns vorgenommen, die deutsche Sprache zu erlernen, wenn wir die Gelegenheit dazu gehabt hätten.

Model-Drill 142.*

1. *T.* Hatten Sie sich eingebildet, daß der Hund toll (mad) sei?
   A. Ja, ich hatte mir das eingebildet.

2. *T.* That sich Robert weh, als er über den Stein fiel?
   B. Ich weiß nicht, ob er sich weh that oder nicht.

3. *T.* Haben Sie sich je angemaßt, mir zu befehlen?
   C. Nein, ich habe mir das nie angemaßt.

---

* Questions on the preceding themes.

4. *T.* Werden Sie sich das Vergnügen ausbitten, das Fräulein zu besuchen?
D. Ja, ich werde mir es ausbitten.

5. *T.* Würden Sie sich auch die Freiheit nehmen, dem Fräulein zu schreiben?
E. Nein, die würde ich mir nicht nehmen.

6. *T.* Hätten Sie sich getraut, einem Jeden frei die Wahrheit zu sagen?
F. Ja, das hätte ich mir getraut.

7. *T.* Man sagt, Sie verschaffen sich nützliche Kenntnisse; ist dem so?
G. Ja, ich verschaffe mir sie, wo ich kann.

8. *T.* Schmeicheln Sie sich, die Sache durchaus zu verstehen?
H. Ja, ich schmeichle mir, sie zu verstehen.

9. *T.* Stellt sich Karl noch immer vor, ein tüchtiger Musiker zu sein?
I. Ich glaube ja, er stellt sich das vor.

10. *T.* Haben Sie sich in allem Ernste vorgenommen, die deutsche Sprache zu erlernen?
K. Ja, ich habe mir das vorgenommen.

TRANSITIVE VERBS WITH THE GENITIVE.

Analysis.

In colloquial speech, verbs of this class have exchanged their genitive for the accusative, or have paraphrased it with a preposition; but, in dignified speech or written language, the genitive still prevails in combination with them. They require the person in the accusative and the object in the genitive.

Themes for Drill.

1. anklagen, to accuse; seinen Diener der Unehrlichkeit.
2. belehren,* to inform; Sie eines Besseren.*
3. entbinden,† to release; ihn seines Kontraktes.

---

* Jemanden eines Besseren belehren, to inform some one of a better thing = to correct his impression, which is presumed to be wrong. Usually: ich belehre Sie über eine Sache.

† Usually: ich entbinde Sie von dem Kontrakte.

4. berauben, to rob;   den armen Mann seines Geldes.
5. beschuldigen, to accuse;   ihn des Verbrechens (crime).
6. entheben, to exempt;   die Magd der Arbeit.
7. entlassen, to dismiss;   den Diener des Dienstes.
8. überzeugen,* to convince; Sie seiner Unschuld (innocence).
9. überführen, to convict;   sie der Unwahrheit (untruth).
10. versichern,† to assure;   Sie meiner Freundschaft.
11. würdigen, to favor;   ihn meines Vertrauens.

Model-Drill 143.

T. Ich klage Ihren Diener der Unwahrheit an; was thue ich?
Rob. Sie klagen meinen Diener der Unwahrheit an ꝛc.‡

Model-Drill 144.

Rob. Ich belehre Sie eines Besseren in dieser Angelegenheit.
T. Was sagt Robert?
Class. Er sagt, er belehrt Sie eines Besseren in dieser Angelegenheit ꝛc.

Model-Drill 145.

Rob. and Chas. Wir entbinden Euch des Kontraktes, den Ihr mit uns eingegangen seid.
T. Was thun sie?
Class. Sie entbinden uns des Kontraktes, den Sie mit uns eingegangen sind ꝛc.

Model-Drill 146.

T. to Class. Ihr versichert mich Euerer Freundschaft.
Class. Wir versichern Sie unserer Freundschaft ꝛc.

Model-Drill 147.§

1. Klagen Sie meinen Diener der Unehrlichkeit an?
2. Wollen Sie mich gefälligst eines Besseren belehren?

---

* Usually: ich überzeuge mich von seiner Unschuld.
† Usually: ich versichere Ihnen meine Freundschaft.
‡ Complete these drills according to the general plan.
§ Questions on the preceding themes, to which the pupil is to improvise the answers.

3. Würden Sie den Hausherrn seines Kontraktes entbinden?
4. Hat der Schurke den armen Mann seines Geldes beraubt?
5. Beschuldigen Sie ihn dieses Verbrechens?
6. Können Sie die Magd dieser harten Arbeit nicht entheben?
7. Warum wollen Sie den Diener seines Dienstes entlassen?
8. Soll ich Sie seiner Unschuld überzeugen?
9. Haben Sie den vorlauten Knaben der Unwahrheit überführt?
10. Darf ich (may I) Sie nochmals meiner Freundschaft versichern?
11. Würden Sie mich Ihres Vertrauens versichern?

REFLEXIVE VERBS WITH THE GENITIVE.

Analysis.

Reflexive verbs governing, besides the person in the accusative, the object in the genitive.

Themes for Drill.

1. sich annehmen, to interest one's self for;   des armen Kindes.
2. sich bedienen, to make use of;   des Messers zum Schneiden.
3. sich befleißigen, to apply one's self;   der alten und neuen Sprachen.
4. sich bemächtigen, to seize, to take;   des lärmenden Knaben.
5. sich besinnen,* to try to remember;   Ihres werthen Namens.
6. sich enthalten, to abstain;   eines jeden Unrechts.
7. sich erinnern,† to remember;   der schönen Tage der Jugend.
8. sich freuen,‡ to rejoice;   des Glückes seiner Mitmenschen.
9. sich erbarmen,§ to have mercy;   des Unglückes seiner Mitmenschen.
10. sich rühmen, to boast;   seiner Thaten.
11. sich schämen, to be ashamed;   seiner Unwissenheit.

---

* Usually: sich auf eine Sache besinnen; ich besinne mich auf Ihren werthen Namen.
† Also: sich an eine Sache erinnern; ich erinnere mich an die schönen Tage der Jugend.
‡ Also: sich freuen über etwas; ich freue mich über das Glück meiner Mitmenschen.
§ Also: sich erbarmen über etwas; ich erbarme mich über das Unglück meiner Mitmenschen.

Notice the following locutions with the genitive :
1. Hungers sterben, to die of hunger.
2. Eines plötzlichen Todes sterben, to die a sudden death.
3. Seines Weges gehen, to go one's way.
4. Des Todes sein, to be a dead man.
5. Guten Muthes sein, to be of good cheer.
6. Der Meinung, or der Ansicht sein, to be of the opinion.
7. Willens sein, to intend, to be willing.
8. Des Zieles verfehlen, to miss one's aim or profession.
9. Der Mühe werth sein, to be worth the trouble.

Model-Drill 148.

T. Ich nehme mich des armen Kindes an.
Rob. Sie nehmen sich des armen Kindes an ꝛc.*

Model-Drill 149.

Rob. Ich bediene mich des Messers zum Schneiden.
T. Was thut Robert?
Class. Er bedient sich des Messers zum Schneiden ꝛc.

Model-Drill 150.

Rob. and Chas. Wir befleißigen uns der alten und neuen Sprachen.
T. Was thun sie?
Class. Sie befleißigen sich der alten und neuen Sprachen ꝛc.

Model-Drill 151.

T. to Class. Ihr bemächtigt Euch des lärmenden und unartigen Knaben.
Class. Wir bemächtigen uns des lärmenden und unartigen Knaben ꝛc.

Model-Drill 152.†

1. Haben Sie sich des armen Kindes angenommen?
2. Werden Sie sich des Messers zum Schneiden bedienen?

---

* Complete these drills according to the general plan.

† Questions on the preceding themes to which the pupil is to improvise the answers.

3. Welcher Sprachen werden Sie sich befleißigen?
4. Können Sie sich des lärmenden Knaben bemächtigen?
5. Wollen Sie sich seines Namens erinnern?
6. Sollten Sie sich nicht eines jeden Unrechtes enthalten?
7. Erinnern Sie sich manchmal der schönen Tage Ihrer Jugend?
8. Freuten Sie sich immer des Glückes Ihrer Mitmenschen?
9. Werden Sie sich immer des Unglückes Ihrer Mitmenschen erbarmen?
10. Würden Sie sich immer Ihrer Thaten rühmen?
11. Hätten Sie sich der Unwissenheit Ihres Bruders geschämt?
12. Fürchten Sie sich je (ever) Hungers zu sterben?
13. Wissen Sie, wer eines plötzlichen Todes gestorben ist?
14. Sagten Sie dem Schurken, seines Weges zu gehen?
15. Würden Sie nicht des Todes sein, wenn Sie in den Brunnen fallen würden?
16. Wenn die Gefahr am höchsten ist, sind Sie dann guten Muthes?
17. Sind Sie derselben Ansicht, wie ich?
18. Werden Sie morgen Willens sein, mit mir spazieren zu gehen?
19. Glauben Sie nicht, daß Sie Ihres Zieles verfehlen?
20. Denken Sie nicht, es ist der Mühe werth, diese zwanzig Fragen zu beantworten?

TRANSITIVES WITH THE DATIVE AND ACCUSATIVE.

Analysis.

Transitives requiring the recipient of the action in the dative, and the object in the accusative, as: Ich biete ihm meine Freundschaft an, I offer him my friendship. Ich gebe dem Knaben eine deutsche Aufgabe.

Themes for Drill.

1. anbieten, to offer; dem Fräulein meinen Arm.
2. borgen, to lend; dem Nachbar mein Pferd.
3. bringen, to bring; der Mutter ihre Uhr.
4. leihen, to lend; dem Kameraden meine Grammatik.
5. erzählen, to relate; dem Kinde eine Geschichte (story).
6. glauben, to believe; dem vorlauten Knaben nichts.

7. gewähren, to grant;   dem liebenswürdigen Mädchen seinen Wunsch.
8. geben, to give;   dem Pferde frisches Gras.
9. leisten, to render;   meinem Freunde schnelle Hülfe.
10. liefern, to furnish;   den Armen eine Tonne Kohlen.
11. nehmen, to take from a person;   dem Kinde das Messer weg.
12. anpassen, to fit;   dem Pferde den Sattel und Zaum (saddle and bridle).
13. sagen, to say;   Jedermann die Wahrheit.
14. schenken, to present with;   seinem Freunde eine goldene Feder.
15. schulden (schuldig sein), to owe; dem Kaufmanne Geld.
16. lassen, to leave, to let;   der armen Familie das Häuschen.
17. rauben, to rob;   den Vögeln ihre Eier (eggs).
18. schicken, to send;   dem Sohne eine Warnung.
19. schreiben, to write;   dem Onkel einen langen Brief.
20. reichen, to pass, hand;   dem Gaste die Kartoffeln.
21. opfern, to sacrifice;   seinen Eltern (parents) Alles.
22. zahlen, to pay;   der Hausfrau die Kost (board).
23. zeigen, to show;   dem Reisenden (traveler) den Weg.
24. stehlen, to steal;   ihm seinen guten Namen.
25. verzeihen, to pardon;   dem vorlauten Jungen seine Unbescheidenheit.
26. vorlesen, to read to a person;   der kranken Mutter eine Geschichte.
27. verschaffen, to procure;   dem Manne Arbeit.

Model-Drill 153.

T. Ich biete diesem Fräulein meinen Arm an; was thue ich?
Rob. Sie bieten diesem Fräulein Ihren Arm an 2c.*

Model-Drill 154.

Rob. Ich borge dem Nachbar mein Pferd.
T. Was thut Robert?
Class. Er borgt dem Nachbar sein Pferd 2c.

---

* Complete this drill and the three following.

Model-Drill 155.

Rob. and Chas. Wir leisten unserem Freunde schnelle Hülfe.
T. Was thun sie?
Class. Sie leisten ihrem Freunde schnelle Hülfe ꝛc.

Model-Drill 156.

T. Ihr liefert den Armen eine Tonne Kohlen.
Class. Wir liefern den Armen eine Tonne Kohlen ꝛc.

Model-Drill 157.*

1. Wem bieten Sie Ihren Arm an?
2. Würden Sie dem Nachbar Ihr Pferd borgen, wenn er es wünschte?
3. Haben Sie meiner Mutter ihre Uhr gebracht?
4. Werden Sie dem Kameraden Ihre Grammatik leihen?
5. Können Sie dem Kinde eine Geschichte erzählen?
6. Hätten Sie dem vorlauten Schüler nichts geglaubt?
7. Möchten Sie dem liebenswürdigen Mädchen seinen Wunsch gewähren?
8. Wann werden Sie dem hungrigen Pferde frisches Gras geben?
9. Sollten Sie nicht Ihrem Freunde schnelle Hülfe leisten?
10. Wollen Sie den Armen eine Tonne Kohlen liefern?
11. Werden Sie dem Kinde nicht das Messer wegnehmen?
12. Lassen Sie dem Pferde Sattel und Zaum anpassen?
13. Hatten Sie immer Jedermann die Wahrheit gesagt?
14. Hegen Sie die Absicht, Ihrem Freunde eine goldene Feder zu schenken?
15. Schulden Sie, or Sind Sie dem Kaufmann Geld schuldig?
16. Lassen Sie der armen Familie das Häuschen?
17. Hätten Sie den Vögeln ihre Eier geraubt?
18. Sollte ein Vater seinem bösen Sohne eine Warnung schicken?
19. Möchten Sie nicht Ihrem Onkel einen langen Brief schreiben?
20. Wollen Sie gefälligst dem Gaste die Kartoffeln reichen?
21. Hätten Sie dem Unglücklichen nicht Geduld gerathen?
22. Können Sie den Eltern Alles opfern?
23. Werden Sie Ihrer Hausfrau nicht (für) Ihre Kost bezahlen?
24. Würden Sie dem Reisenden nicht den Weg zeigen, wenn Sie könnten?

---

* Questions on the preceding themes.

25. Sollte man einem Mitmenschen seinen guten Namen stehlen?
26. Haben Sie dem vorlauten Jungen seine Unbescheidenheit verziehen?
27. Lasen Sie Ihrer kranken Mutter eine Geschichte vor?
28. Verschaffen Sie dem Manne Arbeit?

IMPERSONAL VERBS.

Analysis.

Present: es gibt, there is, there are.
Imperfect: es gab, there was, there were.
Perfect: es hat gegeben, there has (have) been.
Pluperfect: es hatte gegeben, there had been.
I. Future: es wird geben, there will be.
II. Future: es wird gegeben haben, there will have been.
I. Conditional: es würde geben (es gäbe), there would be.
II. Conditional: es würde gegeben haben, or es hätte gegeben, there would have been.
Potential: es mag geben, or es kann geben, there may be, or there can be.

Themes for Drill.*

1. Es gibt† reiche und arme Leute.
2. Es gibt Menschen, die selten unzufrieden sind.
3. Es gibt Thiere, die auf dem Lande und in dem Wasser leben.
4. Es gibt Schlangen, die alle zwei Monate nur einmal fressen, there are snakes that eat but once every two months.

---

* The pupil will inflect these drills according to the general plan.

† This verb remains always in the singular, and takes its object in the accusative. *There is* must be rendered by es gibt, whenever it expresses indefinite existence, and no definite place is mentioned; but when space or place or definite existence is expressed, then *there is, there was,* must be rendered by es ist, es sind; es war, es waren, as:

Es ist ein Mann draußen im Hofe.
Es ist ein Vogel in dem Neste.
Es sind zwei Wörterbücher in dem Schranke.
Es waren nicht viele Leute in der Kirche.
Es waren keine Sitze mehr im Theater.

In interrogative inversions the es is omitted, as:

Ist ein Mann draußen im Hofe?
Ist ein Vogel im Neste?

VERBS OCCASIONALLY IMPERSONAL.

Themes for Drill.*

1. Es scheint, als ob der Fluß überfriere (subj.), it seems as if the river is freezing over.
2. Es betrifft die Existenz und den guten Ruf dieses Mannes, it concerns the existence and the good reputation of this man.
3. Es fehlt an dem guten Willen des reichen Herrn, the good will of the rich gentleman is wanting.
4. Es geschieht nur, um Sie zu überzeugen, it is done only to convince you.
5. Es genügt, daß Sie ihm ein freundliches Gesicht zeigen, it suffices that you show him a friendly face.
6. Es läutet jeden Sonntag Morgen um elf Uhr zur Kirche, the bell rings for church every Sunday morning at eleven o'clock.
7. Es erhellt aus Allem, was Sie sagen, daß er die Wahrheit spricht, it is clear from what you say, that he speaks the truth.
8. Es nützt nichts, der Kranke muß sterben, it is of no use, the patient must die.
9. Es bedarf nur Ihrer Gegenwart, um Ordnung in der Schule herzustellen, it requires only your presence to establish order in the school.
10. Es fängt an zu donnern und zu blitzen, it begins to thunder and lighten.
11. Es kommt darauf an, wie Sie das verstehen, it depends on how you understand it.
12. Es ist kein Zweifel, daß Sie im Unrecht sind, there is no doubt but that you are wrong.
13. Es schlägt zehn an der fernen Thurmuhr, it strikes ten on the distant tower-clock.
14. Es folgt ihm der unstäte Geist, wohin er auch geht, his restless spirit follows him wherever he goes.

---

* The pupil will inflect these themes from the book.

VERBS APPARENTLY IMPERSONAL,*

WITH PERSONAL PRONOUNS IN THE DATIVE AND ACCUSATIVE.

Themes for Drill.

WITH DATIVE.

1. es thut mir leid (es ist mir leid), I am sorry.
2. es gefällt mir, I like it.
3. es schwindelt mir, I am giddy.
4. es nützt mir nichts, it is of no use to me.
5. es gelingt mir, I succeed.
6. es liegt mir viel daran, it is important for me.
7. es kommt mir vor, it seems to me.
8. es fällt mir ein, it occurs to me.
9. es ist mir wohl, I am well.
10. es ist mir warm,† I am warm.
11. was fehlt Ihnen, what is the matter with you?

WITH ACCUSATIVE.

1. es freut mich,‡ I am glad.
2. es reut mich, I repent.
3. es schmerzt mich, I grieve.
4. es friert mich, I am cold.
5. es schaudert mich, I shudder.
6. es wundert‡ mich, I wonder.
7. es hungert‡ mich, I am hungry.
8. es dürstet‡ mich, I am thirsty.
9. es schickt sich, it is proper.
10. es versteht sich, of course.
11. es fragt sich, it is the question.

---

* The impersonal form occurs also in the passive voice of active and neuter verbs in the third person, as: es wird viel von den schweren Zeiten gesprochen, there is much talk of hard times, or, man spricht viel von den schweren Zeiten. Man trank, aß und spielte, or, es wurde getrunken, gegessen und gespielt.

† The German does not say: ich bin warm, ich bin kalt; but, es ist mir warm; es ist mir kalt or ich friere.

‡ Some of these are used also personally, as: ich freue mich, ich bin hungrig, or, ich habe Hunger; ich bin durstig; or, ich habe Durst; ich friere, ich wundere mich, ich schaudere.

USE OF THE INFINITIVE.*

Analysis.

The infinitive without zu is used—

I. With the modal auxiliaries: † dürfen, können, müssen, wollen, sollen, mögen, lassen, to which may be also added haben and thun; also with the verbs: heißen † (to order), helfen,† hören,† sehen,† lehren, lernen, nennen, machen,† fühlen, finden.

II. In particular expressions with the following verbs, as:

bleiben: liegen bleiben, sitzen bleiben, stehen bleiben, to remain lying, sitting, standing.
legen: schlafen legen, to put to bed; sich schlafen legen, to lie down to sleep.
lehren: schreiben lehren, lesen lehren, zeichnen lehren.
gehen: spazieren gehen, schlafen gehen, betteln gehen, to take a walk, to go to bed, to go begging.
reiten: spazieren reiten, to take a ride.
fahren: spazieren fahren, to take a drive.

Themes for Drill.

1. dürfen. Aus gewissen Rücksichten (for certain reasons) darf ich das prachtvolle Geschenk nicht annehmen.
2. können. Ich kann das viel besser machen.
3. müssen. Ich muß mich den ganzen Sommer auf mein Examen vorbereiten.
4. wollen. Ich will die Reise zu Fuß allein unternehmen.
5. sollen. Ich soll einen tüchtigen Lehrer anstellen.

---

* The infinitive is sometimes used as a neuter noun with or without the article das, as: das Essen unreifen Obstes ist ungesund. Ich bin des beständigen Lernens müde. Geben ist besser als nehmen.

† In the compound tenses, perfect and pluperfect, these verbs including heißen (to order), helfen, hören, sehen, machen, and sometimes lernen, when combined with another infinitive, do not make use of the regular past participle form, but retain the infinitive form instead. See Model-Drills 158, 159, 160.

6. mögen. Ich mag die neue Oper gern sehen, I like to see the new opera very much.
7. lassen. Ich lasse mir ein neues Haus bauen, I order (cause) a new house built.
8. haben. Er hat gut reden und lachen, it is easy for him to talk and to laugh.
9. thun. Ich thue nichts, als spielen, essen, trinken und schlafen.
10. heißen. Ich heiße den Schüler an die Wandtafel gehen, I bid the pupil go to the blackboard.
11. helfen. Ich helfe dem Freunde seine Koffer packen.
12. hören. Mit Vergnügen höre ich die Vögel im Walde singen.
13. sehen. Ich sehe den unartigen Knaben mit seinem Messer in den Baum schneiden.
14. machen. Mit der größten Leichtigkeit mache ich die Knaben in der Schule lachen.
15. lernen. Ich lerne immer gern zeichnen unter einem tüchtigen Lehrer.
16. lehren. Aufmerksame Schüler lehre ich in kurzer Zeit deutsch sprechen.
17. nennen. Das nenne ich pflügen, fahren, laufen, that I call plowing, driving, running.
18. fühlen. Ich fühle den Puls des Kranken schwächer schlagen, I feel the pulse of the patient beat more feebly.
19. finden. Ich finde meinen Bruder jeden Morgen noch um zehn Uhr schlafen.
20. bleiben. In einer angenehmen Gesellschaft bleibe ich immer lange sitzen.
21. legen. Ich lege mich gewöhnlich um zehn Uhr abends schlafen.
22. gehen. An schönen Sommernächten gehe ich gern spazieren.
23. reiten. Mit einem vertrauten Freunde reite ich gern spazieren.
24. fahren. Jeden Nachmittag fahre ich eine Stunde spazieren.

Model-Drill 158.

1. *T.* Aus gewissen Rücksichten darf ich das prachtvolle Geschenk nicht annehmen; warum darf ich es nicht annehmen?
P. Aus gewissen Rücksichten dürfen Sie das prachtvolle Geschenk nicht annehmen.

2. *T.* Aus gewissen Rücksichten durfte ich das prachtvolle Geschenk nicht annehmen; warum durfte ich es nicht annehmen?
P. Aus gewissen Rücksichten durften Sie das prachtvolle Geschenk nicht annehmen.

3. *T.* Aus gewissen Rücksichten habe ich das prachtvolle Geschenk nicht annehmen dürfen; warum habe ich es nicht annehmen dürfen?
P. Aus gewissen Rücksichten haben Sie das prachtvolle Geschenk nicht annehmen dürfen.

4. *T.* Aus gewissen Rücksichten hatte ich das prachtvolle Geschenk nicht annehmen dürfen; warum hatte ich es nicht annehmen dürfen?
P. Aus gewissen Rücksichten hatten Sie das prachtvolle Geschenk nicht annehmen dürfen.

5. *T.* Aus gewissen Rücksichten werde ich das prachtvolle Geschenk nicht annehmen dürfen; warum werde ich es nicht annehmen dürfen?
P. Aus gewissen Rücksichten werden Sie das prachtvolle Geschenk nicht annehmen dürfen.

6. *T.* Aus gewissen Rücksichten würde ich das prachtvolle Geschenk nicht annehmen dürfen; warum würde ich es nicht annehmen dürfen?
P. Aus gewissen Rücksichten würden Sie das prachtvolle Geschenk nicht annehmen dürfen.

7. *T.* Aus gewissen Rücksichten hätte ich das prachtvolle Geschenk nicht annehmen dürfen; warum hätte ich es nicht annehmen dürfen?
P. Aus gewissen Rücksichten hätten Sie das prachtvolle Geschenk nicht annehmen dürfen.

Model-Drill 159.

1. *Rob. to Class.* Ich lasse mir ein neues Haus bauen.
T. Was läßt sich Robert bauen?
Class. Er läßt sich ein neues Haus bauen.

2. *Rob.* Ich ließ mir ein neues Haus bauen.
T. Was ließ er sich bauen?
Class. Er ließ sich ein neues Haus bauen.

3. *Rob.* Ich habe mir ein neues Haus bauen lassen.
T. Was hat er sich bauen lassen?
Class. Er hat sich ein neues Haus bauen lassen?

4. *Rob.* Ich hatte mir ein neues Haus bauen lassen.
   T. Was hatte er sich bauen lassen?
   Class. Er hatte sich ein neues Haus bauen lassen.

5. *Rob.* Ich werde mir ein neues Haus bauen lassen.
   T. Was wird er sich bauen lassen?
   Class. Er wird sich ein neues Haus bauen lassen.

6. *Rob.* Ich würde mir ein neues Haus bauen lassen, wenn ich die Mittel hätte.
   T. Was würde er sich bauen lassen?
   Class. Er würde sich ein neues Haus bauen lassen, wenn er die Mittel hätte.

7. *Rob.* Ich hätte mir ein neues Haus bauen lassen, wenn ich die Mittel gehabt hätte.
   T. Was hätte er sich bauen lassen?
   Class. Er hätte sich ein neues Haus bauen lassen, wenn er die Mittel gehabt hätte.

Model-Drill 160.

1. *Rob. and Chas.* Wir sehen den unartigen Knaben mit seinem Messer in den Baum schneiden.
   T. Was sehen sie?
   Class. Sie sehen den unartigen Knaben mit seinem Messer in den Baum schneiden.

2. *Rob. and Chas.* Wir sahen den unartigen Knaben mit seinem Messer in den Baum schneiden.
   Class. Sie sahen den unartigen Knaben mit seinem Messer in den Baum schneiden.

3. *Rob. and Chas.* Wir haben den unartigen Knaben mit seinem Messer in den Baum schneiden sehen.
   Class. Sie haben den unartigen Knaben mit seinem Messer in den Baum schneiden sehen.

4. *Rob. and Chas.* Wir hatten den unartigen Knaben mit seinem Messer in den Baum schneiden sehen.
   Class. Sie hatten den unartigen Knaben mit seinem Messer in den Baum schneiden sehen.

5. *Rob. and Chas.* Wir werden den unartigen Knaben mit seinem Messer in den Baum schneiden sehen.
   Class. Sie werden den unartigen Knaben mit seinem Messer in den Baum schneiden sehen.

6. *Rob. and Chas.* Wir würden den unartigen Knaben mit seinem Messer in den Baum schneiden sehen, wenn wir dabei wären.
   Class. Sie würden den unartigen Knaben mit seinem Messer in den Baum schneiden sehen, wenn sie dabei wären.

7. *Rob. and Chas.* Wir hätten den unartigen Knaben mit seinem Messer in den Baum schneiden sehen, wenn wir dabei gewesen wären.
   Class. Sie hätten den unartigen Knaben mit seinem Messer in den Baum schneiden sehen, wenn sie dabei gewesen wären.

Model-Drill 161.

1. *T. to Class.* Jeden Nachmittag fahret Ihr eine Stunde spazieren.
   Class. Jeden Nachmittag fahren wir eine Stunde spazieren.

2. *T.* Jeden Nachmittag fuhret Ihr eine Stunde spazieren.
   Class. Jeden Nachmittag fuhren wir eine Stunde spazieren.

3. *T.* Jeden Nachmittag seid Ihr eine Stunde spazieren gefahren.
   Class. Jeden Nachmittag sind wir eine Stunde spazieren gefahren.

4. *T.* Jeden Nachmittag waret Ihr eine Stunde spazieren gefahren.
   Class. Jeden Nachmittag waren wir eine Stunde spazieren gefahren.

5. *T.* Jeden Nachmittag werdet Ihr eine Stunde spazieren fahren.
   Class. Jeden Nachmittag werden wir eine Stunde spazieren fahren.

6. *T.* Jeden Nachmittag würdet Ihr eine Stunde spazieren fahren, wenn Ihr dürftet.
   Class. Jeden Nachmittag würden wir eine Stunde spazieren fahren, wenn wir dürften.

7. *T.* Jeden Nachmittag wäret Ihr eine Stunde spazieren gefahren, wenn Ihr gedurft hättet.
   Class. Jeden Nachmittag wären wir eine Stunde spazieren gefahren, wenn wir gedurft hätten.

8. *T.* Man sagt, Ihr dürftet nicht spazieren fahren.
   Class. Man sagt, wir dürften nicht spazieren fahren.

THE INFINITIVE WITH zu.

Analysis.

The infinitive with zu is used after verbs expressing desire and emotion, as: wünschen, hoffen, fürchten, glauben ꝛc.; also after verbs, such as: beginnen, anfangen, aufhören, eilen, sich gewöhnen, lieben, brauchen (to need), wissen, scheinen.*

Themes for Drill.†

1. wünschen. Ich wünsche, Sie morgen abend um sechs Uhr zu sprechen.
2. hoffen. Ich hoffe, Sie nächste Woche bei meiner Hochzeit zu sehen, I hope to see you at my wedding next week.
3. fürchten. Ich fürchte, Sie zu stören, I fear to disturb you.
4. glauben. Ich glaube, in meinem Rechte zu sein, I believe I am in the right.
5. vergessen. Ich vergesse, meinen Hut abzunehmen.
6. sich freuen. Ich freue mich herzlich, Sie wiederzusehen.
7. sich bemühen. Ich bemühe mich, Ihnen sobald wie möglich zu helfen.

---

* The infinitive with zu is used also—

1) To express the design or the purpose of an action or an existence, as: Er kam, mir zu sagen, daß mein Bruder krank sei. Ich ging, ihn zu besuchen. Der Mensch lebt nicht um zu essen, sondern er ißt um zu leben. Um reich zu werden, muß man arbeiten. (Um, in order to, is usually added to express the design or purpose more forcibly.)

2) After nouns, such as: Lust, desire; Muth, courage; Zeit, Gelegenheit, Muße, leisure, etc. Ex.: Er hat Lust zu tanzen. Ich habe keine Zeit, Muße, Gelegenheit, meine Freunde zu besuchen.

3) Also after adjectives, such as: leicht, schwer, hart, müde; möglich, possible; unmöglich, impossible; begierig; angenehm, agreeable. Ex.: Die Sache ist leicht einzusehen. Er war müde länger zu leben. Ich bin begierig zu hören ꝛc.

4) As subject of the sentence, it is frequently connected with zu, as: Seinen Feinden zu verzeihen ist die Pflicht (duty) des Christen.

5) Where it assumes the import of an adjectival attribute, as: Der fleißige Schüler ist zu loben. Er ist nirgends zu finden, he is nowhere to be found.

† As these themes are easy, the pupil will be able to inflect them, without any special models being given.

8. sich bestreben. Ich bestrebe mich, stets die Achtung (the respect) meiner Mitmenschen zu verdienen.
9. suchen. Ich suche beständig, meine deutsche Aussprache (pronunciation) zu verbessern (to improve).
10. versuchen. Ich versuche vergebens (I try in vain), die lärmenden Knaben zu entfernen.
11. bitten. Ich bitte Sie, mich nächsten Sonntag zu besuchen.
12. befehlen. Ich befehle dem unartigen Knaben, das Zimmer zu verlassen, I command the bad boy to leave the room.
13. erlauben. Ich erlaube den Kindern, in diesem Zimmer zu spielen.
14. rathen. Ich rathe Ihnen, einen andern Doktor zu nehmen.
15. verbieten. Ich verbiete dem Kutscher, das Pferd zu mißhandeln.
16. zwingen. Ich zwinge meine Freunde, mich zu achten.
17. beginnen. Ich beginne jetzt, den Verhalt der Sache zu verstehen.
18. anfangen. Ich fange heute an, mein Land zu pflügen.
19. aufhören. Ich höre auf, Kaffee und Thee zu trinken.
20. eilen. Ich eile, den armen Leuten zu Hülfe zu kommen.
21. sich gewöhnen. Ich gewöhne mich, von nun an früher aufzustehen.
22. lieben. Ich liebe, im einsamen Walde spazieren zu gehen.
23. brauchen. Ich brauche nur zu rufen, und er kommt.
24. wissen. Ich weiß, den Werth (value) seiner Arbeit zu schätzen.
25. scheinen. Sie scheinen, mich nicht zu verstehen.

INFINITIVE WITH zu AFTER PREPOSITIONS.

Analysis.

The infinitive with zu is further required after the prepositions anstatt and ohne.

Themes for Drill.

1. anstatt. Ich mache dem treuen Diener ein passendes Geschenk, anstatt ihn mit leeren Worten zu entlassen.
2. Ich beschließe, diesen Sommer in der Stadt zu bleiben, anstatt wie gewöhnlich auf das Land zu gehen.

3.   Ich suche den Unglücklichen zu helfen, anstatt sie nur zu beklagen und mit Worten zu trösten.

4. ohne.   Ich habe genug, um zu leben, ohne gerade (exactly) reich zu sein.

5.   Ich besuche keinen Nachbar, ohne von ihm eingeladen zu sein.

6.   Ich verlasse den habsüchtigen Schurken (greedy rascal), ohne ihn eines Wortes zu würdigen (without deigning to speak to him).

USE OF PARTICIPLES.

Analysis.

I. The present participle has active force and can be used—

a) Like an adjective, attributively and predicatively, as:

	ATTRIBUTIVE.	PREDICATIVE.
drohen.	Die drohende Gefahr.	Die Gefahr ist drohend.
reizen.	Das reizende Bild.	Das Bild ist reizend.
entzücken.	Die entzückende Geschichte.	Die Geschichte ist entzückend.
binden.	Das bindende Versprechen.	Das Versprechen ist bindend.
schlagen.	Der schlagende Beweis.*	Der Beweis ist schlagend.
brennen.	Die brennende Frage.	Die Frage ist brennend.†

b) Predicatively, with another verb, being then an abridged representative of an entire sentence, and rendered capable, in this form, of being merged in another, as:

Siegend starb der Held‡	=	Der Held starb, indem er siegte.
Betend schläft das Kind ein	=	Das Kind schläft ein, indem es betet.
Schweigend sah er mich an	=	Er sah mich an, indem er schwieg.
Lachend gab ich ihm die Hand	=	Ich gab ihm die Hand, indem ich lachte.

---

* Knock-down argument.

† Others, again, cannot readily be used predicatively. We can say: der lesende Schüler, der lobende Lehrer, das schreiende Kind; but not well: der Schüler ist lesend, der Lehrer ist lobend, das Kind ist schreiend. Such are better paraphrased by: der Schüler, welcher liest; der Lehrer, welcher lobt; das Kind, welches schreit.

‡ These expressions, however, partake of the dramatic, and are not used colloquially.

Zankend entfernte sie sich	=	Sie entfernte sich, indem sie zankte.
Eine Cigarre rauchend trat er in den Saal	=	Er trat in den Saal, indem er eine Cigarre rauchte.

c) The present participle, originating from the infinitive with zu, is of passive force, as:

Ein zu lesendes Buch, paraphrased: ein Buch, welches gelesen werden kann oder soll.

The pupil will paraphrase similarly the following sentences:

1. Ein zu packender Koffer.
2. Eine zu füllende Flasche.
3. Ein zu nähendes Kleid.
4. Ein zu bügelndes Tischtuch.
5. Ein zu deckender Tisch.
6. Ein zu bauendes Haus.
7. Ein zu schreibender Brief.
8. Ein zu malendes Portrait.
9. Ein zu kehrendes Zimmer.
10. Ein zu fütterndes Pferd.
11. Ein zu heizender Ofen.
12. Eine zu kochende Suppe.

II. The past participle of a transitive verb has passive meaning and can be used—

a) Like an adjective, both attributively and predicatively, as:

ATTRIBUTIVE.	PREDICATIVE.
Ein verlorener Schlüssel.	Ein Schlüssel ist verloren.
Ein gehobelter Fußboden.	Ein Fußboden ist gehobelt.
Ein gepackter Koffer.	Ein Koffer ist gepackt.
Ein gelehrter Mann.	Ein Mann ist gelehrt.

b) The past participle of only those intransitives that are conjugated with sein* admit of an attributive use, as:

Der gefallene Schnee.	Der Schnee ist gefallen.
Die verflossene Zeit.	Die Zeit ist verflossen.
Die angekommenen Freunde.	Die Freunde sind angekommen.

c) Both participles, when capable of being used attributively, can also be used as substantives in all genders, as: der Liebende, ein

---

* Of intransitives conjugated with haben, we can, for example, not say:

Die geblühete Blume,	for we say:	Die Blume hat geblüht.
Das gebrannte Haus,	" " "	Das Haus hat gebrannt.
Das geschlafene Kind,	" " "	Das Kind hat geschlafen.
Der geruhte Wanderer,	" " "	Der Wanderer hat geruht.

Geliebter, die Geliebte, der Genesene, ein Sterbender, die Bewunderte, das Gewollte, das Gewünschte, das Werdende (that which is to be).

d) Usage also allows a peculiar adverbial application of the past participle of verbs expressing motion with the verb kommen, as: er kommt gegangen — gelaufen — gerannt — gefahren — geritten, instead of: er kommt gehend — laufend — rennend — fahrend — reitend.

ADJECTIVES GOVERNING CASES.

Analysis.

Adjectives can only govern the genitive or the dative as cases really dependent on them. The accusative, as the object of an action, can in reality be required only by a transitive verb. An adjective can have no object, therefore governs no accusative.*

ADJECTIVES GOVERNING THE GENITIVE.

Themes for Drill.

1. frei.†   Ich glaube nicht, daß ich **jeden Vorurtheils** gänzlich frei bin.
2. voll.   Ich erhalte soeben ein Faß (barrel) voll **des besten Weines**.
3. leer.   Muthlos und verlassen, finde ich die Welt **aller Freuden** leer.

---

* With adjectives, however, which express extension in space or time, weight or value, the statement of such measure, weight, or value, stands in the accusative, as (predicatively): Die Bank ist einen Fuß breit; das Buch ist einen Finger dick; das Haus ist einen Stock hoch (a story high); mein Bruder ist einen Kopf größer als ich; der Sack wiegt einen Centner (a hundred-weight) schwer; dieses Papier ist keinen Cent werth. These may also be used attributively when they do not render the language too cumbrous. In this case, they agree with their nouns, as : eine, einen Fuß breite Bank; das, einen Finger breite Buch; ein, einen Stock hohes Haus; ein, einen Centner schwerer Sack; keinen Cent werthes Papier; der, einen Fuß tiefe Schnee.

† Frei, voll, leer may take von with the dative, and froh, über with the accusative, as: frei von allen Vorurtheilen; die Stadt ist voll von Menschen. Besides voll, the form voller is also used, as: Ich bin voller Freude; das Buch ist voller Fehler; der Baum ist voller Früchte; die Bäume sind von Früchten leer; froh über das Unglück seiner Mitmenschen sein.

4. froh. **Froh, der großen Gefahr** entflohen zu sein, die mir drohte, danke ich dem HERRN.
5. gewiß. **Des Wohlwollens** meines Pastors gewiß, beschließe ich, ihn in dieser meiner Angelegenheit zu befragen, sure of the good-will of my pastor, I conclude to question him upon this my affair.
6. müde.* **Des Lärmens** müde, ziehe ich mich auf mein Zimmer zurück.
7. gewohnt.* Ich bin **der beständigen Arbeit** nicht gewohnt.
8. werth.* Ich fühle mich **des unerwarteten Lobes** nicht werth.
9. mächtig. **Der deutschen Sprache** mächtig, reise ich allein nach Deutschland.
10. würdig. Ich bestrebe mich, **der Liebe** meiner Eltern würdig zu sein.
11. bewußt. Mir **keiner Schuld** bewußt, lache ich über das Geschwätz meiner Feinde, unconscious of any guilt, I laugh at the gossip of my enemies.
12. schuldig.† **Einer Unbescheidenheit** mich schuldig bekennend, bitte ich den Prinzipal, mir zu verzeihen, acknowledging myself guilty of an indiscretion, I beg the principal to pardon me.
13. verdächtig. **Des rohen Scherzes** verdächtig, beweise ich leicht meine Unschuld (innocence).

ADJECTIVES GOVERNING THE DATIVE.

Themes for Drill.

1. angenehm. Ich erhalte einen **mir** höchst angenehmer‡ Brief.
2. anständig. Ich kaufe nur für Preise ein, die **meinem Prinzipal** (employer) anständig sind.

---

* Müde, gewohnt, werth are also combined, colloquially, with the accusative, as: Ich bin es müde; das bin ich nicht gewohnt; er ist den Dank nicht werth. With the latter, however, it is correct when the material, value, or price of a thing is implied, as: einen Thaler werth; hence, also: er ist keinen Schuß Pulver werth, he is not worth a shot of powder = not worth a rush.

† To these belong also the negatives: ungewiß, ungewohnt, unwerth, immächtig, unwürdig, unbewußt, unschuldig ꝛc.

‡ Used attributively, these and other adjectives always agree with their nouns.

3. ärgerlich. Ich lese die **ihm** sehr ärgerliche Nachricht.
4. bekannt. Den, **meinem Freunde**, bekannten und willkommenen Herrn empfange ich auf's Beste.
5. bequem. Ich rathe meiner Nachbarin, eine **ihr** nicht bequeme Sache auszuschlagen.
6. dankbar. Ich verlange von Kindern, daß sie **den Eltern** dankbar sind.
7. gefährlich. Die, **Kindern** gefährliche (ungesunde), Nahrung entferne ich augenblicklich.
8. gehorsam. Ich liebe die, **ihren Lehrern** gehorsamen, Schüler.
9. gehörig. Ich borge das, **dem Nachbar** gehörige, Pferd.
10. gefällig. Ich belohne den, **mir** nützlichen und gefälligen, Diener.
11. nothwendig. Ich schicke meinem Sohne das, **ihm** nothwendige, Reisegeld.
12. schädlich.* Ich warne meine Leute das, **ihnen** schädliche, Wasser nicht zu trinken.

ABRIDGMENT.

Examples.

1. Paul, der ein unartiger Knabe ist, lacht Jungfer Hannah in's Gesicht. Abridged: Paul, ein unartiger Knabe, lacht ꝛc.
2. Jungfer Hannah, die über diese Sprache empört war, erhob drohend den Finger. Abridged: Jungfer Hannah, empört über diese Sprache, erhob ꝛc.
3. Da ich den Leuten unbekannt war, trauten sie mir nicht. Abridged: Den Leuten unbekannt, trauten ꝛc.
4. Weil Hannah wohl wußte, daß Paul's Vater nicht zu Hause war, ging sie zu dessen Lehrer. Abridged: Hannah, wohl wissend, daß ꝛc.
5. Er versprach uns, daß er heute wiederkommen wolle. Abridged: Er versprach uns, heute wiederzukommen.

---

* To these belong: gleich, leicht, lieb, schrecklich, schuldig, theuer, möglich, gemäß, gesund, willkommen, and others; also, the adjectives formed from them, with the prefix un, as: unangenehm, unanständig, unbekannt, unbequem, undankbar ꝛc. The adjectives, feind, leid, nütz, unnütz, can only be used predicatively, as: er ist u n s feind; die Sache ist m i r leid; die Arbeit ist i h m unnütz; but not: ein uns feinder Mensch; eine mir leide Sache; eine ihm unnütze Arbeit. The adjectives, böse, gut, recht, schwer, govern the dative only when used predicatively, as: er ist m i r (or auf mich) böse; sie ist u n s gut; das ist d e m M a n n e recht; es wird d e r a r m e n F r a u schwer (sauer) werden.

6. Ich bin so glücklich, daß ich ihn kenne. Abridged: Ich bin so glücklich, ihn zu kennen.
7. Ich bin zu schwach, als daß ich arbeiten könnte. Abridged: Ich bin zu schwach, um arbeiten zu können.
8. Er befahl seinem Diener, daß er ihm folgen möge. Abridged: Er befahl seinem Diener, ihm zu folgen.
9. Ich bat ihn, daß er zu mir kommen solle. Abridged: Ich bat ihn, zu mir zu kommen.
10. Ich bin nicht werth, daß ich dein Sohn heiße. Abridged: Ich bin nicht werth, dein Sohn zu heißen.
11. Viele arbeiten nur, damit sie reich werden. Abridged: Viele arbeiten nur, um reich zu werden.
12. Indem er das Schiff vom Ufer stieß, sprang Tell an's Land. Abridged: Das Schiff vom Ufer stoßend, sprang Tell an's Land.
13. Indem ich zufrieden bin, daß ich nicht Alles verloren habe, trage ich leichter mein Schicksal. Abridged: Zufrieden, nicht Alles verloren zu haben, trage ich 2c.
14. Weil er zu froh war über die Nachricht, die er erhalten hatte, hat er Alles vergessen. Abridged: Zu froh über die erhaltene Nachricht, hat er 2c.
15. Indem er dies sagte, ging er ärgerlich weg. Abridged: Dies sagend, ging er 2c.
16. Nachdem er dies gesagt hatte, ging er ärgerlich weg. Abridged: Dies gesagt, ging er 2c.
17. Er trat herein, indem er den Hut auf dem Kopfe und den Stock in der Hand hatte. Abridged: Er trat herein, den Hut auf dem Kopf und den Stock in der Hand.
18. Ein Mann, der fleißig und rechtschaffen ist, findet immer Arbeit. Abridged: Ein fleißiger und rechtschaffener Mann findet 2c.

Themes for Abridgment.

1. Gott, welcher der Schöpfer aller Dinge ist, wacht über uns.
2. Washington, welcher der erste Präsident der Vereinigten Staaten (United States) war, starb im Jahre siebenzehnhundertneunundneunzig.

3. Da ich mir keiner Schuld bewußt bin, lache ich über Geschwätz (gossip).
4. Weil er mir sicher versprach, daß er mich besuchen wolle, ging ich nicht aus.
5. Ich befahl ihm, daß er nicht mehr zu Karl gehen solle.
6. Es ist nicht gut, daß man allein sei.
7. Sie ist zu müde, als daß sie weiter gehen könnte.
8. Hannah sagte Paul, daß er sich setzen möge.
9. Ich erlaubte den Kindern, daß sie in dem Hofe spielen mögen.
10. Ich schäme mich, daß ich dein Bruder bin.
11. Er ist mit sich streng, damit er mit Anderen streng sein könne.
12. Indem ich in den Hof trat, sprang plötzlich ein Hund auf mich.
13. Indem ich glücklich bin, daß ich endlich mein Examen (examination) gut bestanden habe, denke ich mit Schmerz an die weniger Glücklichen.
14. Weil er zu klein ist, kann er nicht unter das Militär aufgenommen werden.
15. Indem der Herr auf sein Pferd stieg, rief er seinem Hunde.
16. Nachdem ich mit meiner Arbeit fertig war, legte ich mich zu Bette.
17. Indem er die Hand auf die Bibel legte, schwor er, daß er unschuldig sei.
18. Ein Knabe, welcher freundlich und seinen Eltern gehorsam ist, wird immer beliebt sein.*

---

* Note these: Eines Sinnes mit ihm (being of one mind with him), folgte ich gern seinem Rathe. Schon lange Willens (for some time wanting), eine Reise zu machen, entschloß sich mein Freund, mit mir zu gehen. Im Begriff, (being) about to; im Besitz, (being) in possession of; in Angst (being) afraid to.

Jakob Kümmel an seine Mutter in Deutschland.*

I.

New=York, den 10. Januar 1885.

Liebe Mutter!

1. Es sind jetzt vier Wochen, seitdem ich die Heimath verlassen habe. Die erste Hälfte der Seereise war eine sehr rauhe; und in einer Nacht brach einmal ein Sturm über uns herein, so fürchterlich, daß wir alle Augenblicke glaubten, unser treues Schiff müsse in der Tiefe versinken. Mächtig hoben es die Wogen auf, um es im nächsten Momente wieder fallen zu lassen. Das war ein Ringen, ein Kampf mit den Elementen in der schwarzen Nacht! Ich werde es nie vergessen! Vom Zwischendeck (steerage) ertönte ein Schreien und Klagen, das schrecklich anzuhören war. Die Leute — es waren Immigranten= Familien — thaten, als wären sie verrückt. Da gab es welche (there were some), die ihre Koffer packten; Andere krochen in ihre Betten, und Andere zogen ihre Sonntagskleider an und warteten, mit dem Regenschirm (umbrella) unter dem Arme, auf das Ende einer Katastrophe.

2. Einer von diesen, der seine Tasche, wie es mir schien, mit irdischen Gütern (earthly goods) vollgefüllt hatte, fragte mich, wie ich in dieser drohenden Gefahr so ruhig sein könnte, und ob ich ein guter Schwimmer wäre. Ich sagte ihm, daß ich nicht schwimmen könnte, aber daß mein Leben versichert wäre (my life was insured), und daß ich beim Sinken des Schiffes ein gutes Geschäftchen (a snug little business) machen würde. Er wünschte mir Glück dazu. „Aber," sagte ich, „wie kommen Sie dazu, sich in Ihre Sonntagskleider zu stecken (put)? Sie sehen doch, wie garstig das Wetter ist." „Ja, das ist wahr," antwortete er, „aber ich baue auf den günstigen Zufall (I count on the favorable chance), daß mir geschehe wie dem Jonas; und da habe ich mich darauf vorbereitet und habe meine Taschen mit Tabak gefüllt, um dem Wal= fisch (whale) damit so übel (so sick) zu machen, daß er froh sein wird, mich sogleich wieder an's Land zu speien, ohne drei Tage zu überlegen, was er thun solle." Ich bot ihm meinen Glückwunsch. Der Mann gefiel mir. Während

---

* These *Letters* reproduce all the words introduced from page 167, beginning with blasen, besides a large draft on the previous installments. To have brought into view the whole vocabulary once more, would have extended these letters to undue limits.

Andere verzagten und muthlos ihr Schicksal beklagten und wie Kinder weinten, sah er mit ruhigem Geiste und offenem Auge der Todesgefahr entgegen und verstand einen Scherz mit einem anderen zu beantworten. Es kam aber nicht zum Schlimmsten (to the worst).

3. Der Sturm legte sich nach und nach, und auf der letzten Hälfte der Reise hatten wir herrliches Wetter, obwohl die Kälte zunahm, als wir uns Amerika näherten. Unter den Passagieren (passengers) waren welche (some), die auf dem Akkordeon spielen konnten; welche, die gute Stimmen hatten, und dann ich mit meiner Zither. So, siehst Du, fehlte es uns nicht an Zerstreuungen (amusements were not wanting). Ich hatte auch eine sehr gute Gelegenheit, mein Englisch zu üben. Ich lernte einen amerikanischen Herrn kennen, in dessen Umgang mein Englischsprechen sich um vieles verbessert hat (has improved a good deal), so daß ich jetzt keine Schwierigkeit habe, mich verständlich zu machen. Eines Tages fingen wir einen Delphin. Das soll der schnellste Fisch im Meere (sea) sein. Auch sahen wir fliegende Fische, die über das Schiff flogen; einige stießen an das Takelwerk (tackling) und fielen auf das Deck herab. Wir hatten auch Franzosen und Elsässer (Alsatians) an Bord. Zwischen letzteren (latters) und den Deutschen von über'm Rhein kam es zu einem Zwiste. Die Elsässer schalten diese „Schwoben." * Die Deutschen antworteten darauf, daß die Elsässer weder Deutsche noch Franzosen wären; sie hätten sich mit ihrer französischen Loyalität lächerlich (ridiculous) gemacht, da die Franzosen selbst sie nur die têtes-carrées (blockheads) hießen. Die Elsässer schworen Rache; aber je mehr sie schworen und schnoben, desto mehr lachten die Andern.

4. Diese gegenseitigen (mutual) Verläumdungen, nach meiner Meinung, sind nicht am Platze (out of place) und führen zu nichts. Provinzen sind oft nicht Schuld an ihrem Schicksale. Vor zweihundert Jahren, als Elsaß von den Franzosen unter Ludwig dem Vierzehnten dem Deutschen Reiche (German Empire) entrissen wurde, geschah es nicht mit Willen der Elsässer. Natürlich gewöhnten sie sich mit der Zeit an das Unvermeidliche, und ihre spätere Liebe zu Frankreich war aufrichtig. Daß Frankreich den Verlust des Elsasses ernstlich fühlt, ist sehr natürlich. Es war, was Pennsylvanien vor hundert Jahren für die übrigen (to the rest of) Staaten Amerikas war — die Getreidekammer (granary) der Nation. Elsaß erhöhte (raised) Frankreichs Glorie durch Soldaten, wie Kleber, Ney, Rapp, Kellermann, Ulrich; durch Geistliche (clergymen), wie Oberlin; durch Künstler (artists), wie Gustav

---

* Nickname, corruption of Schwaben = Suabians.

Dors (Dörer). Ja, seine deutsche Universität zog Männer wie Goethe an. Es war sehr kleinlich (small) von Deutschland, die Elsässer in ihrer Vorliebe (predilection) zur französischen Sprache zu beleidigen. Nichts empört ein Volk mehr, als ihm die Sprache zu verbieten. Ein ungerechtfertigtes (unjustifiable) Verbot (prohibition) reizt (excites) zum Widerstand in der ganzen Welt. Man ließe die Sprache besser unberührt; mit der Zeit verschwindet sie von selbst. Daß der gebildete (educated) Elsässer nicht gern sein deutsches Patois im Reichsparlament (Parliament of the Empire) spricht, hätte man ihm gern verzeihen sollen; sind es doch keine hundert Jahre, daß der große Friedrich sich seiner deutschen Sprache schämte und lieber französisch sprach. Doch genug hiervon (however, enough of this).

5. Am fünften Januar sahen wir zuerst Land. Wir näherten uns rasch, und nächsten Tages lag das amerikanische Ufer vor uns. Etwas Reizenderes und Herrlicheres, als den Hafen (harbor) von New-York gibt es nicht. Da unsere Passagiere alle gesund waren, so wurden wir durch die Quarantaine nicht weiter aufgehalten. Im Hafen fuhren wir an der Insel (Bedloe Island) vorbei, auf welcher Bartholdi's Statue der Göttin der Freiheit (goddess of liberty) aufgestellt werden soll. Man ist eben daran, Geld zu sammeln, um die Kosten des Piedestals damit zu bestreiten. Man hat große Hoffnung, daß die Mittel zusammengebracht werden. Die Franzosen hätten freilich (of course) dieses Geld mit dem Geschenk schicken sollen; denn wenn man Jemand einen Elephanten schenkt, so sollte man denselben auch unterhalten!

6. Wir wurden Alle nach Castlegarden gebracht. Das ist ein großes Hotel. Darin ist eine lange und breite Halle (hall) für die Immigranten; und wo man seinen Koffer hat, das heißt man sein Schlafzimmer. Der Aufseher erschreckte mich doch ein wenig, als er uns sagte, wir sollten uns auf unsere Koffer setzen, damit sie nicht gestohlen werden. Einige bekannte Gesichter vermißte ich in den nächsten Tagen, aber ich kann doch nicht glauben, daß man sie sammt (together with) ihren Koffern gestohlen habe. Dies ist auch ein Markt (market) für Heirathslustige (those anxious to marry). Ein Mann kommt, sieht sich die Mädchen an, wählt eine, und wenn er ihr gefällt, so wird der Pastor geholt, und in fünf Minuten sind sie Mann und Frau. Ich war einmal ausgegangen bis zu einer Straße, die Wallstreet heißt. Während der Nacht war frischer Schnee gefallen; und ich hatte zum ersten Mal Gelegenheit zu sehen, wie schnell die Amerikaner den Schnee vom Trottoir entfernen. Herren, mit seidenen Hüten auf (on), schämten sich nicht dieser Arbeit und waren so lustig (gayly) dabei, als wäre es ein Scherz. Ich kam an eine

prachtvolle Statue in Bronze, Washington darstellend; sie steht auf einer steinernen Treppe vor einem großen, massiven Hause, das einem Tempel gleich sieht.

7. Ich rauchte meine lange Studentenpfeife (student-pipe), und aus Respekt zum Vater seines Vaterlandes zog ich die Kappe ab. Als ich so da=stand, und mich in Gedanken verlor, und den großen Mann, der nicht lügen konnte, im Stillen bewunderte, da wurde ich mehrere Male von Leuten roh angestoßen, und jedes Mal sagten sie „Holländer." Ich erklärte (explained) ihnen ganz höflich, daß ich ein eben angekommener Deutscher sei und von Baiern wäre, dessen erster König in seinen jungen Jahren als Herzog von Zweibrücken (duc de Deux-Ponts) neben Lafayette für die amerikanische Freiheit gefochten habe. Aber sie sahen mich Alle mit großen Augen an, als ob sie nie vom guten König Max, dem Ersten, gehört hätten. Das war eine Täuschung für mich, denn ich glaubte mit meinem Geburtslande und dessen Geschichte mir hier Ansehen (recognition) und Respekt zu verschaffen.

Diese Sprache, liebe Mutter, ist sehr eigen (peculiar). Sie ist ein wenig verschoben (shifted); sie hat dieselben Wörter wie unsere, nur versteht man etwas anderes damit.

8. Ich will Dir nur einige Beispiele geben. In ihrer Sprache ist:

Bettler	(beggar)	=	Hausirer	(peddler) *
bald	(soon)	=	kahl	(bald)
eitel	(vain)	=	träge	(idle)
Gift	(poison)	=	Geschenk	(gift)
Kraft	(strength)	=	Handwerk	(craft)
Floh	(flea)	=	Eisscholle	(floe)
Rock	(coat)	=	Felsen	(rock)
Trunk	(drink)	=	Koffer	(trunk)
Vieh	(cattle)	=	Trinkgeld	(fee)
Stock	(stick)	=	Aktie	(stock)
Streit	(quarrel)	=	Schritt	(stride)
Tisch	(table)	=	Teller	(dish)
breit	(broad)	=	hell	(bright)
Flor	(crape)	=	Stockwerk	(floor)
Fuß	(foot)	=	Lärm	(fuss)
Käse	(cheese)	=	Fall	(case)

---

* The reader will observe that Jakob Kümmel's pronunciation of the English must be as defective as his spelling.

Kinn	(chin)	=	Verwandtschaft	(kin)
Locke	(curl)	=	Schloß	(lock)
Lump	(vagabond)	=	Stück	(lump)
Leid	(sorrow)	=	Licht	(light)
Leim	(glue)	=	Kalk	(lime)
Ohr	(ear)	=	Metall	(ore)
Rohr	(pipe)	=	Gebrüll	(roar)
Spott	(mockery)	=	Flecken	(spot)
Stall	(stable)	=	Theaterloge	(stall)
Turner	(gymnastic)	=	Dreher	(turner)

Du siehst, die Sprache ist ganz leicht; nur muß man wissen, wie und wieviel sie sich von der unserigen verschiebt. Du kannst hier in allen Ehren Jemand einen „Trunk Gift"* (trunk gift) anbieten, und er würde ihn mit Dank annehmen. Das möchte ich aber Niemand in Deutschland rathen.

9. Doch, um weiter zu erzählen (but, to resume). Auf einmal ertönte die Glocke von einer großen Kirche am oberen Ende der Wallstreet. Ich dachte, es sei die Feuerglocke. Ich lief sogleich die Straße hinab und schrie: „Feuer! Feuer — io!" mit aller Macht. Da hielt mich plötzlich ein großer, gewaltiger Mann in Uniform auf und fragte, was ich wollte, — was ich vorhabe (what I was up to). Ich sagte ihm, ich wollte löschen helfen. Er fragte mich dann, wo ich logirte. Ich antwortete ihm, ich sei im Castlegarden abgestiegen. Er nahm mich fest beim Arme und bog mit mir (turned with me) in eine Seitenstraße (side-street) ein. Ich beschwor ihn (I implored him) bei meiner Ehre, daß ich nichts gegen die Republik vorhabe (had no design), und daß er mich nicht am Arme zu halten brauche; ich würde ihm nicht entlaufen. Alles, was er mir antwortete, war, ich solle mich ruhig verhalten. Ich muß Dir gestehen, ich hatte große Furcht vor ihm, und als er dreimal nieste (sneezed), sagte ich ihm, um ihn zu versöhnen (to reconcile him), jedesmal: „Gesundheit!"† Aber er dankte mir nicht; und wenn ich mich vorher beklommen fühlte, so fühlte ich jetzt einen wahren Schrecken. Es war jedoch nicht so gefährlich. Denn er nahm mich in's Hotel zurück, schob mich hinein, und rieth dem Aufseher, mich nicht weggehen zu lassen; und im Fortgehen hörte ich wieder etwas wie (like) „grüner Holländer."

---

* A potion of poison.
† In Germany and France, it is considered polite to say „Gesundheit!" or "à votre santé!" to a person sneezing.

10. Ich habe seitdem gehört, daß sie einen berühmten General, der in dem Rebellionskriege diente und auch ein geborener Deutscher ist, „fliegender Holländer" heißen. Wenn ich der Sprache mächtiger bin, werde ich ihnen darstellen (represent), daß Holland ein ganz anderes Land ist als Deutschland. Es kommen alle Tage Leute hierher, die sich Arbeiter für's Feld oder für Fabriken (factories) holen. Ich habe beschlossen, bei der ersten Gelegenheit auch Arbeit anzunehmen und von hier fortzugehen. Eins (one thing) habe ich ausgefunden, daß die gebratenen Vögel Einem nicht in den Mund (mouth) fliegen.

Dein Dich liebender Sohn,
Jakob.

II.

New-York, den 1. Mai 1885.

Beste Mutter!

1. Bald nach meinem letzten Briefe bin ich, wie ich beabsichtigte, in ein Geschäft getreten (entered). Ein Herr kam eines Morgens und verlangte einen starken Ladendiener (a strong clerk). Ich wurde ihm vorgestellt. Er untersuchte (examined) meine Brust, Schultern und Arme, und bot mir zwanzig Thaler per Monat an und die Gelegenheit, das Engros-Geschäft in Colonial-Waaren (wholesale business in colonial produce) zu erlernen. Da ich eine gute Hand schreibe und mir vorgenommen hatte (had made up my mind), mich dem Prinzipal nützlich zu machen, so schmeichelte ich mir, bald zu avanciren (to rise); aber, liebe Mutter, wie täuschte ich mich. Ich habe bis jetzt nichts gethan, als Wagen aufladen und abladen, und bei der Wage (scales) stehen und wiegen. Meine Hände sind dabei so rauh geworden, daß ich kaum eine Feder mehr halten kann. Ich verstehe jetzt, was der Prinzipal von einem "strong clerk" erwartet und wie weit sein guter Wille geht, mich das Colonial-Waaren-Geschäft zu lehren.

2. Man sagt uns in Deutschland, daß in Amerika Arbeit keine Schande (disgrace) ist, und war deshalb Willens hier zu thun, was ich dort nicht gethan hätte; aber ich habe ausgefunden, es ist nicht mehr Ehre dabei, als bei uns. Die jungen Leute im Comptoir (office) sehen auf mich herab; und ich muß sagen, es ärgert mich, daß ich, der ich ein deutsches Gymnasium absolvirt (graduated) und diesen Leuten in allgemeinen Kenntnissen überlegen (superior) bin, Lastträger (porter) sein muß. Es ist doch etwas Eigenes um eine Höflichkeit, die, um die Schmach eines Lastträgers zu vermindern

(diminish), ihn Ladendiener heißt. Es wäre zum Lachen, wenn der Scherz nicht Einen selbst träfe (hit one's self). Denk', vor einigen Tagen bewunderte der Prinzipal die Leichtigkeit, mit welcher ich allein zweihundert Pfund Säcke Kaffee auf den Wagen warf, für die es immer zwei Mann nimmt, und versprach mir dann fünfzig Cents per Monat mehr zu geben. Ist das nicht edelmüthig? Ich habe mich nach einem andern Platz umgesehen, und ich denke, ich habe Aussicht, einen guten zu erhalten.

3. Gestern morgen war ein Herr da von dem Staate Alabama, der mir eine Stelle (position) auf seiner Farm anbot. Nach seiner Aussage ist es da unten nicht so heiß, als man sich einbildet. Im Winter friert es selten, und Schnee gibt es beinahe nie. Man hat mir zwar abgerathen, dahin zu gehen; weil die Menschen dort die Arbeiter nicht würdigten (not appreciated), und sie um ihr verdientes Geld betrügen würden; daß sie sehr streng und roh wären, besonders (particularly) gegen Deutsche; daß die Kost aus nichts als Maisbrod und geräuchertem Schweinefleisch bestände; daß die Südländer (southerners) alle sehr geschmeidig plauderten, aber man könne ihnen nicht trauen. Man rieth mir nach dem Westen zu gehen, wo ich mit dem Lande aufwachsen und was werden könnte. Der Herr aber versicherte mich, daß das eine falsche Angabe sei. Seine eigene Nahrung solle die meinige sein, und ich an seinem Tische essen. Dann versprach er mir fünfundzwanzig Thaler per Monat nebst Kost und Wohnung. Dafür soll ich ihm als Aufseher dienen, das heißt, die Schwarzen überwachen (oversee) und sehen, daß sie ihre Arbeiten in den Ställen, im Hofe oder im Felde thäten; daß die Pferde gefüttert würden; dann müßte ich besonders darauf sehen, daß nachts Alles verschlossen sei, damit nichts gestohlen würde.

4. Am Nachmittag lud mich der Herr ein, mit ihm den Centralpark zu besuchen; aber vorerst (first) rieth er mir, meine langen Haare abschneiden zu lassen, einen Hut anstatt einer Kappe (cap) aufzusetzen (wear), und meine lange Pfeife zurückzulassen, sonst (otherwise) würde ich für einen Holländer gehalten werden. Ich that, wie er es wünschte; und von dem Augenblicke an wurde ich nicht mehr „Holländer" geheißen. Ist das nicht lächerlich (ridiculous)? Auf unserm Wege zum Park sahen wir den Hudsonfluß, auch Nordfluß genannt, der sich in den Hafen (harbor) ergießt. Jenseit ist der Staat New-Jersey. Dieser Strom fließt vom Norden südwärts. Im Parke sahen wir die zoologische Sammlung (collection) von wilden Thieren und Vögeln; dann spazierten wir umher und trafen zuletzt auch auf die Schillerbüste (bust of Schiller). Herr Judkins, so heißt der Herr, las: „Skiller," und fragte mich, wen das vorstelle, und ob es ein Landsmann (countryman)

von mir sei. „Nein," sagte ich ihm, „Schiller war ein Würtemberger, und ich bin ein Baier."

5. „Sie sagten mir aber doch, daß Sie ein Deutscher wären; wie soll ich das verstehen?" „Freilich bin ich ein Deutscher," antwortete ich, „Deutschland besteht aus zweiundzwanzig Staaten, und in jedem regiert ein anderer Potentat; und ein Preuße (Prussian), obgleich ein Deutscher, ist ebenso wenig ein Landsmann eines Baiern, als letzterer der eines Preußen ist." „Aber warum habt Ihr nicht genug an einem Fürsten (prince) und schafft die anderen ab?" Ich erhob meine Hand und bat ihn zu schweigen. Er errieth meine Furcht; und lachend sagte er mir, ich sei in Amerika, wo volle Freiheit der Sprache gewährt sei. Ich hatte das augenblicklich vergessen. „Ja," sagte ich, „das ist eine schwere Frage. Bismarck kann dieselbe am besten beantworten, denn er ist mit derselben beschäftigt. Er hat den König von Hannover und andere kleinere Fürsten abgeschafft, versteht sich, zu seinen Gunsten. Sein Appetit ist seitdem gestiegen, und er wacht mit hungrigem Auge auf irgend einen Anlaß, mehr von den kleineren Regenten zu verschlingen. Die letzteren müssen in beständigem Schrecken leben; denn sie muthmaßen (conjecture) mit Recht, daß mit der Zeit sie dem nordischen Wolfe geopfert und zur Nahrung dienen werden."

6. Dann fragte der Herr, wie es mit den deutschen Wäldern stehe; ob sie genug Holz lieferten. Er wunderte sich sehr, als ich ihm erklärte, daß ein Ueberfluß da ist; daß für jeden Baum, der abgehauen wird, ein anderer gepflanzt würde. Das sollte hier auch geschehen, meinte er. Um auf Schiller zurückzukommen, sagte ich ihm, das sei der große Mann, der die Glocke, die Jungfrau von Orleans, Maria Stuart, Wilhelm Tell u. s. w. geschrieben habe. Beim Nennen des Wilhelm Tell wollte er wissen, ob das der Mann sei, der den Apfel von dem Kopfe seines Sohnes geschossen habe. Als ich „ja" sagte, meinte er: „Das ist nichts, das kann ich auch; und ich will Ihnen beweisen, daß ich einen Apfel von Ihrem Kopfe schießen kann." Ich versicherte ihn, er solle sich beruhigen, ich glaube es ihm gern; und dankte ihm für die Ehre. Hierauf (after that) bot er mir eine Orange und verlangte, ich solle sie in der Hand hoch halten und er würde sie mit seinem Stocke daraus (out of it) schlagen, ohne mich zu treffen oder mir wehe zu thun. Ich schlug diese mir zugedachte (intended) Ehre nochmals aus.

7. Ich muß gestehen, der Herr hat eine eigene Ambition. Um ihn auf andere Gedanken zu bringen, lud ich ihn ein, mit mir den Kahn zu betreten, der am Ufer des nahen (unfernen) Sees auf Passagiere zu warten schien.

„Ganz recht (all right)," sagte er, sprang den Berg hinunter, und ich folgte ihm. Wir stiegen in den Kahn und fuhren ab. Als wir eine Zeit lang gefahren waren, zog er plötzlich seinen Rock (coat) und seine Handschuhe aus, und sagte: „Lassen Sie uns versuchen, wer den Anderen in das Wasser schmeißen (werfen) kann." Ich fing an zu glauben, daß der Mann toll sei. „Herr Judkins," sagte ich etwas ernst, „ich bin an solche Scherze nicht gewöhnt; und wenn Sie sie nicht unterlassen (leave them off), so gehe ich nicht mit Ihnen." Er lachte unmäßig: „So böse ist's nicht gemeint," sagte er, mir die Hand gebend. Um den See (about the lake) gibt es Anhöhen, von welchen man die reizendsten Anblicke genießt auf Thäler mit grünen Wiesen, auf denen Schafe weiden (pasture); auf schattige Pavillons hier und da; auf charmante, dunkle Wäldchen; auf die breite Fahrstraße (drive), die sich wie ein Band längs des Sees hinzieht, und die mit allerlei (all kinds) Gefährten, von dem einspännigen Wagen zur vierspännigen Carosse (coach), befahren wird; dann auf den lieblichen See, auf dem sich beständig die zierlichsten Gondeln wiegen.

8. Im Parke sind Wege für alle Bewegungen (exercises), je nach (according to) Mitteln und Wünschen. Will man spazieren gehen, so ist man auf die Fußwege angewiesen; will man in Wagen oder in Schlitten fahren, auf die Fahrstraßen; will man reiten, auf die Reitstraßen. Da alle Wege für gewisse Zwecke bestimmt sind, so werden dadurch die Gefahren vermieden. In der Landschaftsgärtnerei besitzen die Engländer mit Recht einen großen Ruf und haben es darin am weitesten gebracht. Bis spät abends fuhren wir auf dem Wasser. Das sinnende Alter (meditative age) sowohl als auch die tolle Jugend scheint diesen lieblichen See zum Sammelplatze zu machen. Wir waren bis an's Ende des Sees gefahren, und da, in der Einsamkeit, erschollen vom jenseitigen Ufer zu uns herüber die Töne eines Jagdhorns, das ein fertiger Mund blies. Es war die bekannte Melodie: „O Tannenbaum, o Tannenbaum, wie grün sind Deine Blätter." Du kannst Dir denken, liebe Mutter, mit welcher Wonne, mit welchem Entzücken ich diese heimathlichen Töne in diesem fernen Lande hörte.

9. Herr Judkins sang mit. Unter dem Namen "Maryland, my Maryland" ist es hier sehr bekannt. Herr Judkins sagte, daß es im Süden sehr beliebt sei. Ich muß gestehen, daß ich bis jetzt noch keine Melodie hier hörte, die mir nicht bekannt ist. In der Musik scheinen die Amerikaner nicht originell zu sein.

Da ich dem Herrn noch nicht fest versprochen hatte, daß ich mit ihm gehen würde, so drang er jetzt in mich zu entscheiden, was ich thun wollte, da er anderen Tages in seine Heimath zurückkehre. Ich habe beschlossen getrost mit ihm zu gehen, und morgen fahren wir ab. Der Herr ist sehr leutselig und freundlich; und wenn er immer so bleibt, so glaube ich, daß ich ganz leicht mit ihm fertig werde (that I shall get along very easily with him). Mit dem Schiffe, das morgen abgeht, sende ich diesen Brief ab. Ich erinnere mich, daß heute Dein Geburtstag ist; empfange, obschon verspätet, wenn Du ihn erhältst, meinen herzlichsten Glückwunsch dazu. Meinen nächsten Brief wirst Du von Alabama, zwölfhundert Meilen von hier, erhalten.

Dein ewig treuer Sohn,
Jakob.

III.

Ingleside, Montgomery Co., den 15. Juli 1885.

1. Es sind jetzt zwei Monate (two months), daß ich hier bin. Meine Freunde in New-York begleiteten mich auf die Station; und als wir schieden und uns herzlich küßten, da wurden wir von einem barbarischen Gelächter (rude laughter) begrüßt, daß es zum Tollwerden war. Wir stoben auseinander wie erschreckte Hasen (we scattered like scared rabbits). Ich habe seitdem gehört, daß Männer sich hier nicht küssen; und selbst ein Vater küßt seinen Sohn nicht mehr, sobald letzterer das Rasirmesser (razor) nöthig hat. Als ich New-York verließ, waren dort noch sehr wenige Bäume grün; hier fand ich Alles in vollem Wachsen. Der Mais war kniehoch, und wurde zum erstenmale gepflügt. Auch die Baumwolle (cotton), obgleich noch klein, bekam ihre erste Bearbeitung. Es ist eine für mich sehr interessante Pflanze. Sie blüht und trägt Frucht den ganzen Sommer durch, bis das kalte Wetter sie tödtet. Ihre Blume gleicht einer Glocke, und ist am ersten Tage weiß, am zweiten rosa (pink), und am dritten roth, worauf sie abfällt. Die Pflanzer sind stolz darauf, wenn sie am vierten Juli offene Baumwollkapseln (cotton bolls) aufweisen (exhibit) können.

2. Herr Judkins ist mit mir zufrieden. Die Leute hier sind ein leutseliges, geselliges (sociable) und vergnügtes Volk und suchen nicht, sich unter Dienern und ärmeren Leuten ein besonderes Ansehen zu geben, wie dies der Fall im Norden und in Europa ist. Sie betragen sich gegen mich wie ihres Gleichen (their equal); ja, man sagte mir, es wäre schade (it were a pity), ich sei in Europa geboren, denn ich sehe aus, wie einer von ihnen. Man zeigt mir großen Respekt. Ich muß Dir erzählen, woher (whence) das kommt. In

der ersten Zeit gefiel es den Freunden des Herrn Judkins, und auch ihm manchmal, mich zu necken. Sie stießen mich, nahmen mir den Hut vom Kopfe und warfen ihn auf einen Baum; und nichts machte sie mehr lachen, als wenn ich mich ärgerte. Zuletzt beschloß ich, diesem ein Ende zu machen. Eines Tages kamen eine große Gesellschaft jünger und älterer Männer auf unsere Plantage und spielte Ball. Man hatte viel getrunken, und die Leute sehnten sich nach ihren gewöhnlichen Scherzen. Ich war neben einem Garten beschäftigt. Einer kam und rannte gegen mich, und sagte dann, ich hätte ihn gestoßen. Ich gab ihm zu verstehen, daß dies rohe Spiel mir mißfalle, aber jetzt fing das Lachen an.

3. Ein Anderer warf mir einen Ball in das Gesicht. Ich sah mich um, konnte jedoch den Thäter (the doer = who did it) nicht entdecken. Das Geschrei und der Jubel wurden lauter und lauter. Da kommt Einer von hinten, nimmt meinen Hut und wirft ihn in den Garten. Das Blut stieg mir in den Kopf, — meine Geduld war zu Ende. Ich wandte mich um, maß den Schurken von oben bis unten (from top to bottom), und wie der Blitz faßte ich ihn beim Sitz und am Halse, hob ihn hoch über meinen Kopf und warf ihn mit aller Macht über den Zaun (fence) in den Garten, meinem Hute nach. Wie ein Sack fiel der Mann in ein Kartoffelland (potato-bed). Ich erwartete jetzt, daß Alle auf mich einfallen und mich lynchen würden. Aber wie erstaunte ich (how I was astonished), als Alle auf mich zukamen, mir die Hand gaben und "Three cheers for Jake!" schrieen. Der Mann wog seine hundert und sechzig Pfund; aber da er auf weichen Boden fiel, that er sich kein Weh. Er kam auch, brachte mir meinen Hut und bewunderte meine Kraft, und wollte wissen, wie ich dazu gekommen wäre. Ich sagte ihm, ich wäre in der Turnschule (school of gymnastics) gewesen, wo ich mich täglich geübt hätte.

4. Von dieser Zeit an heißen sie mich "capt'n," und ich habe Aussicht (prospect), noch "kurn'l" zu werden. Der Südländer verachtet geschmeidige Sprache und zaghafte Höflichkeit. Ein Geschäftsreisender, der sich ihm zu kriechend nähert, wird keine Geschäfte machen. Das Erste, das dem jungen Südländer beim Anblick eines solchen in den Kopf kommt, ist: „Das ist ein Feigling; den kann ich niederwerfen!" Dagegen mit den Damen sind sie höflicher, galanter, nachsichtiger, als irgend ein Volk, das ich kenne. Man sagt mir, daß vor der Rebellion die Leute alle reich waren. Ich muß gestehen, ich war sehr getäuscht, als ich die Pflanzer so arm fand. Da sieht man kein anständiges (decent) Gefährt. Die Häuser — ich spreche von denen auf dem Lande — sind in schlechtem Zustande. Es gibt kaum eines,

das gehörig gegen den Regen geschützt ist. Die jungen Damen finde ich hübsch und liebenswürdig; und ohne gelehrt zu sein, wissen sie von Allem etwas zu sprechen. Musikalische Fähigkeiten besitzen sie wenig. Sie lieben Musik, aber sie muß leicht, rasch und klingend (tinkling) sein. Jedoch sind sie fleißig im Haushalt, und helfen getreulich der Mutter in allen häuslichen Arbeiten. Die Kleider, die sie tragen, sind höchst einfach, und seidene sieht man nur wenig.

5. Die Kost ist einfach, aber doch kräftig und gesund. Sie besteht aus Maisbrod, das täglich dreimal gebacken und immer heiß gegessen wird; dann geräuchertes Fleisch, Eier, oft auch Wildpret; sodann süße (sweet) Kartoffeln, Gemüse und Obst. Milch und Kaffee wird viel getrunken; erstere ist aber nicht so gut als im Norden. Saftiges, grünes Gras, wie im Norden, wächst hier nicht. Wiesen hat man hier gar nicht. Trotzdem (despite this) sind die Leute stark und kräftig. Die jungen Männer sind oft sehr verständig und zeigen, daß sie gute Schulen genossen haben. Von den Professionen sind die des Doktors und Advokaten die beliebtesten; aber es ist schade, daß so viele zu Hause bleiben und folglich sich den Kampf um's Dasein erschweren (and, in consequence, render the struggle for existence more difficult). Ich rieth Einigen, nach dem Norden zu gehen, wo ihre Kenntnisse und angenehmen Manieren ihnen bald Freunde verschaffen würden. Sie haben aber keinen Muth und getrauen sich nicht, ihr Glück in der Ferne zu suchen.

6. Die Südländer haben übertriebene (exaggerated) Ideen von der nördlichen Intelligenz und glauben, neben einem Yankee könnten sie ihr Brod nicht verdienen. Da sie auch kein anderes Land kennen als das ihrige, so ist es natürlich, daß in ihrer Einbildung (imagination) ihr Land das schönste, das beste und das wünschenswertheste ist, das es gibt. Ich finde, der Südländer ist sehr schwer zu überzeugen und zu belehren, — eine Folge seiner Existenz. Von Niemand abhängig (dependent upon no one), gewohnt von Jugend auf einer unwissenden, niedrigen Race zu befehlen, erlangte er festen Willen und unabhängiges Denken. Dieser feste Wille, oder vielmehr (rather) Stoicismus, verläßt ihn selbst in seiner jetzigen Armuth (poverty) nicht. Er gibt sich alle Mühe, dieselbe zu verbergen. Freundlich lächelnd wie ein römischer Senator, langsam einherschreitend, spendet er gütige Worte, bis eines Morgens man sich zuflüstert: „Colonel D. ist gestorben!" „An was?" „An einem gebrochenen Herzen!!" Ich muß gestehen, das Schicksal des vormals reichen Pflanzers ist ein beklemmendes. Im Kampf um's Dasein ist er ein Kind, und muß mit der Zeit unterliegen. Für die neue Ordnung der Dinge ist er nicht geschaffen. Ich muß schließen.

Dein Dich innig liebender Sohn,   Jakob.

IV.

Ingleside, den 18. September 1885.

Geliebte Mutter!

1. Ich wollte Dir schon vor einigen Wochen schreiben, war aber zu sehr beschäftigt. Wir sind nämlich in der Baumwoll=Ernte. Ich bin beinahe den ganzen Tag im Baumwollfelde und überwache das Einsammeln. Mittags und abends wiege ich, was jeder Neger oder jede Negerin gesammelt hat. Ein Mann kann von zweihundert zu vierhundert, eine Frau von einhundert und fünfundzwanzig zu zweihundert, und Knaben und Mädchen von fünfzig zu fünfundsiebenzig Pfund per Tag sammeln. Das Hundert wird gewöhnlich mit fünfzig Cents bezahlt. Seit dem fünfzehnten August, wo wir anfingen zu ernten, hatten wir sehr schönes Wetter. Und die gesammelte Baumwolle ist sehr rein und weiß, worauf der Pflanzer hauptsächlich sein Auge hat; denn für schöne, weiße Wolle bekommt er einen höheren Preis. Seit gestern regnet es, und natürlich kann keine Arbeit im Felde gethan werden; und so habe ich gedacht, ich könnte nichts Besseres thun, als an Dich schreiben. Seit meinem Letzten ist nichts Ungewöhnliches geschehen. Ich sehe sehr sonnverbrannt aus; und Du würdest Mühe haben, mich zu erkennen. Ich fühle mich dessenungeachtet (nevertheless) sehr wohl. Herr Judkins gefällt mir jeden Tag besser. Er beträgt (he bears) sich gegen mich wie ein wahrer Freund.

2. Vor einigen Tagen lud er mich zu einer Opossumjagd ein. Diese Jagd findet des Nachts statt (takes place), und nur mit Hunden. Mit Fackeln zogen wir (we proceeded) in den Wald. Es war nicht lange, so machten die Hunde einen schrecklichen Lärm unter einem Baume, an dem sie hinaufsahen. Zu unserer großen Freude sahen wir ein Opossum oben. Das Thier blieb sitzen, und versuchte nicht zu entfliehen. Die Neger, die wir mitgenommen hatten, hieben den Baum um; und sobald er fiel, hatten auch schon die Hunde das Opossum gefaßt, von dem wir sie wegtreiben mußten; sonst hätten sie es zerrissen. Es stellte sich todt (he feigned to be dead); aber es half ihm nichts, und es wurde in einen Sack gesteckt. Wir fingen noch mehrere. Schwarze und Weiße essen diese Thiere höchst gern. Sie wurden nächsten Tags gebraten auf den Tisch gebracht; aber bei deren Anblick konnte ich einen natürlichen Widerwillen (aversion) nicht überwinden. Ich aß nichts davon. In den Wäldern gibt es noch Racoone, auf deutsch Waschbären genannt; ferner wilde Katzen. Aber soviel ich auch in Deutschland und im Norden von giftigen Schlangen hörte, die hier sein sollen, so habe ich jedoch noch keine gesehen.

Alligatoren gibt es hier keine mehr. So siehst Du, daß Dein Schrecken ganz unnütz ist!

3. Man sagte mir, daß zur Zeit der Sklaverei (slavery) es geschah, daß Whiskey=liebende Neger sich mit Fleiß (on purpose) von giftigen Schlangen beißen ließen, und dann zu ihren Herren rannten, die, um sie zu retten, das einzige sichere Mittel anwandten, nämlich, sie so schnell wie möglich berauscht zu machen. Natürlich, seitdem sie frei sind, wird sich wohl Keiner einen solchen Scherz erlauben. In dieser Race habe ich mich sehr geirrt. Diese Menschen, denen es dem Schöpfer gefiel, eine dunkle Farbe (color), Wolle statt Haare, ein anderes Temperament, eine andere Physiognomie als den Weißen, zu geben, sind geistig tief unter denselben. Jedoch, wenn verglichen (compared) mit ihren Brüdern in Afrika, so muß man bekennen, daß sie denselben physisch (physically) und geistig überlegen sind, und daß sie diesen höheren Stand (condition) nur durch die Sklaverei erlangt haben. Sie sind sehr kräftig und gut gebaut, sind gesund, und ihre Lebenszeit ist länger als die der Weißen. Sie genießen jetzt gleiche politische Rechte mit den Weißen. In diesem County sind ungefähr drei Schwarze zu einem Weißen; und da dieses Volk eigene Ideen von Mein und Dein hat, und sehr zusammenhängt, so kannst Du Dir denken, wie nothwendig es sein muß, daß Alles gut verschlossen ist. Sie thun (verrichten) alle Arbeiten, sowohl im Felde als auch in Hof und Haus.

4. Es amüsirt mich oft zu sehen, wie sie manche Sachen ganz anders als wir machen. So, zum Beispiel, melken sie nie eine Kuh (cow), ohne daß das Kalb auf der anderen Seite ist, um, wie sie sagen, die Milch herunterzu=saugen. Die Kühe geben hier wenig Milch; sie werden auch schlecht gefüttert. Das saftige, nordische Gras, wie schon gesagt, fehlt ihnen. Auf allen Farmen sehe ich Webstühle; und man sagt mir, daß früher jeder Farmer soviel Tuch von seinem eigenen schwarzen Weber weben ließ, als er brauchte. Mit Hausdienern ist der Südländer sehr extravagant. Beinahe zu jedem Geschäfte im Hause hat man eigens (expressly) einen Diener oder eine Dienerin. Da gibt's eine, die bügelt; eine, die wäscht; eine, die kocht; eine andere für den Speisesaal; dann einen Kutscher; Einen, der Holz für die Küche und das Haus spaltet und klein hackt (chops). Die Küche ist immer vom Wohnhause zehn bis zwanzig Schritte entfernt, und ist der Sammelplatz (meeting-place) für die Haus= und Feldneger und ihre Nachbarfreunde. Ich fand es sehr galant von den Pflanzern und ihren Frauen und Kindern, daß, obgleich sie Diener genug haben, sie dennoch nicht zögern, so fern sie nahe genug sind, die Hausthür selbst aufzumachen, wenn Jemand klopft oder die Klingel (bell) zieht. Die nordische

Etiquette würde das nicht erlauben. Biddy müßte das thun, selbst wenn sie vom fünften Stock herunterkommen muß.

5. Der Pflanzer ist sehr gastfreundlich (hospitable). Er hat zwar nicht viel aufzuwarten (to offer); aber was er hat, gibt er mit solch unverkennbarem (unmistakable) guten Willen, daß man zugreift (that you help yourself) aus Furcht, ihn zu beleidigen. Kürzlich (recently) sagte Einer zu einer Gesellschaft junger Leute, unter denen auch ich war: „Meine Herren, nehmen Sie Besitz von meinem Hause, und thun Sie, als ob Sie zu Hause wären; was es enthält, steht zu Ihrem Befehl, und wenn das nicht genügt (suits) und ich im Wege bin, so schmeißen Sie mich gefälligst hinaus!" Weiter kann man wohl nicht gehen.

Dein treuer Sohn,
Jakob.

V.

Ingleside, den 15. Oktober 1885.

Liebste Mutter!

1. Wir sind jetzt in der Mitte von Oktober, und wir sammeln immer noch Baumwolle. Man sagt, daß Blüthen (blossoms) vom fünfzehnten Oktober an noch zu Baumwolle reifen (ripen). Ich sehe, daß aus dieser Industrie, deren Markt die Welt ist, Geld gemacht werden könnte; aber andere Methoden müßten eingeführt (introduced) werden. Hier nimmt man beständig vom Land, ohne daran zu denken, es zu füttern. Früher warf man den Baumwollsamen gänzlich auf das Land zurück; aber seitdem daraus Oel (oil) gemacht wird, hat dies aufgehört. Die Ställe sind in sehr schlechtem Zustande, und scheinen zu ökonomischen Zwecken nicht gebaut zu sein. Ich rieth Herrn Judkins andere bauen zu lassen, und er stimmte mir bei (assented). Wir waren seit einigen Wochen beschäftigt, Holzstämme (logs) aus dem Walde zu holen und für den Bau zurechtzuhauen (and to frame them for the structure). Vorgestern setzten wir ihn auf; und da die Stämme sehr schwer waren, hatten wir viele Schwarze zusammengebracht. Bei solcher Gelegenheit kommen auch sehr viele Weiße herbei. Ich muß Dir doch einen Scherz erzählen. Als die Endpfosten (end posts) und die mittleren standen, sollte ein dreißig Fuß langer Stamm auf dieselben gehoben und in deren Zapfen eingelassen werden (to be let down into their tenons). Der Stamm war zwei Fuß dick.

2. Da standen nun die Schwarzen und wußten nicht, wie und wo sie ihn anfassen sollten. Jeder rieth, Alle schwatzten, zuletzt zankten sie sich. Um dem

Streite ein Ende zu machen, schritt ich ohne Bedenken (without hesitation) unter sie, nahm eine starke Leiter (ladder), setzte sie an einen der Endpfosten; dann befahl ich den Schwarzen, mir das eine Ende des Stammes auf die Schulter zu laden. (Du weißt, woher ich den Beinamen (nick-name), der Titan, habe.) So beladen, stieg ich langsam die Leiter hinauf, und die Schwarzen schoben mir den Stamm nach. Oben angekommen, ließ ich ihn in den Zapfen sinken. Ich kam dann herunter, und ging an das andere Ende und that desgleichen (the same). Ich stieg dann auf den Stamm und lief bis zur Mitte. Mutter, Du hättest das Geschrei hören sollen, mit dem sie mich empfingen! "Three cheers for Jake!" riefen sie. Ich ließ mich von ihrem Enthusiasmus hinreißen und, an Dich denkend, sang ich hoch oben aus voller Brust, daß der nahe Wald davon wiederhallte (re-echoed), den letzten Vers des baierischen Tyrolerliedes (Tyrolese song), das Du so liebst:

„Dort, wo die Gemse springt;
Dort, wo das Alphorn klingt;
Dort, wo vom Sturm umweht
Fest seine Hütte steht.
Jauchzt Deines Sängers Brust
Liebes-Gram, Liebes-Lust,
Frei über Berg und Kluft
Aus in die deutsche Luft."

Halio-la . . .

"There, where the chamois springs;
There, where the alp-horn rings;
There, by the storm wind-fanned,
Firmly thy cottage stand,
Shout! let thy song confess
Love's sweet joy, love's distress,
O'er gulf and mountain fair
Shout to the wild free air."

Halio-la!

3. Als ich mit dem Jodel (warble) zu Ende war, da fing der Jubel von Neuem an. Ich sprang dann die zwanzig Fuß Höhe (height) hinunter. Man umringte mich; man untersuchte meine Brust und Arme und bewunderte meinen muskulösen Bau. Es ist doch eigen (strange), Mutter, daß physische Kraft mir unter diesen Alabamiern mehr Ansehen verschaffte, als meine geistige. Meine Kenntnisse der alten Klassiker und der Literatur im Allgemeinen ließen sie kalt, und mein Zither= und Pianospiel nebst Gesang interessirte sie nur insofern

als es sie amüsirte. Nur als ich Einen von ihnen über den Zaun in den Garten schmiß, konnte ich mir rechten Respekt verschaffen. So habe ich gehört, daß die deutsche Sprache in diesem Lande beliebt geworden ist, nur seitdem die Deutschen die Franzosen (French) geschlagen haben. Ist das wohl möglich! Da lehrt man uns und schwatzt von der Macht der Feder, der Macht der Ideen über die Macht des Schwertes. Das ist Alles eitles (vain) Geschwätz!

4. Jemand hat mir angeboten, eine Farm mit mir zu pachten (to rent). Ich sagte ihm, ich hätte keine Mittel und könnte nichts dazu beitragen (contribute). Er meinte, daß es bei mir noch besser stände, als bei ihm (that I was better off than he); denn er habe auch kein Geld, und dazu noch Schulden. Der Amerikaner, besonders der Südländer, weiß nicht, was beklommen, verzagt oder befangen (embarrassed) sein meint. Er kennt das nicht. Von Kind auf ist er gewohnt, daß man zu ihm spricht, wie zu einem Erwachsenen (grown one). Ein Pflanzer trifft (meets) auf dem Wege — natürlich zu Pferde, Alles reitet hier — oder in einem Laden, seines Nachbars Sohn. Er grüßt ihn freundlich, gibt ihm die Hand, fragt nach seinen Eltern, plaudert mit ihm über die Ernte; und oft habe ich Gelegenheit gehabt, die Unbefangenheit (independent bearing) der südlichen Jugend zu bewundern. Der Amerikaner schlägt selten sein Kind. Es ist des Deutschen Strenge (severity) zuzuschreiben, daß das deutsche Kind das Auge nicht so frei und unbefangen zu erheben weiß, wie das amerikanische. Diese unnatürliche Beklommenheit hängt (clings) sein Lebenlang an ihm und ist ihm im Umgang mit Amerikanern sehr schädlich.

5. Das Beste, liebste Mutter, habe ich Dir noch zu melden. Ich habe eine Farm gekauft. Eine Farm von zweihundert Ackern, zu sechs amerikanischen Thalern den Acker, nebst Kühen, Schafen, Pferden und Geräthschaften (implements), nothwendig zum Betrieb (carrying on) der Farm. Ich habe noch nichts darauf bezahlt. Meine Zahlungen (payments) mache ich jedes Jahr nach der Ernte und habe sechs Jahre Zeit. Ein Haus in der Stadt hat mir den nöthigen Proviant bis zur Ernte vorzustrecken angeboten (offered to advance). Auf der Farm ist ein nettes Häuschen, das Dich erwartet. So komme, liebste Mutter, und mache mein Glück vollständig (complete)!

In der Hoffnung, Dich bald umarmen zu können, verbleibe ich
                                              Dein treuer Sohn,
                                                         Jakob.

TABLES OF REFERENCE.

I.—DECLENSIONS.—NOUNS.

1. STRONG.

SINGULAR.

N.	der Fisch	der Sohn	das Haar	das Buch
G.	des —es	des —es	des —es	des —es
D.	dem —e	dem —e	dem —e	dem —e
A.	den —	den —	das —	das —

PLURAL.

N.	die Fisch-e	die Söhn-e	die Haar-e	die Büch-er
G.	der —e	der —e	der —e	der —er
D.	den —en	den —en	den —en	den —ern
A.	die —e	die —e	die —e	die —er

SINGULAR.

N.	der Fehler	das Mädchen	der Vogel	die Bank
G.	des —s	des —s	des —s	der —
D.	dem —	dem —	dem —	der —
A.	den —	das —	den —	die —

PLURAL.

N.	die Fehler	die Mädchen	die Vögel	die Bänk-e
G.	der —	der —	der —	der —e
D.	den —n	den —	den —n	den —en
A.	die —	die —	die —	die —e

2. WEAK.

SINGULAR.

N.	die Uhr	die Küche	der Knabe	der Mensch
G.	der —	der —	des —n	des —en
D.	der —	der —	dem —n	dem —en
A.	die —	die —	den —n	den —en

PLURAL.

N.	die Uhr-en	die Küche-n	die Knabe-n	die Mensch-en
G.	der —en	der —n	der —n	der —en
D.	den —en	den —n	den —n	den —en
A.	die —en	die —n	die —n	die —en

3. MIXED.

SINGULAR.

N. das Herz	der Gedanke	das Auge
G. des —ens	des —ns	des —s
D. dem —en	dem —n	dem —
A. das —	den —	das —

PLURAL.

N. die Herz-en	die Gedanke-n	die Auge-n
G. der —en	der —n	der —n
D. den —en	den —n	den —n
A. die —en	die —n	die —n

II.—ADJECTIVE WITHOUT ARTICLE.

SINGULAR.

Masculine.	*Feminine.*	*Neuter.*
N. gut-er* Wein	gut-e Suppe	gut-es Gelb
G. gut-en Weines	gut-er Suppe	gut-en Gelbes
D. gut-em Weine	gut-er Suppe	gut-em Gelbe
A. gut-en Wein	gut-e Suppe	gut-es Gelb

PLURAL,
for all Genders

N. gut-e Weine	Suppen	Gelber
G. gut-er Weine	Suppen	Gelber
D. gut-en Weinen	Suppen	Gelber
A. gut-e Weine	Suppen	Gelber

III.—ADJECTIVES PRECEDED BY THE INDEFINITE ARTICLE.

N. ein fleißig-er† Knabe	ein-e zärtlich-e† Mutter	ein hübsch-es† Mädchen
G. ein-es fleißig-en Knaben	ein-er zärtlich-en Mutter	ein-es hübsch-en Mädchens
D. ein-em fleißig-en Knaben	ein-er zärtlich-en Mutter	ein-em hübsch-en Mädchen
A. ein-en fleißig-en Knaben	ein-e zärtlich-e Mutter	ein hübsch-es Mädchen

IV.—POSSESSIVE PRONOUNS.

SINGULAR.   PLURAL,
for all Genders.

Masculine.	*Feminine.*	*Neuter.*	
N. mein Hund	mein-e Katze	mein Pferd	mein-e Hühner
G. mein-es Hundes	mein-er Katze	mein-es Pferdes	mein-er Hühner
D. mein-em Hunde	mein-er Katze	mein-em Pferde	mein-en Hühnern
A. mein-en Hund	mein-e Katze	mein Pferd	mein-e Hühner

Like mein, are declined: dein, sein, ihr (her), Ihr (your), unser, euer, ihr (their); also: kein (no).

---

* Strong adjective declension.   † Mixed adjective declension.

V.—ABSOLUTE POSSESSIVE PRONOUNS WITHOUT THE ARTICLE.

	SINGULAR.		PLURAL,	
Masculine.	*Feminine.*	*Neuter.*	*for all Genders.*	
meiner	meine	meines	meine	mine
deiner	deine	deines	deine	thine
seiner	seine	seines	seine	his
ihrer	ihre	ihres	ihre	hers
unserer	unsere	unseres	unsere	ours
Ihrer	Ihre	Ihres	Ihre	yours
euerer	euere	eueres	euere	yours
ihrer	ihre	ihres	ihre	theirs

VI.—ABSOLUTE POSSESSIVE PRONOUNS PRECEDED BY THE ARTICLE.

	SINGULAR.			PLURAL,
Masculine.		*Feminine.*	*Neuter.*	*for all Genders.*
der mein-e or meinig-e		die mein(ig)e	das mein(ig)e	die mein(ig)en
der dein-e or deinig-e		die dein(ig)e	das dein(ig)e	die dein(ig)en
der sein-e or seinig-e		die sein(ig)e	das sein(ig)e	die sein(ig)en
der ihr-e or ihrig-e		die ihr(ig)e	das ihr(ig)e	die ihr(ig)en

SINGULAR.		PLURAL.	
der die das unsr(ig)e		die unsr(ig)en	
der die das Ihr(ig)e or eur(ig)e		die Ihr(ig)en or eur(ig)en	
der die das ihr(ig)e		die ihr(ig)en	

	SINGULAR.			PLURAL,
	Masculine.	*Feminine.*	*Neuter.*	*for all Genders*
N.	der meine	die meine	das meine	die meinen
G.	des meinen	der meinen	des meinen	der meinen
D.	dem meinen	der meinen	dem meinen	den meinen
A.	den meinen	die meine	das meine	die meinen

OR:

N.	der meinige	die meinige	das meinige	die meinigen
G.	des meinigen	der meinigen	des meinigen	der meinigen
D.	dem meinigen	der meinigen	dem meinigen	den meinigen
A.	den meinigen	die meinige	das meinige	die meinigen

VII.—DEMONSTRATIVE PRONOUNS.

1.

SINGULAR.

	Masculine.	Feminine.	Neuter.
N.	dieser off(e)ne* Schrank	diese hübsche† Blume	dieses dunk(e)le* Zimmer
G.	dieses offnen Schrankes	dieser hübschen Blume	dieses dunklen Zimmers
D.	diesem offnen Schranke	dieser hübschen Blume	diesem dunklen Zimmer
A.	diesen offnen Schrank	diese hübsche Blume	dieses dunkle Zimmer

PLURAL,
for all Genders.

N.	diese offnen Schränke	hübschen Blumen	dunklen Zimmer
G.	dieser offnen Schränke	hübschen Blumen	dunklen Zimmer
D.	diesen offnen Schränken	hübschen Blumen	dunklen Zimmer
A.	diese offnen Schränke	hübschen Blumen	dunklen Zimmer

Like dieser, are declined: welcher,‡ solcher § (such), jener; also: mancher, some; jeder, every, each; its plural is wanting.

2.

	SINGULAR.			PLURAL,
	Masculine.	Feminine.	Neuter.	*for all Genders.*
N.	derjenige	diejenige	dasjenige	that	diejenigen	those
G.	desjenigen	derjenigen	desjenigen	of that	derjenigen	of those
D.	demjenigen	derjenigen	demjenigen	to that	denjenigen	to those
A.	denjenigen	diejenige	dasjenige	that	diejenigen	those

It will be seen, derjenige is declined like an adjective with the definite article. Similarly are declined: derselbe, dieselbe, dasselbe; der nämliche, die nämliche, das nämliche, the same, and eben derselbe, the very same.

3.

ABRIDGED FORM.

N.	der	die	das	that	die	those
G.	dessen	deren	dessen	of that	derer	of those
D.	dem	der	dem	to that	denen	to those
A.	den	die	das	that	die	those

---

* Adjectives ending in el, er, en usually reject the e whenever these endings are followed by an e, as: edel, edler; offen, offner.

† Weak adjective declension.

‡ Welcher, welche, welches serve also in exclamation or to express surprise, as: Welch ein Redner! Welch tiefe Kenntniß! Welch ein Wunder! When thus placed before a declinable word, it drops its endings.

§ Solcher, solche, solches, like welcher, drops its endings when followed by the indefinite article, or sometimes by an adjective, as: solch ein Sohn; solch eine Arbeit; solch prachtvoller Garten.

VIII.—RELATIVE PRONOUNS.

	SINGULAR.			PLURAL,	
	Masculine.	*Feminine.*	*Neuter.*	*for all Genders.*	
N.	welcher*	welche	welches	elchen	who, which (that)
G.	beſſen	beren	beſſen	beren	of whom, whose, of which
D.	welchem	welcher	welchem	welchen	to whom, to which
A.	welchen	welche	welches	welche	whom, which (that)

ABRIDGED FORM.

	SINGULAR.			PLURAL.	
N.	der	die	das	die	who, which (that)
G.	beſſen	beren	beſſen	beren	of whom, whose, of which
D.	dem	der	dem	denen	to whom, to which
A.	den	die	das	die	whom, which (that)

	Masculine and Feminine.		*Neuter.*	
N.	wer†	who	was*	what
G.	weſſen (weß)	whose	weſſen (weß)	whose
D.	wem	to whom	(wozu)	(for what)
A.	wen	whom	was	what

IX.—CORRELATIVE PRONOUNS.

Masculine.		*Feminine.*	
derjenige, welcher		diejenige, welche	
der, welcher (or der) } he who		die, welche (or die) } she who	
derjenige, der		diejenige, die	

Neuter.		*Plural for all Genders.*	
dasjenige, welches		diejenigen, welche	
das, welches (or was) } that which		die, welche (or die) } they who	
dasjenige, das		diejenigen, die	those who

In the same manner are used:

Masculine.

derſelbe or eben derſelbe, welcher (or der)   the same who *or* which

Feminine.

dieſelbe or eben dieſelbe, welche (or die)   the same who *or* which

---

* The interrogative pronouns: wer? was? are identically the same.

† The interrogative adjective: welcher, welche, welches, is declined like dieſer dieſe, dieſes. Ex.: Welcher Tiſch iſt am höchſten? Welche Aufgabe lernen Sie? Welches Buch iſt Ihres?

Neuter.
dasselbe or eben dasselbe, welches (or das)   the same which

Plural for all Genders.
dieselben or eben dieselben, welche (or die)   the same who *or* which

Also: solche, welche (or wie), such as.

X.—DECLENSION OF was für ein WITH A NOUN.

	SINGULAR.			PLURAL,	
	Masculine.	*Feminine.*	*Neuter.*	*for all Genders.*	
N.	was für ein	eine	eines	was für	what kind of
G.	was für eines	einer	eines	was für	what kind of
D.	was für einem	einer	einem	was für	what kind of
A.	was für einen	eine	ein	was für	what kind of

The same without a noun:

N.	was für einer	eine	eines	was für (welche)
G.	was für eines	einer	eines	was für (welcher)
D.	was für einem	einer	einem	was für (welchen)
A.	was für einen	eine	eines	was für (welche)

XI.—THE INDEFINITE PRONOUNS.

man	they, one	etwas	something
Jedermann	everybody	nichts	nothing
Jemand	somebody	selbst (or selber)	self
Niemand	nobody	einander	one another

NOTE.—Man is undeclinable, and only used in the nominative. For the other cases, colloquial language resorts to the indefinite pronoun einer, as: das muß Einen ärgern, that must vex one; er dankt Einem nicht einmal, he does not even thank one.

Einer, eine, eines becomes an indefinite pronoun when representing one of a kind, as: hier ist einer (ein Thaler); hier ist eine (eine Blume); hier ist eines (ein Buch). Einer meiner Freunde; eine von diesen Federn; eines von diesen Kindern.

Jedermann marks only its genitive with an s; thus: Jedermanns. The dative and accusative are like the nominative.

Jemand and Niemand are like Jedermann, but, to avoid some possible ambiguity, they are also declined thus:

N.	Jemand	Niemand
G.	Jemands	Niemands
D.	Jemandem or Jemand	Niemandem or Niemand
A.	Jemanden or Jemand	Niemanden or Niemand

XII.—INDEFINITE PRONOUNS AND INDEFINITE NUMERALS.

This is a class of words which are called either pronouns or numerals, according to whether they are used adjectively or substantively. In the latter case, they are written with a capital; they are declinable, and are:

SINGULAR.			PLURAL.	
Masculine.	*Feminine.*	*Neuter.*		
jeder, jeglicher	jede	jedes		every one, each
aller (all)	alle	alles	alle	
kein (keiner)	keine	kein (keines)	keine	no
ein (einer)	eine	ein (eines)		
mancher, many a	manche	manches	manche	some
viel (vieler)	viele	viel (vieles)	viele	many
wenig (weniger)	wenige	wenig (weniges)	wenige	few
der nämliche	die nämliche	das nämliche	die nämlichen	the same
der andere	die andere	das andere	die anderen	the others
irgend ein (einer)	irgend eine	irgend ein (eines)		any one

Used in the plural only are: beide, both; einige, etliche, some; mehrere, several; einige —, some; andere —, others.

OBSERVATIONS.

Jeder, aller, mancher, einer, irgend einer are declined like dieser.

Vieler, mehrere, weniger, einige, etliche are inflected according to the strong adjective declension; thus, also: der nämliche, der andere, der eine.

EXAMPLES.

ADJECTIVELY.	SUBSTANTIVELY.
Es hat jeder Mensch Fehler.	Nicht Jeder kennt seine Fehler.
Es war aller Muth verloren.	Alle dankten Gott.
Ich habe keine Furcht.	Keiner kann ewig leben.
Vom Baum ist einiges Obst gefallen.	Es beschuldigten ihn Einige der Lüge.
Es wäre mancher Arme froh, wenn er das hätte, was mancher Reiche wegwirft.	Es glauben Manche, wir werden einen strengen Winter bekommen.
Sein vieles Geld macht ihn dennoch nicht glücklich.	Es gelingt Vielen reich zu werden, many succeed in getting rich.
Meine wenigen Freunde habe ich eingeladen.	Ich kenne Wenige von diesen Herrn.
(Irgend) ein Kind könnte dies thun.	Ich lasse mir nicht von irgend Einem befehlen, I do not allow myself to be ruled by anybody.

Before a pronoun, aller can be shortened to all; it remains then uninflected, as: all sein Leiden grämt mich sehr, all his suffering grieves me much.

Alles was is, in English, all that. It is declined as follows:

N. Alles (das), was ich habe   D. Allem dem, was ich habe
G. Alles dessen, was ich habe   A. Alles (das), was ich habe

XIII.—PERSONAL PRONOUNS.—DECLENSION.

SINGULAR.

	1st and 2d pers. for all Genders.		Masculine.	3d pers. Feminine.	Neuter.
N.	ich	du	er	sie	es
	(mein)	(dein)	(sein)		(sein)
G.	meiner	deiner	seiner	ihrer	seiner
D.	mir	dir	ihm } sich	ihr } sich	ihm } sich
A.	mich	dich	ihn	sie	es

PLURAL, for all Genders.

N.	wir	ihr	sie	(Sie)
G.	unser	euer	ihrer	(Ihrer)
D.	uns	euch	ihnen	(Ihnen) } sich
A.	uns	euch	sie	(Sie)

EXAMPLES.

1.—WITH THE GENITIVE.

Man erinnert sich meiner (mein) — deiner (dein) — ihr
They remember me   thee   her

Man erinnert sich unser — euer — ihrer — Ihrer
They remember us — you (pl.) — them — you (sing.)

2.—WITH THE DATIVE.

Er hilft mir — dir — ihm — ihr — ihm — sich
He helps me — thee — him — her — it — himself

Sie helfen uns — euch — ihnen — Ihnen — sich
They help us — you (pl.) — them — you (sing.) — themselves

3.—WITH THE ACCUSATIVE.

Er achtet mich — dich — ihn — sie — es — sich
He respects me — thee — him — her — it — himself

Sie achten uns — euch — sie — Sie — sich
They respect us — you (pl.) — them — you (sing.) — themselves

XIV.—DEGREES OF COMPARISON.

SUPERIORITY.

— er (with inflection), als.

jung	—	jünger als	dumm	—	dümmer als
alt	—	älter als	kalt	—	kälter als
kurz	—	kürzer als	hart	—	härter als
lang	—	länger als	warm	—	wärmer als
stark	—	stärker als	schwarz	—	schwärzer als

EQUALITY.

so — wie; ebenso — wie.

so jung wie ich   ebenso dumm wie er
so alt wie sie   ebenso kalt wie hier

INFERIORITY.

weniger, minder — als; nicht so — als.

minder kurz, als   nicht so warm, als

SUPERLATIVE.

ATTRIBUTIVELY.

— este, — ste (with inflection).

der härteste   der längste

PREDICATIVELY.

die Bank ist am längsten   diese Tafel ist am schwärzesten

Adjectives which do not admit of any modification of their radical vowels:

froh	sanft	zahm	muthig
rund	toll	falsch	roh
wahr	voll	gesund	hold

IRREGULAR COMPARISON.

POSITIVE.	COMPARATIVE.	SUPERLATIVE.		
hoch	höher	der höchste	or	am höchsten
nahe	näher	der nächste	or	am nächsten
groß	größer	der größte	or	am größten
gut	besser	der beste	or	am besten
viel, much	mehr	der meiste	or	am meisten
viele (pl.), many	mehrere	die meisten, most		
wenig, little	weniger / minder } less	am wenigsten / am mindesten } the least		
wenige (pl.), few	weniger	die wenigsten		
gern	lieber	am liebsten		
bald	eher, früher	am ehesten, frühesten, the soonest		

DEFECTIVE COMPARISON.

A class derived from prepositions.

COMPARATIVE.		SUPERLATIVE.	
der äußere	the exterior, outer	der äußerste	the utmost
der innere	the inner	der innerste	the innermost
der obere	the upper	der oberste	the uppermost
der untere	the lower	der unterste	the lowermost
der mittlere	the middle	der mittelste	the middlemost
der hintere	the hinder	der hinterste	the hindermost
der vordere	the fore —	der vorderste	the foremost

The relation between two comparatives is expressed, in English, by the — the; in German, by je — besto, as:

je größer die Noth, besto näher ist Gott.
The greater the distress, the nearer is God.

XV.—NUMERALS.

1.—Cardinal Numbers.

1	eins	9	neun	17	siebzehn	30	dreißig
2	zwei	10	zehn	18	achtzehn	40	vierzig
3	drei	11	elf	19	neunzehn	50	fünfzig
4	vier	12	zwölf	20	zwanzig	60	sechzig
5	fünf	13	dreizehn	21	einundzwanzig	70	siebzig
6	sechs	14	vierzehn	22	zweiundzwanzig	80	achtzig
7	sieben	15	fünfzehn	23	dreiundzwanzig	90	neunzig
8	acht	16	sechzehn	24	vierundzwanzig	100	hundert

1,000 tausend   1,000,000 Million
1885 achtzehnhundertfünfundachtzig

From the cardinals are formed:

1. The iteratives, as:

einmal	once	zehnmal	ten times	hundertmal	hundred times
zweimal	twice	fünfzigmal	fifty times	tausendmal	thousand times

2. The multiplicatives, as:

einfach	or	einfältig	single	fünfzigfach	fiftyfold
zweifach	or	zweifältig	double	hundertfach	hundredfold
dreifach	or	dreifältig	treble	tausendfach	thousandfold

3. The variatives, as:

einerlei	of one kind	fünfzigerlei
zweierlei	of two kinds	hunderterlei
dreierlei	of three kinds	tausenderlei

2.—Ordinal Numbers.

der (die, das)

1st	erste	9th	neunte	17th	siebzehnte	25th	fünfundzwanzigste
2d	zweite	10th	zehnte	18th	achtzehnte	26th	sechsundzwanzigste
3d	dritte	11th	elfte	19th	neunzehnte	27th	siebenundzwanzigste
4th	vierte	12th	zwölfte	20th	zwanzigste	28th	achtundzwanzigste
5th	fünfte	13th	dreizehnte	21st	einundzwanzigste	29th	neunundzwanzigste
6th	sechste	14th	vierzehnte	22d	zweiundzwanzigste	30th	dreißigste
7th	siebente	15th	fünfzehnte	23d	dreiundzwanzigste	100th	hundertste
8th	achte	16th	sechzehnte	24th	vierundzwanzigste	101st	hundert und erste

1,000th tausendste
der, die, das Letzte, the last.

From the ordinals are formed:

1. The fractionals, as:

$\frac{1}{3}$ ein Drittel (tel = Theil, part) $\frac{1}{8}$ ein Achtel
$\frac{1}{4}$ ein Viertel $\frac{1}{20}$ ein Zwanzigstel
$\frac{1}{5}$ ein Fünftel $\frac{1}{100}$ ein Hundertstel
        $\frac{1}{2}$ ein Halbes or ein halb, one-half.

2. The dimidiatives (adjectival compounds with halb), as:

$1\frac{1}{2}$ anderthalb $2\frac{1}{2}$ britthalb $3\frac{1}{2}$ vierthalb $9\frac{1}{2}$ zehnthalb

3. The distinctives, as:

erstens	firstly	zwanzigstens	twentiethly
zweitens	secondly	fünfzigstens	fiftiethly
drittens	thirdly	hundertstens	hundredthly

VOCABULARY.

Words are here defined in accordance with their meanings used in this book.

The genitive singular and the nominative plural of nouns are given in parentheses; when the dash (—) is used without ending, it means that the word remains unchanged from the nominative given, as: der Fehler (—s, —), and should be read: genitive singular, des Fehlers; nominative plural, die Fehler. Die Küche (—, —n); genitive singular, der Küche; nominative plural, die Küchen. Nouns that modify their radical vowels in the plural are fully given, thus: der Vogel (—s, Vögel). Being in possession of the principal parts of the declension, the pupil should now have no difficulty in finding in the *Tables of Reference*, on page 246, the fully declined paradigm of the nouns (and other declinable words) whose declensions he should wish to construct entire.

The hyphen (-) dividing a verb denotes that it is separable.

The figures, after strong and irregular verbs, refer to the synopsis of such verb or its paradigm in the *Tables* beginning on page 116, and continuing intermittently to page 195.

Verbs conjugated with the auxiliary sein have that auxiliary added in parentheses.

The accented syllables of words are indicated by the accent (').

A.

ab, of, off; auf und ab, up and down.
ab'-brennen,[141] to burn down.
der A'bend (—s, —e), the evening; heute abend, this evening; gestern abend, last night.
a'ber, but, however.
a'bergläubisch, abergläubig, superstitious.
ab'-fahren[181] (sein), to start, set out (for).
ab'-halten,[81] to prevent.
ab'-hangen,[69] to depend on (von Einem); es hängt von Ihnen ab, it depends upon you.
ab'-hauen,[57] to hew down, to cut down.
ab'-laden,[133] to unload.
ab'-nehmen,[93] to take off.
ab'-rathen,[84] to dissuade from (Einem von etwas).
ab'-reisen (sein; von; wohin? nach), to depart for, to set out for.
ab'-schaffen, to dismiss, to remove.
ab'-schlagen,[136] to knock off; (Einem etwas) abschlagen, to refuse.
ab'-schneiden,[55] to cut off.
ab'-schreiben,[61] to copy.
ab'-senden,[145] to send off.
die Ab'sicht (—, —en), the intention, aim.
ab'sichtlich, intentional, —ly, purposely.
absolvi'ren, to graduate, to absolve from.
ab'-stäuben, to dust off.
ab'-steigen[75] (sein), herab-steigen, to alight, to descend.
ab'-tragen,[131] to take away, to clear the table.
ab'-treten,[7] to cede, to resign (Einem etwas).
ab'-waschen,[189] to wash off.

ab'-weichen [56] (sein; von), to deviate from.
ach! ah! oh!
acht, eight.
ach'ten, to respect, to esteem.
der Ac'ker, (—s, Äcker), the acre, field.
die Ac'tie (—, —n), the stock, funds.
all (Aller, Alle, Alles), all, every.
allein', alone.
allgemein', general.
allzugroß', too large.
als (after the comparative), than; as; when; namely.
al'so, thus, so.
alt, old.
das Al'ter (—s), the age.
amüsi'ren, to amuse.
an (wo? an einem; wohin? an einen), at, in, on.
an'-bieten,[93] to offer (Einem etwas).
an'-binden,[37] to tie to, to fasten to (an ein Ding).
der An'blick (—s, —e), the look, view, aspect.
an'-brennen,[141] to set on fire, to light.
an'der (der, die, das Andere), other, different.
an'ders, otherwise, differently.
anderthalb', one and a half.
an'-fangen,[60] to begin, to commence.
an'-fassen, to take hold of.
die An'gabe (—, —n), statement, declaration.
an'gehend, commencing; ein angehender Geschäftsmann, a man young in the business.
die An'gelegenheit (—, —en), the matter, business.
an'genehm, agreeable, pleasant (Einem).
an'gesehen, looked up to, respected.
an'-greifen,[45] to attack, to lay hold of.
an'-halten,[81] to stop, to hold to.
die An'höhe (—, —n), the hill, rising ground.
an'-klagen, to accuse (of), to indict (einer Sache).
an'-klopfen, to knock at.
an'-kommen[36] (sein), to arrive.
der An'laß (—sses, —lässe), the occasion, appearance.
an'-maßen (sich), to presume, to pretend to.
an'-nähen, to sew on.
an'-nehmen,[73] to accept; sich annehmen, to interest one's self in or for.

an'-rennen[144] (sein), to run against.
an'-schaffen, to procure (Einem etwas).
an'-sehen,[6] to look at, to see.
an'-spannen, to harness.
an'ständig, decent, proper.
anstatt' (anstatt eines), instead of.
an'-stellen, to appoint, to put to.
an'-stoßen,[80] to knock against.
an'-streichen,[54] to paint.
an'-treffen,[83] to meet with.
die Ant'wort (—, —en), the answer.
ant'worten, to answer.
an'-wenden,[146] to use, to apply.
an'-ziehen,[107] to put on, to draw.
der Ap'fel (—s, Äpfel), the apple.
der Appeti't (—es), the appetite.
die Ar'beit (—, —en), the work, labor.
ar'beiten, to work.
är'gerlich, vexatious.
är'gern (sich), to be vexed at.
arg'los, guileless, innocent.
arm, poor.
der Arm (—es, —e), the arm.
die Ar'muth (—), poverty.
auch, also, too.
auf (wo? auf einem; wohin? auf einen), on, upon.
auf'-decken, to uncover.
die Auf'gabe (—, —n), the lesson.
auf'-geben,[1] to give up, to deliver.
auf'-halten,[81] to detain.
auf'-heben,[119] to pick up.
auf'-hören, to cease.
auf'-laden,[123] to load (up).
auf'-machen, to open, to undo.
auf'merksam, attentive.
auf'-reiben,[52] to extirpate.
auf'richtig, sincere.
auf'-schließen,[103] to unlock.
auf'-schrecken, to frighten up, to startle.
der Auf'seher (—s, —), the overseer.
auf'-stehen,[140] to rise.
auf'-wachen, to awaken.
auf'-warten, to wait upon; was kann ich Ihnen aufwarten? what can I offer you?
das Au'ge (—s, —n), the eye.
au'genblicklich, instantly.
aus (aus einem), out of, from.
aus'-bitten,[11] to request, to beg for.
aus'-bleiben[60] (sein), to stay away.
aus'-fahren[131] (sein), to take a drive.
aus'-geben,[1] to expend.
aus'-gehen[68] (sein), to go out.
aus'genommen, except.

aus'-gießen,[99] to pour out.
aus'-gleichen,[46] to settle, balance.
aus'-lachen, to laugh at.
aus'-laden,[123] to unload.
aus'-löschen, to extinguish, to put out.
aus'-nehmen,[83] to take out.
aus'-rufen,[90] to exclaim, to call out.
aus'-ruhen, to rest.
die Aus'sage (—, —n), the deposition, statement.
aus'-schlagen,[186] to decline.
aus'-schließen,[103] to exclude.
aus'-sehen,[6] to look (like).
die Aus'sicht (—, —en), the view, prospect.
aus'-spannen, to unharness, to stretch.
aus'-sprechen,[26] to pronounce.
aus'-streichen,[54] to strike out.
au'ßen, out, on the outside.
au'ßer, besides; außer sich sein, to be beside one's self; außerhalb, beyond, out of.
aus'-waschen,[189] to wash out.
aus'-weichen[56] (sein), to pass one.
aus'-ziehen,[107] to take off; sich ausziehen, to undress one's self.
die Autoritä't (—, —en), the authority.

B.

der Back'en (—s, —), the cheek.
back'en,[190] to bake.
Baiern (—s), Bavaria.
bald, soon.
der Ball (—es, Bälle), the ball.
das Band (—es, Bänder), the ribbon.
die Bank (—, Bänke), the bench; bank.
der Baro'n (—es, —e), baron.
die Ba'se (—, —n), cousin.
der Bau (—es, —e, and Bauten), the structure, building.
bau'en, to build, to rely on.
der Baum (—es, Bäume), the tree.
die Baum'wolle (—), the cotton.
beab'sichtigen, to intend.
beant'worten, to answer.
bedan'ken (sich), to thank (bei Einem für etwas).
bedeck'en, to cover (mit etwas).
beden'ken,[147] to consider.
bedie'nen (sich), to make use of; bitte, bedienen Sie sich, pray, help yourself.
beei'len (sich), to hasten.
befa'hren,[181] to ride upon, to navigate.
befan'gen, embarrassed.

der Befe'hl (—es, —e), the order, command.
befeh'len,[14] to order (Einem etwas), to command.
befin'den,[38] to find; sich befinden, to be well; wie befinden Sie sich? how are you?
beflei'ßen[43] (sich); befleißigen (sich), to apply one's self.
befrie'digen, to content.
befürch'ten, to fear.
die Begie'rde (—, —n), die Begie'r, the desire; greediness.
begie'rig (nach einem Ding), curious of, greedy of.
begie'ßen,[99] to water.
begin'nen,[34] to begin.
beglei'ten, to accompany.
begnügen (sich), to be satisfied with (mit etwas).
begra'ben,[183] to bury.
begrei'fen,[45] to understand.
der Begriff (—s, —e), the idea, conception.
behal'ten,[81] to keep.
bei (bei Einem), near, about, at; bei Tische sitzen, to be at table.
bei'de, both; meine beiden Schwestern, both my sisters.
beina'he, almost.
der Bei'name (—ns, —n), the nickname, surname.
das Bei'spiel (—s, —e), the example.
bei'ßen,[42] to bite; to bite at (nach Einem).
bei'-stimmen, to agree with (Einem).
bei'-tragen,[137] to contribute (zu etwas).
bekannt', known (mit Einem).
beken'nen,[142] to confess, to acknowledge.
bekla'gen (sich), to complain of something to one (über ein Ding).
beklem'men,[112] to oppress, to afflict.
beklom'men, afflicted, oppressed.
bekom'men,[86] to get, receive.
beküm'mern (sich), to be concerned for (um, über ein Ding); bekümmern Sie sich um sich, mind your own business.
bela'den,[123] to load.
beleh'ren, to inform (über ein Ding).
belei'bigen, to offend.
belie'bt, popular, liked.
beloh'nen, to reward (mit einem Ding für etwas).
bemäch'tigen (sich), to seize, take (eines Dinges).

bemü'hen (ſich), to take the trouble (für Einen um etwas).
beque'm, comfortable, easy (Einem).
berau'ben, to rob, to deprive of (Einen eines Dinges).
berau'ſchen (ſich), to get drunk.
bereit'en, to prepare.
der Berg (—es, —e), mountain.
ber'gen,[15] to conceal.
der Bericht' (—es, —e), report, account (über ein Ding).
berich'ten, to report, to inform of (Einem etwas).
ber'ſten[16] (ſein), to burst; vor Lachen —, to burst with laughing.
berühmt, famous.
beſchäf'tigen, to occupy.
beſchie'ßen,[102] to bombard, to fire upon.
beſchlie'ßen,[103] to resolve upon.
beſchrei'ben,[61] to describe.
beſchul'digen, to accuse of (Einen eines Dinges).
beſchwö'ren,[126] to implore, to confirm by oath.
beſin'nen[35] (ſich), to recollect, to try to remember (auf ein Ding, eines Dinges).
beſiz'en,[18] to possess.
beſon'ders, particular, —ly,
beſſ'er, better; je mehr, deſto beſſer, the more, the better.
beſſ'ern (ſich), to grow better, to mend.
beſtän'dig, constant, —ly.
der Beſtand'theil (—es, —e), the element, ingredient,
der Beſt'e (die, das), the best.
beſte'hen,[140] to exist, (aus etwas), to consist of; (auf einem Ding), to insist upon.
beſtim'men, to intend (für etwas).
beſtra'fen, to punish (für etwas).
beſtre'ben (ſich), to endeavor.
beſtrei'ten,[57] to contest, to dispute.
beſu'chen, to visit.
be'ten, to pray (um ein Ding).
betra'gen[137] (ſich), to behave.
betrin'ken[41] (ſich), to get drunk.
betrü'gen,[91] to cheat, to deceive.
der Bett'ler (—s, —), the beggar.
bevo'r, before.
bewe'gen (ſich), to take exercise; bewegen,[111] to induce.
die Bewe'gung (—, —en), motion.
bewei'nen, to weep for.
bewei'ſen,[72] to prove.

bewill'kommen, to welcome.
bewun'dern, to admire.
bewußt', conscious of (eines Dinges).
beza'hlen, to pay (Einen, Einem etwas).
bie'gen,[92] to bend, to turn.
bie'ten,[93] to offer (Einem etwas).
bin'den,[81] to tie, to bind.
bin'nen, within (binnen einem).
bis, till; bis an, — zu, — nach, as far as; bis an, — auf, — zu, up to.
bit'ten,[11] to ask, to beg (etwas von Einem, Einen um etwas).
bla'ſen,[17] to blow.
das Blatt (—es, Blätter), the leaf.
blau, blue.
bleiben[60] (ſein), to remain.
blei'chen,[44] to bleach.
bliz'en, to lighten.
die Blu'me (—, —n), the flower.
das Blumenbeet (—es, —en), bed of flowers.
das Blut (—es), the blood.
die Blü'the (—, —n), blossom.
der Boden (—s, —), the ground, floor.
bor'gen, to borrow of, to lend (von Einem).
bö'ſe, bad, angry with.
der Bö'ſewicht (—es, —e), the villain.
bös'willig, wicked.
die Brand'blaſe (—, —n), the blister.
bra'ten,[19] to roast.
brau'chen, to use.
der Bräu'tigam (—s, —e), the bridegroom.
brech'en,[17] to break.
breit, broad, large.
bren'nen,[141] to burn.
der Brief (—es, —e), the letter.
brin'gen,[148] to bring, to carry.
das Brod (—es, —e), the bread.
der Bruder (—s, Brüder), the brother.
der Brun'nen (—s, —), the well.
die Bruſt (—, Brüſte), the breast.
das Buch (—es, Bücher), the book.
buchſtabi'ren, to spell.
bück'en (ſich), to stoop to.
bü'geln, to iron.
but'tern, to churn.

C.

die Caroſſ'e (—, —n), the coach, carriage.
das Cen'trum (—s), the centre.
der Charak'ter (—s, —e), the character.
die Cigar're (—, —n), the cigar.
die Colonia'lwaaren (pl.), colonial produce.

D.

da, there; then; when; as.
dabei', thereat, near it.
da'durch, by it; dadurch', through it.
dage'gen, against it; da'gegen, in return.
da'her, along; dahe'r, therefore.
da'hin, thither, to it.
dahin'ter, behind it.
da'mals, then, at that time.
die Da'me (—, —n), lady.
damit', with it; in order to; that.
der Dampf'kessel (—s, —), the steam-boiler.
dane'ben, near it.
der Dank' (—es), thanks.
dank'bar, grateful to (gegen Einen).
die Dank'barkeit (—, —en), gratitude.
dan'ken, to thank (Einem für etwas).
der Dank'sagungstag (—es, —e), thanksgiving-day.
dann, then, thereupon.
da'ran, on it; nahe dara'n, hard by.
da'rauf, at that; darau'f, upon it.
da'raus, out of this; darau's, thence.
da'rein, darei'n, into it.
da'rin, darin', in it, therein.
da'rnach, after it; darna'ch, according to that.
da'r-stellen, to represent.
da'rüber, darü'ber, over that, over it, about that.
da'rum, therefore.
darun'ter, under that.
das, the, that.
da'sein, to be there.
das Da'sein (—s), existence.
daselbst', there.
daß, that.
da'von, davo'n, thereof, of it.
da'vor, davo'r, before it, for that.
dazu', thereto, to it.
da'zwischen, dazwisch'en, there between, between them.
deck'en, to cover; den Tisch decken, to set the table.
der De'gen (—s, —), the sword.
dein, deine, thy, thine.
der Deinige (die, das), thine.
demna'ch, hence, accordingly.
de'nen, to these; denen welche, such as.
den'ken,[147] to think (an ein Ding, — of).
denn, for.
den'noch, still, nevertheless.
der (die, das), the.
der'en, whose, of which.
der'jenige, die'jenige, das'jenige, he, she, that.
desglei'chen, the same.
des'halb, therefore.
dess'en, whose.
dess'enungeachtet, nevertheless; deß'wegen, therefore.
der Diamant' (—en, —en), the diamond.
dick, thick, big.
dicti'ren, to dictate.
der Dieb (—es, —e), the thief.
die'nen, to serve.
der Die'ner (—s, —), the servant.
dies, this.
die'ser, die'se, die'ses, this; diese (pl.), these.
das Ding (—es, —e), the thing.
die Din'te (—, —en), the ink.
dir, to thee.
doch, yet, however; ja doch, yes.
der Doc'tor (—s, —en), the doctor.
don'nern, to thunder.
das Dorf (—es, Dörfer), the village.
dort, there.
drau'ßen, out-of-doors.
der Drechs'ler (—s, —), Dre'her (—s, —), the turner.
dresch'en,[18] to thrash.
der Dresch'er (—s, —), the thrasher.
brin'gen,[41] (sein) to enter by force; (durch etwas), to penetrate.
dro'hen, to threaten (Einem).
der Druck (—es, —e), pressure.
duelli'ren (sich), to fight a duel.
dumm, stupid.
der Dummkopf (—es, —köpfe), the dunce.
dun'kel, dark.
durch (durch einen), through.
durch'-feilen, to file through.
dür'fen,[151] to be permitted.
das Dutz'end (—s, —e), the dozen.

E.

e'ben, even; soeben, just now; ebenso wenig, just as little.
e'del, noble; edelmüthig, generous.
e'he, ere, before.
e'hren, to honor.
e'hrlich, honest.
das Ei (—es, —er), the egg.
ei'gen, own, peculiar.
das Eigenthum (—es), the property.
ei'gentlich, properly.
ein, a, an; one; some.

einan'ber, each other.
ei'n-bilben (ſich), to imagine; ich bilbe mir ein, I imagine.
die Ei'nbilbung (—, —en), the imagination, fancy.
ein-bringen,[41] (ſein), to penetrate by force.
ei'ner, eine, eines, one.
ei'nfach, single, plain.
ei'nfallen,[79] (ſein), to occur (Einem); es fällt mir ein, it struck me.
ei'nführen, to introduce.
ei'nhalten,[81] to stop; (mit einem Ding), to discontinue.
einher', along; einher-hüpfen, to leap along.
ei'nig, einige, einiges, some; einige (pl.), several.
ei'n-laben,[133] to invite; to load in.
die Ei'nlabung (—, —en), the invitation.
ei'nmal, once.
eins, one; es ist mir Alles eins, it is all one to me.
ei'n-salzen, to salt, to pickle.
ei'nsam, alone, lonely.
die Ei'nsamkeit, (—, —en), the solitude, loneliness.
ei'n-ſchlafen,[55] (ſein), to fall asleep.
ei'n-ſchließen,[108] to lock in.
ei'n-ſehen,[6] to look into; to see; to perceive.
einstwei'len, for the present.
ei'n-treffen,[38] (ſein), to arrive.
ein-treten,[7] (ſein), to enter, to set in.
ei'nzig, single, alone.
das Eis (—es), the ice.
das Ei'ſen (—s), the iron.
ei'tel, vain.
das Element' (—es, —e), the element.
das E'lend (—es), the misery.
die El'tern (pl.), the parents.
empfan'gen,[80] to receive.
empfin'ben,[86] to feel.
empören (ſich), to rebel (gegen Einen); empö'ren, to shock.
das Ende (—s, —n), the end.
enb'lich, at last.
der En'kel (—s, —), the grandson.
entbinb'en,[87] to release (von einer Sache).
entblö'ßen, to uncover (den Kopf).
entdeck'en, to discover.
entfer'nen (ſich), to withdraw.
entfliе'hen[95] (ſein), to escape (Einem).
entge'gen, against (Einem).
enthal'ten,[81] to contain; ſich enthalten, to abstain (eines Dinges).

enthe'ben,[119] to exempt (eines Dinges).
entlaſſ'en,[88] to dismiss.
entlau'fen[86] (ſein), to run away (Einem).
entrei'ßen,[50] to tear from (Einem etwas).
entſchei'ben,[85] to decide; ſich entſcheiben, to resolve upon (für ein Ding).
entſchlie'ßen[108] (ſich), to resolve upon (zu einem Ding).
entſchul'bigen, to excuse.
entſprech'en,[95] to answer (einem Dinge).
entſte'hen[140] (ſein; von, aus), to arise, begin.
ent'weder, either; entweder .... oder, either .... or.
entwei'chen[68] (ſein), to escape.
entzüd'en, to entrance.
er, he; er ſelbſt, himself.
erbarmen (ſich), to have pity with (Eines).
erbleichen[44] (ſein), to turn pale.
die Erbe (—, —n), the earth.
erben'ken,[147] to think out.
die Ergebung (—), the resignation.
erfin'ben,[38] to invent.
der Erfolg (—es, —e), the success.
erfreuen (ſich), to rejoice, to be glad (eines Dinges).
erfrie'ren[97] (ſein), to freeze to death.
ergie'ßen[99] (ſich), to empty itself, to flow into.
ergrei'fen,[45] to seize.
erhal'ten,[81] to receive.
erhe'ben,[119] to raise, to lift up; erhebend, edifying.
erhö'hen, to raise.
erho'len (ſich), to recover (von etwas).
erin'nern (ſich), to remember (eines Dinges).
erkäl'ten (ſich), to catch cold.
erken'nen,[142] to recognize.
erklä'ren, to explain.
erlan'gen, to attain, to gain.
erlau'ben, to permit (Einem etwas).
erlöſch'en[113] (ſein), to become extinct.
ernen'nen,[142] to appoint (zu etwas).
der Ernſt (—es), the earnestness.
ernſt'haft, serious; ernſt'lich, earnestly.
die Ern'te (—, —n), the harvest, crop.
ern'ten, to harvest.
errathen,[84] to guess at.
erre'gen, to excite.
errin'gen,[42] to gain by struggling for.
erſchaff'en,[185] to create.
erſchall'en[114] (ſein), to resound.
erſchei'nen,[78] to appear.
erſchie'ßen,[102] to shoot to death.

erſchla'gen,[186] to slay.
erſchrec'en (tr.), to frighten, to startle; erſchrecken[19] (intr., ſein), to be frightened.
erſtau'nen, to astonish.
erſt, first; erſtens, firstly; erſtes Mal, first time.
der Erſte (die, das), the first.
erſtei'gen,[75] to ascend, to climb up.
ertö'nen, to sound.
ertra'gen,[187] to endure, to bear.
ertrin'ken[41] (ſein), to drown.
erwach'en, to awake.
erwä'gen,[106] to consider.
erwar'ten, to expect.
erwei'ſen,[79] to show, to do (Einem etwas).
erzä'hlen, to tell, to relate (Einem etwas).
die Erzä'hlung (—, —en), the tale, the story.
eſſen,[8] to eat, to feed.
die Etiquet'te (—, —n), the etiquette.
et'was, something.
euch, you, to you.
euer, your, yours.
e'wig, eternal, —ly.
das Exa'men (—s, —ina), the examination.
excen'triſch, eccentric.

F.

die Fabri'k (—, —en), the factory.
die Fac'el (—, —n), the torch.
fac'tiſch, in fact.
die Fä'higkeit (—, —en), the ability (zu etwas).
fa'hren[181] (ſein), to drive (einen Wagen); in einem Wagen fahren, to ride.
der Fall (—es, Fälle), the fall; case, event; im Falle or falls, in case.
fal'len[79] (ſein), to fall; auf ein Ding fallen, to fall upon.
falſch, false.
fan'gen,[80] to catch.
die Far'be (—, —n), the color.
der Far'mer (—s, —), the farmer.
das Faß (—ſſes, Fäſſer), the barrel.
faſſ'en, to seize, to take hold of.
fech'ten,[115] to fight; to fence.
die Fe'der (—, —n), the pen.
fe'hlen, to fail, to miss.
der Feh'ler (—s, —), the fault, the mistake.
feh'lerhaft, incorrect.
die Feig'heit (—), the cowardice.

der Feig'ling (—s, —e), the coward.
der Feind (—es, —e), the enemy.
das Feld (—es, —er), the field.
der Fel'ſen (—s, —), the rock.
das Fen'ſter (—s, —), the window.
fern (von), far; ferner, further.
fer'tig, ready, done.
die Fe'rien (pl.), vacation.
das Feſt (—es, —e), the feast, festival.
die Feſt'ung (—, —en), the fort.
das Feu'er (—s, —), the fire.
das Feu'erwerk (—es, —e), the fireworks.
das Fie'ber (—s, —), the fever.
fin'den,[83] to find.
der Fin'ger (—s, —), the finger.
die Fir'ma (—, —men), the firm.
die Flaſch'e (—, —n), the bottle.
flech'ten,[116] to braid, to twist; einen Kranz flechten, to wreathe a garland.
der Fleck'en (—, —), the spot, stain.
das Fleiſch (—es), the meat.
der Fleiß (—es), the diligence.
flei'ßig, diligent.
flic'en, to mend.
flie'gen[94] (ſein), to fly.
flie'hen[95] (ſein), to flee (vor Einem).
flie'ßen[96] (ſein), to flow.
flink, brisk.
der Flü'gel (—s, —), the wing.
der Fluß (—ſſes, Flüſſe), the river.
flüſt'ern, to whisper.
fol'gen (Einem), to follow.
folg'lich, in consequence.
fort, away, gone.
fort'-fliegen[94] (ſein), to fly away.
fort'-gehen[88] (ſein), to go away.
fort'-rennen[144] (ſein), to run away.
fort'-ſchaffen, to remove.
fort'-ſetzen, to continue.
die Fra'ge (—, —n), the question.
fra'gen, to question.
der Franzo'ſe (—n, —n), the Frenchman.
franzö'ſiſch, French.
die Frau (—, —en), the woman.
das Fräu'lein (—s, —), the miss.
frei (von etwas), free.
das Frei'e (—n), the open air.
frei'gebig, generous.
frei'mühtig, frank, candid.
die Frei'heit (—, —en), the liberty.
frei'lich, of course.
freſſ'en[8] (von Thieren), to eat.
die Freu'de (—, —n), the joy.
freu'en (ſich), to rejoice (über ein Ding).
der Freund (—es, —e), the friend.
freu'ndlich, friendly.

der Frie'be (—ns, —n), peace.
frie'ren,[97] to freeze.
froh, glad.
die Frucht (—, Früchte), the fruit.
früh, early.
der Frü'hling (—es, —e), spring.
das Früh'stück (—es), breakfast.
füh'len, to feel.
füh'ren, to lead.
fül'len, to fill.
für (für Einen), for.
die Furcht (—), the fear (vor einem Ding).
fürch'ten, to fear.
furcht'sam, timid.
die Für'sorge (—), the care.
der Fuß (—es, Füße), the foot.
der Fuß'boden (—s, —), the floor.
füt'tern, to feed.

G.

gäh'nen, to yawn, to gape.
gäh'ren [117] (sein), to ferment.
der Gang (—es, Gänge), the hall, passage.
ganz, whole; ganz und gar, completely.
gar nicht, not at all.
gar'stig, nasty, ugly.
der Gar'ten (—s, Gärten), the garden.
die Gar'tenthür (—, —en), the garden-gate.
der Gast (—es, Gäste), the guest.
gast'freundlich, hospitable.
gebä'ren,[21] to bring forth.
ge'ben [1] (Einem etwas), to give; (there) to be; es gibt, there is.
das Gebil'de (—es, —), imagery, structure.
gebil'det, well-bred.
der Gebu'rtstag (—es, —e), the birthday.
der Gedan'ke (—n, —n), the thought (an ein Ding).
gedei'hen [64] (sein), to thrive.
die Geduld' (—), patience (mit).
die Gefa'hr (—, —en), danger.
gefä'hrlich, dangerous.
das Gefä'hrt (—es, —e), the team.
gefal'len [70] (Einem), to please.
gefäl'lig, pleasing; gefälligst, if you please.
gefrie'ren [97] (sein), to freeze.
das Gefü'hl (—es, —e), the feeling, sentiment.
ge'gen (gegen Einen), towards, to.
ge'genüber, opposite, facing.
ge'hen [86] (sein), to walk.

gehor'chen, to obey (Einem).
gehö'ren, to belong (Einem).
gehö'rig, duly, properly.
der Geho'rsam (—s), obedience.
geho'rsam, obedient (gegen Einen, Einem).
die Gei'ge (—, —n), violin, fiddle.
der Geist (—es, —er), the spirit.
gei'stig, spiritual, mental.
das Geläch'ter (—s, —), the laughter.
gelan'gen, to come at (zu etwas).
das Geld (—es, —er), the money.
die Gele'genheit (—, —en), the opportunity, occasion (zu etwas).
gele'hrt, learned.
gelie'bt, beloved, dear.
gelin'gen [41] (sein), to succeed (Einem).
gel'ten,[20] to be worth; wie viel gilt das? how much is this worth?
gemä'ß, according to.
gemein'nützig, of popular use.
das Gemü'se (—s, —), the vegetable.
genau', exact, —ly.
gene'sen [8] (sein), to recover (von einer Krankheit).
genie'ßen,[95] to enjoy.
genug, enough.
das Gepäck (—es, —e), the baggage.
gera'de, straight; gerade so, just so.
geräu'chert, smoked.
gerecht', just.
gern, willingly; gern essen, to like to eat.
das Gerücht' (—es, —e), the report.
das Geschäft' (—es, —e), the business.
gesche'hen [9] (sein), to happen.
das Geschenk' (—es, —e), the present, gift.
die Geschich'te, (—, —en), the history.
geschickt', fit, skillful (zu etwas).
geschmei'dig, supple, smooth.
das Geschwätz' (—es), prating, tattling.
geschwätz'ig, loquacious, talkative.
die Gesell'schaft (—, —en), the society.
das Gesicht' (—es, —e), the face.
geste'hen,[140] to confess (Einem etwas).
gest'ern, yesterday.
gesund', sound, healthy.
die Gesund'heit (—, —en), the health.
getrau'en (sich), to dare.
die Getrei'dekammer (—, —n), the granary.
getro'st, confidently.
gewä'hren, to grant.
die Gewalt' (—, —en), the power.
gewin'nen,[85] to win.
gewiß', certain, sure.
das Gewiss'en (—s, —), conscience.

die Gewiſſensbiſſe (pl.), scruples, remorse.
　gewiſſerma'ßen, in a manner, somewhat.
　gewöh'nen (ſich), to accustom one's self (an ein Ding).
die Gewöhn'heit (—, —en), the habit, custom.
　gewöhn'lich, usual, —ly.
　gewöhnt, accustomed (to).
　gie'ßen,⁹⁹ to pour.
das Gift (—es, —e), poison.
　gif'tig, poisonous.
das Glas (—ſes, Gläſer), the glass.
　glau'ben, to believe.
　gleich, even, like, equal; directly; gleich nachher, immediately.
　glei'chen,⁴⁶ to resemble (Einem).
　gleiten⁴⁷ (ſein), to glide.
　glim'men,¹¹⁸ to burn faintly.
die Glock'e (—, —n), the bell.
das Glück (—es), the good luck.
　glück'lich, happy.
der Glück'wunſch (—es, —wünſche), the congratulation, good luck.
die Gon'del (—, —n), the gondola.
　Gott (—es, Götter), God.
　gött'lich, divine.
das Grab (—es, Gräber), the grave.
　gra'ben,¹⁸³ to dig.
　grä'men (ſich), to grieve (um or über ein Ding).
das Gras (—ſes, Gräſer), the grass.
　grau'ſam, cruel.
　grei'fen,⁴⁵ to grasp.
　greis, gray, hoary with age.
　grell, glaring.
der Grif'fel (—s, —), the slate-pencil.
die Grob'heit (—, —en), the coarseness.
　groß, large.
　grün, green.
　grü'ßen, to greet (Einen).
die Gunſt (—), the favor.
　gut, good; gutherzig, kind-hearted.
das Gut (—es, Güter), the property.
　gü'tig, kind.

H.

das Haar (—es, —e), hair.
　ha'ben, to have.
　hab'ſüchtig, greedy.
　hack'en, to chop.
　ha'geln, to hail.
　halb, half; eine halbe Stunde, half an hour.

　halben or halber, for the sake of.
die Hälf'te (—, —n), half.
die Hal'le (—, —n), the hall.
der Hals (—ſes, Hälſe), the neck; (das) Halsweh, sore throat.
　hal'ten,⁸¹ to hold.
die Hand (—, Hände), the hand.
der Hand'ſchuh (—es, —e), the glove.
　han'gen,⁶⁹ to hang (an Einem).
　hän'gen, to hang, to attach.
　harm'los, harmless.
　hart, hard.
　ha'ſchen, to catch.
der Ha'ſe (—n, —n), the rabbit.
　haſ'ſen, to hate.
　häß'lich, ugly.
　hau'en,⁸¹ to hew, to cut.
das Haupt (—es, Häupter), the head.
　haupt'ſächlich, principally.
das Haus (—es, Häuſer), the house.
der Haus'eigenthümer (—s, —), the house-owner.
die Haus'frau (—, —en), the housewife.
　häus'lich, domestic.
　he'ben,¹¹⁹ to lift, to raise.
　hef'tig, violent.
　he'gen, to entertain.
　hei'len, to cure.
die Hei'math (—, —en), the home.
　hei'miſch, homelike.
　heim'kehren (ſein), to return home.
　hei'rathen, to marry.
　heiß, hot.
　hei'ßen,¹⁶ to name, to call (Einen etwas); to bid (Einem etwas).
　hel'fen,²⁹ to help (Einem).
　hell, light, clear.
　herab'-fallen¹⁹ (ſein), to fall down from.
　herab'-ſteigen⁷⁵ (ſein), to descend.
　heraus'-ſpringen⁴¹ (ſein), to jump out.
der Herbſt (—es, —e), autumn.
　herein'-treten⁷ (ſein), to step in.
der Herr (—n, —n), Mr., gentleman.
　herr'lich, magnificent.
　her'-ſtellen, to put here.
das Herz (—ens, —en), the heart.
　herz'lich, heartily.
　heu'te, to-day.
　hier, here.
der Him'mel (—s, —), the heaven.
　hinab'-ſinken⁴¹ (ſein), to sink down.
　hinab'-ſteigen⁷⁵ (ſein), to descend.
　hinauf'-ſteigen⁷⁵ (ſein), to ascend.
　hinein'-gehen⁸⁸ (ſein), to go in.
　hin'länglich, sufficient, —ly.

hin'-stellen, to put there (auf ein Ding).
hin'ter, behind.
hin'terlassen,⁸³ to bequeath, to leave behind (Einem etwas).
hin'-ziehen,¹⁰⁷ to extend, to stretch (along).
ho'beln, to plane.
hoch, high.
die Hoch'zeit (—, —en), the wedding.
der Hof (—es, Höfe), the yard.
die Hoff'nung (—, —en), hope.
hö'flich, polite.
die Hö'he (—, —n), the height.
hold, kind.
ho'len, to fetch.
der Hol'länder (—s, —), the Dutchman.
das Holz (—es, Hölzer), the wood.
der Holz'stamm (—es, —stämme), the log.
hö'ren, to hear.
das Horn (—es, Hörner), the horn.
hübsch, pretty.
der Hü'gel (—s, —), the hill.
das Huhn (—es, Hühner), the chicken.
der Hund (—es, —e), the dog.
hung'rig, hungry.
hüp'fen, to hop, to jump.
hust'en, to cough.
der Hut (—es, Hüte), the hat.
hü'ten (sich), to beware of (vor Einem).

J (Vokal).

ich, I; ich selbst, myself.
das Idea'l (—es, —e), the ideal.
die Idee' (—, —n), the idea.
ihm, to him.
ihn, him.
ih'nen, to them; Ihnen, to you.
ihr, to her; their; ihr Mann, her husband; Ihr, your.
ih'rer, of her; of them; Ihrer, of your.
der I'hrige (die, das), hers, theirs, yours; thun Sie das Ihrige, do what is yours.
im'mer, always.
incommodi'ren, to incommode.
in, in.
indessen, indeß', meanwhile.
in'nerhalb, within.
in'nig, hearty.
die In'sel (—, —n), island.
in'ständig, earnest, —ly.
interessant', interesting.
das Interes'se (—s, —n), the interest.
ir'disch, earthly.

ir'gend, anywhere; irgend einer, eine, eines, some one.
ir'ren (sich), to be mistaken.

J (Consonant).

ja, yes.
die Jagd (—, —en), the chase.
ja'gen, to hunt.
das Jagd'horn (—s, —hörner), the hunting-horn.
das Jahr (—es, —e), the year.
je....desto...., the....the....
je'der, je'de, je'des, every, each; jeg'licher, jeg'liche, jeg'liches, every one.
Je'dermann, every one.
je'desmal, every time.
jedoch', yet, however.
je'mals, ever.
je'mand, somebody.
je'ner, je'ne, je'nes, that.
jen'seit, beyond; on the other side.
jetzt, now.
jo'deln, to warble, yodle.
der Ju'bel (—s), the rejoicing (über ein Ding).
ju'beln, to shout for joy (über ein Ding).
die Ju'gend (—), the youth.
jung, young.
die Jung'fer (—, —n), the maid.
der Jung'fernkranz (—es, —kränze), the bridal garland.

K.

der Kaffee' (—s), the coffee.
kahl, bald.
der Kahn (—s, Kähne), the boat.
das Kalb (—es, Kälber), the calf.
der Kalk (—es), the lime.
kalt, cold.
die Käl'te (—), the cold.
käm'men, to comb.
der Kampf (—es, Kämpfe), the conflict, struggle.
kämp'fen, to fight, struggle.
die Kap'pe (—, —n), the cap.
die Kartoffel (—, —n), the potato; süße Kartoffel, sweet potato.
die Katz'e (—, —n), the cat.
kau'fen, to buy.
kaum, hardly.
keh'ren, to sweep.
kein, keine, kein (Keiner, Keine, Keines), no, not any, no one, none.
der Kel'ler (—s, —), the cellar.

fen'nen,¹⁴² to know.
die Kennt'niß (—, —ſſe), knowledge.
das Kind (—es, —er), the child.
   kin'diſch, childish.
die Kir'che (—, —n), the church.
der Kir'chhof (—es, —höfe), the church-yard.
die Kla'ge (—, —n), the lament, complaint.
   kla'gen, to complain (Einem etwas).
das Kleid (—es, —er), the dress.
   klein, little, small.
die Klei'nigkeit, (— —en), the trifle.
die Klin'gel (—, —n), the bell.
   klin'gen,⁴¹ to sound, tingle.
   klop'fen, to knock.
das Klo'ſter (—s, Klöſter), the convent.
die Klo'ſterglocke (—, —n), the monastery bell.
der Kna'be (—n, —n), the boy.
das Knie (—es, —e), the knee.
   knie'en, to kneel.
der Knopf (—es, Knöpfe), the button.
   koch'en, to cook.
der Koff'er (—s, —), the trunk.
   kom'men⁸⁶ (ſein), to come.
   kön'nen,¹⁵⁵ to be able.
der Kopf (—es, Köpfe), the head.
   kör'perlich, bodily.
die Koſt (—), the food, board.
   koſt'en, to cost; taste.
   kräf'tig, powerful, strengthening.
   krank, sick.
die Krank'heit (—, —en), the sickness.
   kränk'lich, sickly.
der Kranz (—es, Kränze), the wreath.
   krie'chen¹⁰⁰ (ſein), to creep.
die Kü'che (—, —n), the kitchen.
die Kuh (—, Kühe), the cow.
   kühl, cool.
   kühn, bold.
der Künſt'ler (—s, —), the artist.
   kurz, short; kürzlich, recently.
   küſſ'en, to kiss.
der Kut'ſcher (—s, —), the coachman.
   kutſchi'ren, to coach.

L.

lä'cheln, to smile.
lach'en, to laugh.
läch'erlich, laughable.
der La'den (—s, Läden), the store.
   la'den,¹²³ to load.
das Land (—es, Länder), the country.
die Land'ſchaft (—, —en), the landscape.
lang, long; längs, along.

längſt, long ago.
der Lä'rm (—es), the noise.
   lär'men, to make a noise.
   laſſ'en,⁸⁸ to let (etwas); to allow (Einem etwas).
der Laſt'träger (—s, —), the porter.
das Laub (—es), the leaves, foliage.
der Lauf (—es, Läufe), the course.
   lau'fen⁸⁶ (ſein), to run.
   laut, according to (laut eines).
   leck, leaky.
   leer, empty.
das Le'ben (—s), the life.
   le'gen, to lay, to put.
   leh'ren, to teach (Einem etwas).
der Leh'rer (—s, —), the teacher.
   leicht, light, easy.
   lei'chtſinnig, reckless.
die Leich'tigkeit (—), the facility.
   leid, sorrowful.
   lei'den,⁴⁸ to suffer.
   lei'der! alas.
   lei'hen,⁵¹ to lend.
die Lei'nwand (—), the linen.
   lei'ſten, to accomplish, to render.
die Lei'ter (—, —n), the ladder.
   ler'nen, to learn.
   le'ſen,⁵ to read.
   letzt, last; zum letzten Mal, for the last time.
   letz'terer, letz'tere, letz'teres, the latter.
   leu'chten, to light (Einem).
die Leu'te (pl.), the people.
   leut'ſelig, affable.
   libera'l, liberal.
   licht, light, clear.
   lie'ben, to love.
   lie'benswürdig, amiable.
   lie'blich, sweet, lovely.
das Lied (—es, —er), the song.
   lie'fern, to deliver, to furnish.
   lie'gen,¹² to lie.
   lo'ben, to praise.
das Lob (—es), the praise.
das Loch (—es, Löcher), the hole.
   löſch'en, to extinguish.
die Luft (—), the air.
   lüf'ten, to ventilate.
   lü'gen,¹³⁰ to lie.
   luſt'ig, gay, jolly.

M.

mach'en, to make.
die Macht (—, Mächte), the power.
   mäch'tig, mighty, conversant.

das Mä′dchen (—s, —), the girl.
die Magd (—, Mägde), the maid servant.
der Mais (—ses), the maize, Indian corn.
das Mal (—es, —e), the time; ein anderes Mal, another time.
ma′len, to paint.
man, one.
man′cher, man′che, man′ches, many a.
manch′mal, sometimes.
der Mann (—es, Männer), the man.
marschi′ren, to march.
das Maß (—es, —e), the measure.
die Maus, (—, Mäuse), the mouse.
das Meer (es, —e), the sea, ocean.
mehr, more; noch mehr, some more.
mei′ben,[64] to avoid.
die Mei′le (—, —n), the mile.
mein, meine, my.
mei′nen, to mean, to think.
die Mei′nung (—,—en), the opinion.
mei′stens, mostly.
mel′ben, to inform (Einem etwas).
mel′ken,[121] to milk.
der Mensch (—en, —en), the man.
mess′en,[4] to measure.
der Mieths′contract (—es, —e), the lease.
die Milch (—), the milk.
milb′thätig, charitable.
min′der, less.
misch′en, to mingle.
miß′brauchen, to abuse.
miß′fallen,[79] to displease (Einem).
miß′handeln, to ill-treat.
miß′verstehen,[140] to misunderstand.
mit, with, by, at (Einem).
mit′hin, hence.
das Mit′leib (—es), the pity, compassion.
der Mit′mensch (—en, —en), the fellow-man.
der Mit′tag (—s, —e), the mid-day.
die Mit′te (—), the middle.
das Mit′tel (—s, —), the means.
mit′tels, by means of (eines).
die Mo′be (—, —n), the fashion.
die Mö′bel (—), the furniture.
mö′gen,[134] to be able.
mög′lich, possible.
der Mo′nat (—s, —e), the month.
mor′gen, to-morrow; morgen früh, to-morrow morning.
mü′de, tired.
die Mü′he (—), the trouble.
der Mund (—es, Münder), the mouth.
das Musi′kstück (—es, —e), the music-piece.
die Mu′ße (—), the leisure.

müss′en,[159] to be obliged.
der Muth (—es), the courage.
mu′thig, courageous.
mu′thlos, discouraged.
mu′thmaßen, to presume, to conjecture.
die Mut′ter (—, Mütter), the mother.

N.

nach, after, to, at, according to (Einem); nach und nach, gradually.
der Nach′bar (—, —n), the neighbor.
die Nach′barschaft (—, —en), the neighborhood.
nach′dem, after that, after.
na′chkommen[86] (sein), to come after.
der Nach′mittag (—s, —e), the afternoon.
die Na′chricht (—, —en), the news.
na′chsichtig, indulgent.
nächst, next to (Einem).
die Nacht (—, Nächte), the night.
die Na′del (—, —n), the needle.
die Näh′arbeit (—, —en), the needlework.
na′he, near (Einem).
nä′hen, to sew.
nä′hern (sich), to approach (to).
nä′hren (sich), to live upon (von, mit).
die Nah′rung (—, —en), the food.
der Na′me (—ns, —n), the name.
nä′mlich, namely, the same.
die Na′se (—, —n), the nose.
natü′rlich, of course; natural.
der Ne′bel (—s, —), the fog, the mist.
neben, by, near, at (wo? neben mir; wohin? neben mich).
nebst, together with (Einem).
neck′en, to tease.
der Neger (—s, —), the negro.
der Neffe (—n, —), the nephew.
neh′men,[28] to take (Einem etwas).
nein, no.
nen′nen,[143] to name (Einen).
das Nest (—es, —er), the nest.
nett, neat, pretty.
neu, new.
nicht, not; ganz und gar nicht, not at all: nicht nur, not only.
die Nich′te (—, —n), the niece.
nichts, nothing.
nie, niemals, never.
nie′der-knieen, to kneel down.
nie′der-legen (sich), to lie down.
nie′drig, low, mean.
nie′sen, to sneeze.

VOCABULARY. 269

noch, yet, still.
der Nor'den (—s), the North.
nör'dlich, northern.
die No'te (—, —n), the note.
nö'thig, necessary.
noth'wendig, necessary, needful.
nun, now.
nur, only.
nütz'en, to be useful.
nütz'lich, useful (Einem).

O.

ob, whether.
o'ben, above, up-stairs.
o'berhalb, above.
obglei'ch, although.
das Obst (—es), the fruit.
obwo'hl, although.
o'der, or.
der O'fen (—s, Oefen), the stove.
off'en, open.
öff'entlich, public.
der Officie'r (—s, —e), the officer.
öff'nen, to open.
oft, often.
o'hne, without; ohnedies, anyhow, besides.
das Ohr (—s, —en), the ear.
der On'kel (—s, —), the uncle.
die O'per (—, —n), the opera.
op'fern, to sacrifice.
or'dentlich, orderly.

P.

pach'ten, to rent.
pack'en, to pack.
das Papie'r (—es, —e), the paper.
der Park (—es, —e), the park.
die Partie (—, —n), the match, party.
der Passagie'r (—es, —e), the passenger.
pass'en, to fit.
das Persona'l (—s), the personal, people; persö'nlich, personally.
pfeifen,[49] to whistle.
das Pferd (—es, —e), the horse.
die Pflan'ze (—, —n), the plant.
die Pflicht (—, —en), the duty.
pflü'gen, to plow.
die Pfo'ste (—, —n), the post.
das Pfund (—es, —e), the pound.
die Phantasie (—, —n), the fancy.
das Piano (—s, —), the piano.
der Platz (—es, Plätze), the place.
plau'dern, to chat, to talk.

plötz'lich, suddenly.
das Portrai't (—s, —s), the portrait.
pracht'voll, splendid.
prac'tisch, practical.
der Präsident' (—en, —en), the president.
die Pre'digt (—, —en), the sermon.
der Preis (—ses, —e), the price.
prei'sen,[71] to praise.
der Proviant' (—es), the provision.
der Prozeß (—sses, —sse), the law-suit.
der Pu'del (—s, —), the poodle dog.
das Pult (—es, —e), the desk.

R.

die Rac'e (—, —n), the race.
die Rach'e (—), the revenge, vengeance.
rast'ren, to shave.
das Rast'rmesser (—s, —), the razor.
ra'then,[84] to advise (Einem etwas).
rau'ben, to rob (Einem etwas).
rau'chen, to smoke.
der Rebell' (—en, —en), the rebel.
rech'nen, to cipher, to calculate.
recht, right.
recht'schaffen, upright, honest.
der Re'dner (—s, —), the orator.
reflecti'ren, to reflect.
der Re'genschirm (—s, —e), the umbrella.
regie'ren, to govern.
re'gnen, to rain.
rei'ben,[62] to rub.
reich, rich.
rei'chen, to pass (Einem etwas).
rei'fen, to be a hoar-frost.
reifen, to ripen.
rein, clean.
die Rei'se (—, —n), the journey, the voyage.
die Rei'setasche (—, —n), the traveling-bag.
der Rei'sende (—n, —n), the traveler.
rei'ßen,[50] to tear.
rei'ten[51] (sein), to ride on horseback.
rei'zend, charming.
ren'nen[144] (sein), to run.
ret'ten, to save from.
rich'tig, correct, —ly.
die Rich'tigkeit (—), the correctness.
rie'chen,[101] to smell.
der Ring (—es, —e), the ring.
rin'gen,[41] to strive for, to struggle.
rin'nen,[35] to flow, to leak.
der Ritt (—es, —e), the ride.
roh, rough, raw.
die Ro'se (—, —n), the rose.

rö'ſten, to roast.
roth, red.
die Rück'ſicht (—, —en), the consideration, respect.
der Ruf (—es, —e), the reputation, call.
ru'fen,[90] to call.
ru'hen, to rest.
ru'hig, quiet.

S.

das Saat'korn (—es), the seed-corn.
die Sach'e (—, —n), the thing, matter.
der Sack (—es, Säcke), the sack, bag.
saf'tig, juicy.
ſa'gen, to say, to tell.
der Samarit'er (—s, —), Samarit'erin (—, —nen), the Samaritan.
ſam'meln, to gather.
ſammt, together with (Einem).
ſanft, soft, —ly.
der Sat'tel (—s, Sättel), the saddle.
ſat'teln, to saddle.
der Satz (—es, Sätze), the sentence.
ſau'fen[139] (of animals), to drink.
ſau'gen,[122] to suck.
die Schach'tel (—, —n), the box.
der Scha'be (—es, Schäben), the hurt; es iſt ſchade, it is a pity.
ſcha'ben, to hurt (Einem).
ſchä'blich, noxious, injurious.
das Schaf (—es, —e), the sheep.
der Schä'fer (—s, —), the shepherd.
ſchaff'en,[134] to create.
ſchaff'en, to do, to work.
ſchä'len, to pare.
der Schall (—es, Schälle), the sound.
ſchal'len, to sound.
die Schalmei'e (—, —n), the shalm, reed-pipe.
ſchä'men (ſich), to be ashamed.
die Schan'de (—, —n), the dishonor.
die Schandt'hat (—, —en), the shameful act.
ſcharf, sharp, severe.
ſchat'tig, shady.
ſchätz'en, to value, to esteem.
die Schei'be (—, —n), the target; pane (von Glas).
ſchei'ben[65] (von), to divide, to part.
der Schein (—es, —e), the shine, appearance, receipt.
ſchei'nen,[78] to shine, to appear, to seem.
ſchel'ten,[84] to scold.

ſchenk'en, to make a present of (Einem etwas).
ſche'ren, to shear.
das Scherf'lein (—s, —), the mite.
der Scherz (—es, —e), the jest, joke.
die Scheu'ne (—, —en), the barn.
ſchick'en, to send; to send for (nach etwas).
ſchick'lich, proper, seemly.
das Schick'ſal (—s, —e), destiny, fate.
ſchie'ben,[106] to shove.
ſchie'ſſen,[102] to shoot.
das Schiff (—es, —e), the ship.
ſchla'fen,[85] to sleep.
ſchla'gen,[186] to beat, to strike.
die Schlan'ge (—, —en), the snake.
ſchlecht, bad.
ſchlei'chen[53] (ſich, ſein), to sneak (into), to crawl.
ſchlei'fen, to pull along, to drag.
ſchlei'fen,[52] to whet, to grind.
ſchlie'ſſen,[103] to shut, to lock.
ſchlimm, ill, bad; ſchlim'mer, worse.
der Schlit'ten (—s, —), the sleigh; Schlitten fahren, to go sleighing.
das Schloß (—ſſes, Schlöſſer), the castle, the locks.
ſchmäh'lich, disgraceful.
ſchmei'cheln, to flatter with (Einem); ſich mit etwas ſchmeicheln, to flatter one's self with.
ſchmei'ſſen,[59] to throw, to fling.
ſchmel'zen[154] (ſein), to melt.
der Schmerz (—es, —en), the pain, grief.
ſchmutz'ig, dirty, soiled.
ſchnau'ben,[128] to snort.
der Schnee (—s), the snow.
ſchnei'ben,[55] to cut.
ſchnei'en, to snow.
ſchnell, quick.
ſchon, already; ſchon lange, long ago.
ſchön, beautiful.
ſcho'nen, to spare; ſich ſchonen, to take care of one's self.
ſchöp'fen, to dip.
der Schöp'fer (—s, —), the Creator.
der Schrank (—es, Schränke), the closet, wardrobe.
der Schreck'en (—s), the fright, horror.
ſchreck'lich, frightful, terrible.
ſchrei'ben,[61] to write.
ſchrei'en,[68] to cry, to scream.
ſchrei'ten[56] (ſein), to stride (zu etwas); to pass on.
die Schu'le (—, —n), the school.
der Schü'ler (—s, —), the pupil.

VOCABULARY. 271

das Schul'jahr (—s, —e), the school-year.
das Schul'zimmer (—s, —), the school-room.
die Schuld (—, —en), the guilt, fault, debt.
   schul'den, to owe (to; Einem).
   schul'dig, guilty, to be in debt to.
die Schul'ter (—, —n), the shoulder.
der Schur'ke (—n, —n), the rascal.
die Schür'ze (—, —n), the apron.
der Schütz'e (—n, —n), the marksman.
schütz'en, to protect.
der Schwa'be (—n, —n), the Suabian.
   schwach, weak, feeble.
   schwan'ken, to vacillate, to stagger.
   schwarz, black.
   schwatz'en, to talk, to gossip.
   schwei'gen,[14] to be silent.
der Schweiß (—es), the sweat.
   schwel'gen, to revel.
   schwel'len[135] (sein), to swell.
   schwer, heavy, difficult.
die Schwest'er (—, —n), the sister.
   schwie'rig, difficult.
die Schwie'rigkeit (—, —en), the difficulty.
   schwim'men[85] (sein), to swim.
   schwin'deln, to be dizzy.
   schwin'gen,[41] to swing, to brandish.
   schwö'ren,[126] to swear, to affirm by oath.
der See (—s, —n), the lake.
   se'hen,[6] to see.
   seh'nen (sich), to long for (nach etwas).
   sehr, very.
die Sei'de (—, —n), the silk; seiden, silken.
   sein, to be.
   sein, seine, his, its.
der Sei'ne (Seinige, die, das), his, hers, its.
   seit, since (seit einem); ich kenne ihn seit einem Jahre, I have known him for a year.
die Sei'te (—, —n), the side, page.
   selbst, selber, self.
   selbst'verständlich, self-evident.
   se'lig, happy, blissful.
   sen'den,[145] to send.
   setzen (sich), to sit down.
   seu'fzen, to sigh (nach etwas), to sigh for.
   sich'erlich, surely.
   sie'den,[109] to boil.
   sin'gen,[41] to sing.
   sin'ken[41] (sein), to sink.
   sin'nen,[85] to meditate.

der Sitz (—es, —e), the seat.
   sitz'en[13] (sein), to sit.
die Sklaverei' (—, —en), the slavery.
   so, so; sobald, as soon as; sowohl als, as well as; sogleich, directly; sowie, as soon.
der Sohn (—es, Söhne), the son.
   sol'cher, sol'che, sol'ches, such.
der Soldat' (—en, —en), the soldier.
   sol'len,[155] to (shall), to be bid.
der Som'mer (—s, —), summer.
   son'dern, but.
die Sonne (—, —n), the sun; der Sonnenaufgang, sunrise; der Sonnenuntergang, sundown.
der Sonn'tag (—es, —e), Sunday.
   sonst, else, otherwise.
die Sor'ge (—, —n), the care, trouble.
   spal'ten, to split.
   spa'ren, to save.
   spät, late.
   spazie'ren, to walk; spazieren gehen, to take a walk; spazieren fahren, to take a drive; spazieren reiten, to take a ride (horseback).
   spei'en,[99] to spit.
die Spei'se (—, —n), the food.
   spei'sen, to dine.
   spie'len, to play.
   spin'nen,[85] to spin.
die Spra'che (—, —n), the language.
   sprech'en,[85] to speak.
   sprie'ßen[110] (sein), to sprout.
   sprin'gen[41] (sein), to spring, to jump.
der Staat (—es, —en), the state.
die Stadt (—, Städte), the city.
der Stall (—es, Ställe), the stable.
der Stand (—es, Stände), the state, condition.
die Stan'ge (—, —n), the bar.
   stark, strong.
   statt, anstatt, instead.
der Staub (—es), the dust.
   stech'en,[84] to sting, to pierce.
   steck'en[97] (sein), to stick.
   ste'hen,[140] to stand.
   ste'hlen,[96] to steal.
   stei'gen[75] (sein), to mount, to rise.
der Stein (—es, —e), the stone, rock.
die Stel'le (—, —n), the place.
   ster'ben[29] (sein), to die.
   stets, constantly.
   stie'ben,[106] to scatter.
   still, silent, still.
die Stim'me (—, —n), the voice.
   stolz, proud (auf ein Ding).

ſto'ßen,⁶⁹ to push.
ſtra'fen, to punish.
die Straße (—, —n), the street.
der Strauß (—es, Sträuße), the bouquet.
ſtrei'chen,⁵⁴ to strike, to rub.
ſtrei'cheln, to stroke.
ſtrei'ten,⁸⁷ to quarrel.
ſtreng, hard, severe.
der Strom (—es, Ströme), the stream.
das Stück (—es, —e), the piece.
ſtudi'ren, to study.
die Stu'dien (pl.), the studies.
der Stuhl (—es, Stühle), the chair.
die Stun'de (—, —n), the hour; the lesson.
der Sturm (—es, Stürme), the storm.
ſu'chen, to look for, to seek.
der Sü'den (—s), the South.
die Suppe (—, —n), the soup.
ſüß, sweet.

T.

der Tab'ak (—s, —e), tobacco.
ta'deln, to blame.
der Tag (—es, —e), the day.
ta'gen, to dawn.
tä'glich, daily.
der Tan'nenbaum (—es, —bäume), the pine tree.
die Tan'te (—, —n), the aunt.
tan'zen, to dance.
die Ta'ſche (—, —en), the pocket.
das Ta'ſchentuch (—s, —tücher), the handkerchief.
täu'ſchen (ſich), to be disappointed.
die Täu'ſchung (—, —en), the disappointment.
der Tel'ler (—s, —), the plate.
der Tep'pich (—s, —e), the carpet.
das Teſtament' (—es, —e), the last will.
das Thal (—es, Thäler), the valley.
der Thaler (—s, —), the dollar.
die That (—, —en), the deed.
thau'en, to thaw.
der Thee (—s), the tea.
theils, theilweiſe, partly.
theu'er, dear.
das Thier (—s, —e), the animal.
thun, to do.
die Thür (—, —en), the door.
tief, deep.
die Tie'fe (—, —n), the depth.
der Tiſch (—es, —e), the table.
die Toch'ter (—, Töchter), the daughter.
der Tod (—es), death.

todt, dead.
töd'ten, to kill.
töd'tlich, deadly, mortal.
toll, mad, crazy, wild.
tö'nen, to sound.
tra'gen,¹⁸⁷ to carry, wear.
trä'ge, lazy.
trau'en, to trust (Einem).
trau'lich, cosy, cordial.
träu'men, to dream.
treff'en,⁸⁸ to hit, to meet.
trei'ben,⁶³ to drive.
die Trep'pe (—, —n), the stairs.
tre'ten⁷ (ſein), to tread, to enter.
treu, faithful (Einem).
trie'fen,¹⁰⁹ to drip.
trin'ken,⁴¹ to drink.
trom'meln, to drum.
trö'ſten, to comfort.
trotz, in spite of (trotz Eines).
trotz'en, to defy (Einem).
das Tuch (—es, Tücher), the cloth.
tüch'tig, able.
der Tull, Tüll (—es), tulle.

U.

ü'bel, ill, sick.
ü'ben, to exercise.
ü'ber, over (wo? über Einem; wohin? über Einen).
der Ue'berfluß (—ſſes), the abundance.
überfü'hren, to convict.
überle'gen, to consider.
überle'gen, superior (Einem).
übertreff'en,⁸⁸ to excel.
übertret'en,⁶³ to exaggerate.
überwach'en, to oversee, to watch over.
überwin'den,⁴⁰ to overcome.
überzeu'gen, to convince.
das U'fer (—s, —), the shore.
die Uhr (—, —en), the watch, clock.
um, in order, at (um Einen), about.
der Um'gang (—es, —gänge), the intercourse.
umrin'gen, to surround.
um'-wenden,¹⁴⁶ to turn back.
um'-werfen,⁸² to upset.
un'artig, ill-bred.
un'aufmerkſam, inattentive.
un'bedingt, implicit, —ly.
die Un'befangenheit (—), unrestrainedness.
un'beliebt, unpopular.
un'bemerkt, unobserved.

un′berührt, untouched.
die Un′bescheidenheit (—), the immodesty.
  un′bewußt, unknown (Einem).
  un′dankbar, ungrateful (Einem).
  un′ehrlich, dishonest.
  un′fern, not far.
  un′geachtet, in spite of (eines Dinges).
  un′gern, unwillingly.
  un′geschickt, awkward, unskilled.
  un′gewiß, uncertain.
  un′gewohnt, unaccustomed.
  un′glücklich, unhappy.
die Uniform′ (—, —en), the uniform.
das Un′kraut (—es), the weed.
  un′mächtig, powerless, not conversant.
  un′mäßig, immoderate, —ly, intemperate.
  un′möglich, impossible.
  un′natürlich, unnatural.
  un′nöthig, unnecessary.
  un′nütz, useless.
  un′practisch, impractical.
  un′recht, wrong.
  un′schicklich, improper.
die Un′schicklichkeit (—, —en), the impropriety.
  un′ser, our.
der Unsere (die, das), ours.
  un′ten, down, below.
  un′ter, under (wo? unter Einem; wohin? unter Einen).
  unterbrech′en,[17] to interrupt.
  unterdeß, unterdessen, meanwhile.
  unterhal′ten,[81] to entertain; unterhaltend, entertaining.
  unterneh′men,[88] to undertake.
  unterschei′ben,[85] to distinguish.
  unterstrei′chen,[84] to underline.
  untersu′chen, to examine.
  unverkenn′bar, evident; unmistakable.
  unvermei′blich, inevitable.
die Un′vorsicht (—), the carelessness.
  un′wahrscheinlich, the improbable.
  un′weit, not far.
  un′werth, unworthy.
der Un′wille (—ns), the anger.
  un′wissend, ignorant.
die Un′wissenheit (—), the ignorance.
  un′würdig, unworthy.

V.

der Va′ter (—s, Väter), the father.
das Va′terland (—es, —länder), the native country.
  vei′lchenblau, violet-blue.

verach′ten, to despise.
verber′gen,[15] to hide.
verbess′ern, to reform, to improve.
verbie′ten,[93] to forbid (Einem etwas).
verbin′den,[31] to oblige (Einen zu etwas).
verblei′chen[44] (sein), to fade.
das Verbo′t (—es, —e), the prohibition.
verbren′nen,[141] to burn (up).
verdäch′tig, suspicious.
verden′ken,[147] to blame for (Einem etwas).
verder′ben,[20] to spoil.
verdie′nen, to earn, to merit.
verdrie′ßen,[104] to vex (Einen).
der Verein′ (—es, —e), the society.
verei′nigen, to unite; die Vereinigten Staaten, the United States.
die Vergäng′lichkeit (—), the evanescence.
verge′ben,[1] to forgive (Einem etwas).
vergess′en,[10] to forget (etwas bei Einem).
vergie′ßen,[99] to shed, to spill.
vergif′ten, to poison.
verglei′chen,[46] to compare (mit).
das Vergnü′gen (—s, —), the pleasure.
der Verhalt′ (—es), the fact.
verhal′ten,[81] to keep; sich verhalten, to be circumstanced.
verhei′rathen (sich), to marry (to, mit).
verhei′ßen,[76] to promise (Einem etwas).
verir′ren (sich), to get lost.
verkau′fen, to sell (an Einen).
verken′nen,[148] to mistake, to take for another.
verlan′gen, to ask, to desire (nach etwas).
verlass′en,[88] to leave (a place).
verlass′en, abandoned, forsaken.
die Verläu′mbung (—, —en), the defamation.
verlie′ben (sich), to fall in love.
verlie′ren,[105] to lose.
der Verlust′ (—es, —e), the loss.
vermei′den,[64] to avoid.
vermiss′en, to miss.
vermö′ge, by virtue of (eines Dinges).
vermö′gen,[154] to have the power (to do something).
verrückt′, crazy.
verschaff′en, to procure.
verschlie′ßen,[108] to lock up.
verschlin′gen,[41] to devour.
verschwei′gen,[74] to conceal.
verschwen′derisch, lavish (of or in).
verschwin′den[80] (sein), to disappear.
verse′hen,[6] to furnish, to provide with (mit etwas).

verſen'ben,[145] to send away.
verſich'ern, to assure (Einem).
verſinn'lichen, to render perceptible to the senses.
verſin'ken[41] (ſein), to sink to.
verſöh'nen, to conciliate.
verſpä'ten (ſich), to be late.
verſpie'len, to lose at play.
verſprech'en,[95] to promise (Einem etwas).
verſtän'big, sensible, intelligent.
verſtänb'lich, intelligible.
verſte'hen,[140] to understand.
verſtel'len (ſich), to dissemble.
verſto'ßen,[89] to reject (Einen).
verſu'chen, to try.
vertraut, intimate, trusty.
vertrei'ben,[83] to drive away; ſich die Zeit vertreiben, to pass away the time.
verwen'ben,[146] to bestow upon; ſich verwenben (für), to intercede (for).
verwer'ſen,[89] to reject.
verwirk'lichen, to realize.
verwir'ren (ſich), to entangle.
verwun'ben, to wound.
verza'gt, faint-hearted.
verzei'hen,[70] to pardon (Einem etwas).
ber Vet'ter (—s, —), the cousin.
viel, much, many.
ber Vo'gel (—s, Vögel), the bird.
bas Volk (—es, Völker), the people.
voll, full.
von, of, from, by; von innen, from within; von jetzt an, from now on.
vor, before.
vorbei'-gehen[88] (ſein), to pass by.
vorbei'-reiten (ſein), to ride by.
vo'rbereiten[51] (ſich), to prepare.
vo'rgeſtern, the day before yesterday.
vor-haben, to design, to intend.
vorhe'r, before.
vorhin, a little while ago.
vo'rige, last, before.
vo'rlaut, rash.
vo'r-leſen,[5] to read to (Einem).
vo'r-malen, to give a pattern by one's own painting.
vo'rmals, formerly.
vo'r-nehmen[33] (ſich), to make up one's mind.
vo'r-ſehen,[6] to have a care (of).
die Vo'rſicht (—), the foresight.
vo'r-ſtellen, to introduce, to present (Einen Jemanbem).

vo'rurtheilsfrei, free from prejudice.
vo'r-werfen,[89] to reproach (Einem etwas).
vo'r-ziehen,[107] to prefer.

W.

wach'en, to be awake.
wach'ſen[138] (ſein), to grow.
ber Wäch'ter (—s, —), the watchman.
die Wa'ge (—, —n), a pair of scales.
ber Wa'gen (—s, —), the wagon, carriage.
wä'hlen, to choose.
wahr, true.
wah'ren, to defend against, to preserve.
wäh'renb, while, during (eines Dinges).
die Wa'hrheit (—, —en), the truth.
ber Walb (—es, Wälber), the wood.
ber Wal'fiſch (—es, —e), the whale.
ber Wal'zer (—s, —), the waltz.
die Wand (—, Wänbe), the wall.
wan'bern, to wander.
die Wanb'tafel (—, —n), the blackboard.
die Wan'ge (—, —n), the cheek.
wann, when.
warm, warm.
war'nen, to warn.
die War'nung (—, —en), the warning.
war'ten, to wait.
was, what; was für, what kind of.
wa'ſchen,[189] to wash.
bas Waſſer (—s, —), the water.
we'ben,[127] to weave.
ber We'ber (—s, —), the weaver.
ber We'bſtuhl (—s, —ſtühle), the loom.
we'ber, neither; weber....noch, neither....nor.
weg, away; weg! begone.
ber Weg (—es, —e), the way, road.
we'gen, an account of (eines Dinges).
weg'-fliegen,[94] (ſein) to fly away.
weg'-legen, to lay away.
weg'-nehmen,[33] to take away (Einem etwas).
weg'-räumen, to clear away.
weg'-rennen[144] (ſein), to run away.
weg'-ſtellen, to put away.
weg'-werfen,[32] to throw away.
weh, sore, aching; weh thun, to ache; Einem weh thun, to hurt one.
weib'lich, feminine.
wei'chen, to soak.
wei'ben, to pasture.
wei'gern (ſich), to refuse.

weil, because.
der Wein (—s, —e), the wine.
wei'nen, to weep.
wei'sen,[12] to show (Einem etwas).
weiß, white.
weit, far off; weiter, further.
wel'cher, wel'che, wel'ches, which.
die Welt (—, —en), the world.
wen'den,[146] to turn about; sich wenden, to address one's self (an Jemanden).
we'nig, little, few.
wenn, when, if.
wer, who.
wer'ben,[81] to sue, to levy, to woo.
wer'den, to become, to get.
wer'fen,[89] to throw.
werth, worth.
wes'sen, weß, whose.
weßhalb', wherefore, why.
der Wes'ten (—s), the West.
das Wet'ter (—s, —), the weather.
wi'der, against (Einen).
widersetz'en (sich), to oppose (Einem).
der Wi'derstand (—es), the resistance.
der Wi'derwille (—ns, —n), the aversion.
wie, how, as; wie viel, how much; wie so, how so; wiewohl, although.
wie'der, again.
wie'derhallen, to resound.
wiederho'len, to repeat.
wie'gen, to rock.
wie'gen,[106] to weigh.
die Wie'se (—, —n), the meadow.
wild, wild.
das Wild'pret (—es), the game.
der Wil'le, Willen (—ns), the will.
will'kommen, welcome; willkommen sein, to be welcome.
der Wind (—es, —e), the wind.
win'den,[40] to wind.
win'ken, to wink (Einem).
der Win'ter (—s, —), the winter.
wis'sen,[150] to know; das Wissen, knowledge.
die Witt'we (—, —n), the widow.
wo, where.
die Wo'che (—, —n), the week.
die Wo'ge (—, —en), the wave.
wohl, wol, well probably.
wohl'thätig, charitable.
das Wohl'wollen (—s), the good-will.
woh'nen, to live.
wol'len,[156] to be willing.
die Won'ne (—, —n), the delight.
mor'gen, to-morrow.

das Wort (—es, Wörter), the word.
das Wör'terbuch (—es, —bücher), the dictionary.
wozu', wherefore.
die Wun'de (—, —n), the wound.
wundern (sich), to wonder at (über ein Ding).
der Wunsch (—es, Wünsche), the wish.
wün'schen, to wish (Einem etwas).
wür'dig, worthy.
wür'digen, to deign, to favor.
der Wurf (—es, Würfe), the throw; prize.
Wem der große Wurf gelungen, whoever attained the great prize.

3.

zag'haft, faint-hearted.
zah'len, to pay.
zah'lungsfähig, solvent.
zahm, tame.
zan'ken, to scold.
der Zap'fen (—s, —), the pin, tenon.
zart, tender, soft.
zärt'lich, fond, tender.
der Zaum (—es, Zäume), the bridle.
zäu'men, to bridle.
der Zaun (—es, Zäune), the fence.
zei'chnen, to draw.
zei'gen, to show (Einem etwas).
die Zeit (—, —en), the time.
das Zeit'wort (—es, —wörter), the verb.
zerfal'len[19] (sein), to decay.
zerhauen,[87] to cut to pieces.
zerreib'en,[42] to grind, to rub to powder.
zerrei'ßen,[50] to tear, to rend.
zerschla'gen,[188] to beat, to knock to pieces.
zersprin'gen[41] (sein), to burst.
zerstreu'en, to scatter, to distract.
die Zerstreu'ung (—, —en), the amusement, distraction.
zie'hen,[107] to draw, to pull.
das Zim'mer (—s, —), the room.
zö'gern, to delay, to hesitate; ohne Zögern, without hesitation.
zu, at, by (Einem); zu Hause, at home.
zu'decken, to cover (Einen).
zuerst', first.
der Zu'fall (—es, —fälle), the chance, accident.
zufol'ge, owing to.
zufrie'den, contented.
zu'gedacht, intended for.
zuge'gen, present.

zuglei'ch, at the same time.
zu-hören, to listen to.
die Zu'kunft (—), the future.
zuletzt', at last.
zu'-machen, to shut (up).
zu'-nehmen,[38] to increase.
zurück'-bleiben[60] (sein), to remain behind.
zurück'-geben,[1] to give back (Einem etwas).
zurück'-kehren, to return.
zurück'-lassen,[53] to leave behind.
zurück'-nehmen,[38] to take back.
zurück'-rufen,[90] to call back.

zusam'men, together.
zusam'men-treffen,[83] to come together.
zu'-schließen,[103] to lock up.
zu'-senden,[145] to send to (Einem etwas).
der Zustand (—es, —stände), the condition.
das Zu'trauen (—s), the confidence.
zwar, to be sure.
der Zweck (—es, —e), the purpose.
zwin'gen,[41] to force.
zwisch'en, between (wo? zwischen Einem; wohin? zwischen Einen).
das Zwisch'endeck (—es, —e), the steerage.
der Zwist (—es, —e), the quarrel.

FIFTH EDITION.

THE

Cumulative Method for Learning German.

By ADOLPHE DREYSPRING.

EMPHATIC TESTIMONY.

"I consider it a very valuable work."—H. E. HOOKER, *Mount Holyoke Seminary, South Hadley, Mass.*

"The 'Cumulative Method in German' I am most highly pleased with. Shall use it next term."—O. H. FOSTER, *Macon, Miss.*

"Your 'Cumulative Method for Learning German' is an excellent little book, and I have decided to use it in my beginners' class."—*Professor* H. A. LIEBIG, *Brockport, N. Y.*

"I am much pleased with your 'Cumulative Method for Learning German.' I believe it to be eminently practical."—*Rev.* J. M. WILLIAMS, *Portland, Me., late President of Wesleyan Female College, Wilmington, Del.*

"I am extremely well pleased with the book. The author's method of teaching the language is the best I have ever seen. I hasten to supply my pupils with the book."—C. H. STROUT, *Boys' Boarding-School, Fox Chase, Philadelphia, Pa.*

"Professor Dreyspring's system of teaching German with as little English as possible, and by the 'Cumulative' process, must commend itself to every practical teacher. An examination of his specimen pages is to me very satisfactory."—HOWARD CROSBY, *D. D., New York.*

"I have examined several of the popular methods of teaching modern languages, and have taught three of them, and I consider Mr. Dreyspring's 'Cumulative Method for Learning German,' of which I have seen some fifty specimen pages, as the best one that I have seen."—*Professor* JAMES WOOD DAVIDSON, *New York.*

"I have carefully examined the 'Cumulative Method for Learning German.' The plan of the work is, in my judgment, the best and most rational pursued in the study of language. It is the outgrowth of the experience and reflection of an able, practical teacher. We have a large class of young ladies and gentlemen using the 'Method,' and accomplishing excellent results."—CHARLES E. GORTON, *Superintendent of Schools, Yonkers, N. Y.*

"I have examined Dreyspring's 'German Method,' and I am prepared to indorse it heartily. It seems to me to comprehend the merits while avoiding the faults of the 'Mastery System,' and of the so-called 'Natural Method.' I like especially the 'cumulative' feature of the instruction, and the exclusive use of simple language in the exercises and stories. It is not the least of its merits that it requires a teacher, and not a mere hearer of lessons."—*Rev.* M. R. HOOPER, *Principal of Academy, Yonkers, N. Y.*

"Mr. Dreyspring's 'Cumulative Method of Learning German' strikes me as a very good, practical method, and its author has manifestly made himself thoroughly master of his subject. There can be little doubt that teachers who should get a clear apprehension of the subject from his position, and who should acquire some of the enthusiasm for his method with which he is inspired, would accomplish better results with this method than with any other which has been proposed."—D. R. GOODWIN, *Dean of Divinity School, West Philadelphia, Pa., formerly Provost of the University of Pennsylvania.*

"Professor Dreyspring's 'Cumulative Method of Learning German' has been in use in this school since the beginning of the present session. It has also been used by my teacher with a class of adults. In both cases it has given entire satisfaction, and has proved itself to be admirably adapted to securing the power to speak and write the German language with the least expenditure of time. This result bears testimony to the author's very skillful execution of the plan of his book, for the method itself is, of course, the only true method of learning any subject."—HENRY TATLOCK, *Principal Park Institute, Rye, N. Y.*

"My knowledge of Mr. Dreyspring's scholarship and skill in teaching, derived from association with him formerly in the work of instruction, would lead me to expect peculiar excellence in any work of his on the study of languages, especially of his own. But, aside from any *a priori* expectation, the work of his about to issue from your press, the 'Cumulative Method of Learning German,' must, I think, commend itself to thoughtful teachers. In idea and in execution, its harmony with the laws and modes of mental operation is everywhere conspicuous. This accord, in plan and detail, with the natural processes of mental development and acquisition secures the natural and fruitful exercise of faculties, and hence ministers thereto the utmost aid possible to grammars. This, indeed, in not a grammar at all, of the prevalent sort. It inverts their order. Instead of grappling at the start with rules and forms, and reconditics in general, it aims at the gradual and cumulative mastery of these. Asking the pupil to be 'a child again,' and keeping him meanwhile unperplexed with theories, it aims, with much reliance on ear and eye, by processes of constant repetition, to lead him on from gain to gain, by steps every way analogous, to those by which he advanced to the mastery of his mother-tongue. Its examination leaves me with the impression of its admirable adaptation to the acquisition of vernacular facility in the use of this noble language."—J. A. McCAULEY, *President Dickinson College, Carlisle, Pa.*

ORCHARD TERRACE, YONKERS, N. Y., *October 25, 1884.*

"Messrs. D. APPLETON & Co.: It gives me pleasure to testify to the value of Dreyspring's 'Cumulative Method.' So far as it could be tested in a few weeks' use, it has given satisfaction."—Yours respectfully, K. T. HOLBROOK, *Principal School for Young Ladies and Children.*

"We like the German book (Dreyspring) very much, and *shall stick* to them."— A. B. POLAND, *Superintendent, Ilion, N. Y.*

CONCORD, MICH., *May 1, 1884.*

"The announced plan of your 'Cumulative Method' strikes me very favorably, and if the omission of the usual English exercises to be construed into German is compensated by equivalent exercises in German construction, I predict that the work will supersede all the kindred text-books with which I am acquainted."—A. M. SHOTWELL.

FIFTH AVENUE SCHOOL, 20 W. FIFTY-NINTH STREET, *October 28, 1884.*

". . . We have been using the 'Cumulative Method' in our school in classes aggregating thirty-five boys who have made signal progress. . . ."—GIBBENS & BEACH.

539-543 FIFTH AVENUE, NEW YORK, *October 28, 1884.*

". . . The 'Cumulative Method for Learning German' is so natural in development as to render the acquisition of the language both easy and rapid."—WILSON & KELLOGG.

CORNER PARK AVENUE AND FIFTY-SEVENTH STREET, *October 27, 1884.*

"I have a class of young ladies, and one of little girls, using Professor Dreyspring's 'Cumulative Method for Learning German.' The method, as applied to either ages, is an undoubted gain in language-training. I cheerfully add my approbation to his testimonials."—G. R. KIERSTED.

FORT SCOTT, KAN., *May* 19, 1885.

"Its plan and the suggestions of the author, if adhered to, are calculated to lead to a most thorough and practical knowledge of the German language. The method is very appropriately named the 'Cumulative.' I may in the future find occasion to use it with my classes, and would never hesitate to recommend the book to all who would not teach mainly the science of the language, but its practical application in the written and spoken word and sentence, and who at the same time would not follow the strictly natural method of first teaching the expression of thought as a whole, and later proceeding to analyze it and study the underlying principles."—H. J. BAUER.

LITTLE ROCK, ARK., *December* 8, 1884.

"Messrs. D. APPLETON & Co.: . . . The further I looked through the pages of the 'Cumulative Method,' the better I was pleased with it. I shall use it in my school, as I consider it the best book that I have ever met for teaching the German language. Say for me to the author, 'He who issues so excellent a text-book is a benefactor of school-teachers.'"—CHRISTIE SKINNER.

IN PRESS.—By the same Author.

EASY LESSONS IN GERMAN:

AN INTRODUCTION TO THE CUMULATIVE METHOD.

These lessons overcome the grammatical difficulties by analogy from copious examples given. To facilitate what the French call "l'acte de connaissance," they engage the organ of sight by means of *pictures*, representing words in their treble aspect of things, action and quality, and the organ of hearing by means of dialogues.

This book has been specially prepared:

1. For those who have a constitutional aversion for all full grown text-books.
2. For those to whom price is of paramount consideration.
3. Last, but not least, for the children, the little boys and girls of the primary classes, with whom, considering means to ends, a bulky book would be better adapted to fill schoolstraps and satchels than little heads.

DREYSPRING'S
CUMULATIVE METHOD
For Learning German.

OPINIONS OF THE PRESS.

"The method elucidated in this treatise deserves attention, by reason of its clearness and simplicity. The author's idea is to pass over tedious processes of reasoning, to treat the learner as if he were a child, and to take the shortest road by teaching him to depend upon his ear."—*Boston Journal.*

"It is very thorough and complete, and will be found useful as a text-book or as a manual for any one who desires to acquire a fair knowledge of the language by self-instruction."—*Montgomery (Ala.) Advertiser.*

"Based upon the same general principles as Sauveur's, which have so revolutionized the mode of teaching the modern languages."—*Chicago Advance.*

"It proceeds on the well-known truth that a comparatively small number of words suffice for ordinary conversation and use, and aims to enable the student to acquire a thorough familiarity with about seven hundred words by constant repetition."—*Milwaukee Sunday Sentinel.*

"It is admitted that a better method, a shorter route for acquiring a foreign language, is needed. The method Professor Dreyspring offers is the result of long experience and careful observation, and will meet that want in the most practical and expeditious way. . . . The objects of the system are twofold, economy of time and application, and last, to furnish every teacher and student of German an easy guide that may be mutually profitable and pleasurable."—*New York School Journal.*

"By a constant recurrence of the units of this word-inventory, they are presented to the student in frequent and ever-changing groupings and associations, bringing out fully both their individual and conventional meanings."—*Daily Times, Troy, N. Y.*

"Professor Dreyspring is a practical teacher, and this book is the fruit of long experience. . . . The knowledge of German in a country so much given to European travel is a growing necessity, and every help to its attainment will be gladly welcomed, and we believe the *Cumulative Method* will, by its merits, win its way to success."—*The Churchman.*

"New ideas well worked out. First the sound connection between the articles, their respective pronouns and terminations are brought out, showing how the different genders go together by virtue of a similar tone. This alone is an excellent addition to the usual methods of teaching German, when the intricacies of 'die,' 'der,' 'das,' 'dem,' and their combinations, have appalled many beginners. The idea is well brought out and will prove popular. . . . The book will doubtless prove an aid to the teacher of the language."—*Providence (R. I.) Evening Times.*

"More practical directions for learning a language beset with many difficulties were never given. It is a well-known fact that most people in ordinary conversation do not use more than six or seven hundred words. Professor Dreyspring, recognizing this fact, has taken a vocabulary of this size and combined the words in every possible way, and unfolded the grammatical features of the German language so gradually and so clearly that the dullest student need not fail to understand them."—*Rochester Democrat and Chronicle.*

"The Method is in great favor at the present time for learning all the modern languages, and the success which attends it shows that a foreign tongue can be acquired so as to give, at least, speaking facility without a knowledge of grammar."—*Utica Morning Herald.*

"This is certainly the shortest and surest method of learning the use of a language."—*Presbyterian, Philadelphia, Pa.*

"The *Cumulative Method* has both new and good features to recommend it for acquiring a speaking knowledge of German."—*Buffalo Daily Courier.*

"The plan of the work is a sound one and well developed. The book is well adapted to home use, and will prove serviceable in acquiring a knowledge of the German language."—*Boston Courier.*

"We have employed nearly all the leading methods in teaching German, from Ollendorff's down, particularly Woodbury's, Ahn's, and Otto's methods. Professor Dreyspring's method meets our idea in simplifying matters—in commencing with nouns and not with verbs, with facts and not with philosophy. He seeks to make his pupils children again and endeavors to teach a strange tongue after the fashion whereby we obtained our native language. We admire the simplicity and directness of the method, and would gladly give the system a fair trial were we teaching."—*Philadelphia National Baptist.*

"In the hands of an intelligent teacher the manual will be found finely adapted to its purpose, reducing to a minimum most of the difficulties and insuring the rapid progress of every attentive learner."—*Brooklyn Union.*

"It is the method of repetition. To one who had learned something of the language but had not become proficient, the method would be a good one."—*Philadelphia Times.*

"Hardly a year passes without some new system of learning French and German being put forth. A knowledge of the two languages has now become so essential, not alone to business and professional men, but to the educated and refined, that there is a constant demand for the easiest and swiftest method of instruction. To meet this many systems have been devised, and the present one in particular is at least the most ingenious of those recently published."—*New York World.*

"The Cumulative Method for learning German is based directly on the one true principle, that the acquisition of a language does not consist in information about grammatical rules and structure, but in training the tongue, ear, and eye to actual use and expression. The method is good for all learners, even for those unphilosophical intelligences which are indifferent to our author's 'vocal cues' and 'keynotes.'"—*Home Journal, N. Y.*

"A comparatively small stock of words is put in use, but by their constant recurrence the student becomes perfectly familiar with them and acquires a vocabulary sufficient for all ordinary occasions."—*Pittsburg Telegraph.*

"The aim is to teach the student German by the same kind of process as that by which a native learns it, and so to drill him that he shall know when a phrase is formed aright, not by having to go through the painful process of a grammatical analysis, but simply because it 'sounds right.' The method is, then, generally oral and conversational."—*Popular Science Monthly.*

"Reveals many advantages not found in other systems. This is certainly a very valuable addition to the facilities offered to make the acquirement of German comparatively easy."—*Indianapolis Journal.*

"It seems to be one among the few really sensible methods of imparting a knowledge of a foreign tongue. . . . One who has digested this little work can make himself readily understood in any German society, and is ready, with any German-

English dictionary at hand, to read, with but little study, almost anything in average German literature."—*Chicago Times.*

"Mr. Dreyspring tries to overcome the difficulties of German by practical appliances."—*Boston Daily Advertiser.*

"The volume seems exceedingly well adapted to its use, and diligently and skillfully employed ought to prove an admirable text-book."—*Boston Congregationalist.*

"The study of German has so largely increased of late years, for many considerations that did not formerly exist, that a book like this has been needed to render its study easier, and by a shorter method than usually pursued in our schools and individual instruction. . . . This method economizes time, and gives an easy guide to aid the student. It ought to find public favor upon its merits, and deserves a wide circulation."—*Methodist, Philadelphia, Pa.*

"On the principle that short cuts to the learning of a language are always eagerly sought by a large class of people, we specially commend the *Cumulative Method in German.* . . . Will work a reform in the old tedious method which led to such tardy results."—*Kansas City Daily Journal.*

"The author makes the ear a useful auxiliary in distinguishing and determining the verbal modifications which the gender of German has hitherto made so tedious and difficult, by availing himself of certain vocal cues to which the subject-noun, in each case, furnishes the key-note."—*Detroit Free Press.*

"It is generally admitted that a shorter route to the goal is needed for acquiring the foreign languages. . . . We heartily commend this method to teachers and students of German."—*Boston Journal of Education.*

"This looks like a bold innovation, but there is a great deal to be said in its favor, and Mr. Dreyspring makes out a good case."—*North American, Philadelphia, Pa.*

"The plan is natural, rather than analytical or grammatical."—*Good Literature, New York.*

"The student is quickly introduced to a vocabulary of seven hundred of the most useful words."—*Cincinnati Commercial Gazette.*

"The stock of words presented is ample for the practical wants of every-day life and conversation, and when, by constant and varying repetitions, these words are fully mastered, the student will have a thorough knowledge of the frame-work of the German language, gained in a pleasant and comparatively easy way."—*Worcester (Mass.) Daily Spy.*

"Teachers of the German language will find it to their advantage to examine this new system."—*Chicago Tribune.*

"This book comes before the public indorsed by many prominent critics. . . . It seems destined to take precedence of all other methods. . . . We heartily commend this book to all who are interested in the study of German."—*Valley Virginian, Staunton, Va.*

"There may not be any royal road to learning; every one who wishes to master a science or acquire a language must climb by himself to the top of the mountain, but it is true that a good method of instruction may save him from climbing step by step backward, as used to be the case. . . . Instead of making absurd and idle Ollendorfian combinations of ideas, the familiar ideas of common life are expressed and repeated until they become second nature. . . . It is an excellent method."—*Philadelphia Press.*

"Professor Dreyspring has devised what is unquestionably one of the best methods for attaining a practical knowledge of German in a brief time, that has yet been offered to the public."—*Boston Evening Transcript.*

"This book proceeds on the general principle that has lately become so popular with modern languages that is beginning to be applied to the ancient languages as well—namely, of making the first teaching strictly oral and conversational."—*The School Bulletin.*

"The originator of this language system seems to have proceeded on the right theory, the nature theory—that is, the pupil must be considered as a child. All the indications, which can be derived from what is necessarily an imperfect examination, show that the plan is admirably carried out to the end."—*Eclectic.*

"We are very favorably impressed with our examination of this German Method. In many particulars it resembles the famous 'Natural Method,' but would not, we imagine, require the peculiar gifts in the teacher that the strict application of that method does. It also appears to be better adapted to teaching grammar than is that method. We strongly recommend an examination of the book to teachers of German who want something better than the old methods and yet do not feel it possible to use the 'Natural Method.'"—*Iowa Normal Monthly, October*, 1883.

"Another 'German Method'! Has it a reason to be? As far as we can judge by examination without actual use, we are ready to say that the author's plan seems an admirable one—one that combines happily the theoretical and the practical. He holds that it is folly to begin with disheartening rules of syntax before the ear has seized tone, rhythm, and articulation. Yet he seems to have escaped the error of the now popular 'Natural Method' which gives too little grammar, often none at all. The teacher who realizes that a living tongue should not be taught as a dead language, and yet desires thoroughness, will, we believe, find in the 'Cumulative Method' a desirable text-book."—*The Living Church, Chicago.*

"Methods of linguistic instruction are commonly distinguished as being *analytical* or *synthetical*. This distinction is not quite correct, inasmuch as no system can be either wholly the one or the other; the methods are only rightly so named as indicating that the one or the other principle prevails. We do not intend to discuss these distinctions further than to state that languages are and have been taught in our schools mainly by the analytic method. Herr Dreyspring's idea seems to be this: The boy who has analyzed the grammatical forms and syntax of 'wessen Tisch ist das?' who can repeat these words whenever he wishes to express the thought contained therein, and who so understands the grammatical principles involved as to express a similar thought with other words, *knows* German (in so far as he has learned the language) as perfectly as Goethe or Schiller. Anything short of this, the author believes, is not to *know*, it is only to *know about*. As a matter of fact, the stage of progress most commonly attained is to be able to translate such a passage into English at sight, and probably to parse correctly the individual words. Very few can repeat the words in case of need, and marvelously few can express another thought similarly with other words. Such a knowledge is not permanent, is of little use as mental discipline, gives no pleasure to the possessor, and finally disappears with astonishing celerity.

"To compass the whole German language, as indicated in the example given above, in analysis, syntax, pronunciation, and original effort on the part of the pupil, has been the object of the author of the 'Cumulative Method.' He has analyzed the vocabulary of the story of 'Schönkind,' taken its 350 nouns, 125 adjectives, and 200 verbs, with minor words, and, with these as a basis, has built up the whole German grammar in concrete form.

"We recommend the work to teachers of languages. If not prepared to adopt such a system in its entirety, they would assuredly derive benefit from familiarity with its principles, which may, with equal advantage, be applied to the teaching of any language."—*Canada Educational Monthly*, 1884.

Fragen.	Antworten.
Was ist das? ☞ 	Das ist ein Ofen.
Wie ist **der** Ofen?	**Er** ist schön.
Welch**er** Ofen ist schön, dies**er** oder jen**er**?	Dies**er** ist schön, aber nicht jen**er**.
Wessen Ofen ist das?	Das ist uns**er** Ofen.
Was für ein Ofen ist es?	Es ist ein eisern**er** Ofen.
Was ist ein eisern**er** Ofen?	Das ist ein Ofen, **der** von Eisen ist.

Was ist das? ☞ 	Das ist eine Thür.
Wie ist dies**e** Thür; ist **sie** schwer oder leicht?	**Sie** ist schwer.
Welch**e** Thür ist schwer?	Dies**e** Thür ist schwer.
Wessen Thür ist das?	Das ist sein**e** Thür.
Was für ein**e** Thür ist es?	Es ist ein**e** hölzern**e**.
Was ist ein**e** hölzern**e** Thür?	Eine hölzerne Thür ist eine, die von Holz ist.

Was ist das? ☞	Das ist ein Haus.
Wie ist **es**?	**Es** ist häßlich.
Welch**es** ist häßlich?	Dies**es** Haus.
Wessen Haus ist **es**?	Es ist ihr**es** (hers).

www.ingramcontent.com/pod-product-compliance
Lightning Source LLC
Chambersburg PA
CBHW032112230426
43672CB00009B/1707